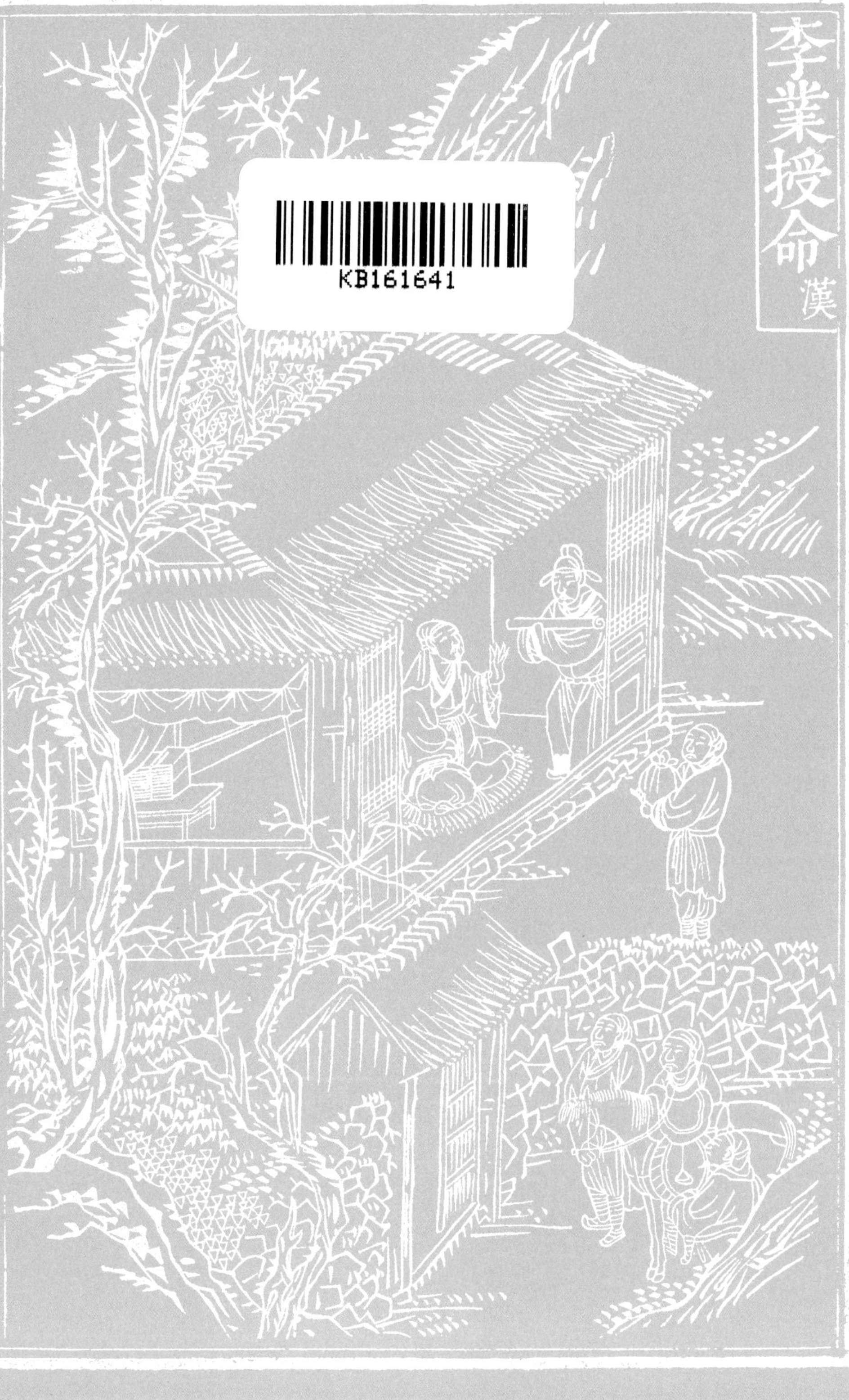
李業授命
漢

孟熙得金 五代 蜀

맹희득금(孟熙得今) 김홍도, 지본채색(紙本彩色), 1797. 호암미술관 소장—이 책 120쪽 원색 그림.

누백포호(婁伯捕虎) 김홍도, 지본채색, 1797. 호암미술관 소장―136쪽 원색 그림.

自強伏塚 朝本

자강복총(自强伏塚) 김홍도, 지본채색, 1797. 호암미술관 소장—139쪽 원색 그림.

석진단지(石珍斷指) 김홍도, 지본채색, 1797. 호암미술관 소장-142쪽 원색 그림.

殷保感烏 本朝

은보감오(殷保感烏) 김홍도, 지본채색, 1797. 호암미술관 소장-145쪽 원색 그림.

대장간

교누놀이

활쏘기

자리짜기

서당 김홍도, 〈풍속화첩〉, 지본담채(紙本淡彩), 보물 527호, 국립중앙박물관 소장.

우물가

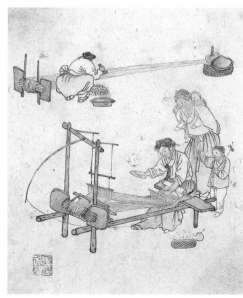

길쌈

점심(또는 새참)

주막

씨름 김홍도, 〈풍속화첩〉, 지본담채, 보물 527호, 국립중앙박물관 소장.

노상파안(路上破顔)

점괘(占卦)

그림감상

편자박기

무동(舞童) 김홍도, 〈풍속화첩〉, 지본담채, 보물 527호, 국립중앙박물관 소장.

담배썰기

신행(新行)

행상

나룻배

기와이기 김홍도, 〈풍속화첩〉, 지본담채, 보물 527호, 국립중앙박물관 소장.

고기잡이

논갈이

장텃길

빨래터 김홍도, 〈풍속화첩〉, 지본담채, 보물 527호, 국립중앙박물관 소장.

타작 김홍도, 〈풍속화첩〉, 지본담채, 보물 527호, 국립중앙박물관 소장.

五倫行實圖

오륜행실도

단원 김홍도 그림
고산고정일 옮김

五倫行實圖

동서문화사

디자인 : 동서랑 미술팀

오륜행실도
차례

오륜행실도 권1 효자

오륜행실도 권2 충신

오륜행실도 권3 열녀

오륜행실도 권4 형제

오륜행실도 권5 붕우(朋友)

일러두기

이 책은 조선 정조 21년(1797)에 간행된 《오륜행실도(五倫行實圖)》를 현대어 풀이와 원문, 주석(註釋)을 함께 넣어 엮었다.

《오륜행실도》는 그 이전에 나온 《삼강행실도》와 《이륜행실도》 두 책을 묶어 만든 것으로 모두 5권 4책으로 되어 있다. 책 앞부분에는 정조의 어제윤음(御製綸音)과 그 무렵 좌승지 이만수(李晩秀)의 머리글이 실려 있다. 또한 《삼강행실도》의 머리글 및 발문, 《이륜행실도》의 머리글과, 책을 교열·감수한 사람들 명단도 함께 수록되어 있다.

《삼강행실도》는 본디 세종 16년(1434)에 집현전 부제학 설순(偰循)이 왕명을 받들어 편찬한 책인데, 원문과 함께 실린 언해는 뒷날 성종 때에 와서 붙여진 것으로 전해진다. 그리고 《이륜행실도》는 김안국(金安國)이 조선 중종 13년(1518)에 경연에서 장유(長幼)와 붕우(朋友)의 도리를 강론한 이륜(二倫)에 대한 내용을 사역원정(司譯院正) 조신(曺伸)이 정리한 것이다.

《오륜행실도》에 수록된 인물은 모두 150명이다.

효자	충신	열녀	형제	종족	붕우	사생	합계
33	35	35	24	7	11	5	150

인물 이야기마다 삽화 한 장면씩을 그려 넣었는데 그림을 그린 이는 화풍으로 보아 단원(檀園) 김홍도(金弘道)가 주도했을 것으로 학계에서는 보고 있다.

《오륜행실도》는 효(孝)와 신(信)이라는 절대적 도덕률에 의해 확고히 자리잡았고 가정과 사회, 국가를 지탱 발전시키는 원동력이 되어 왔다.

이 사실만으로도 이 책 《오륜행실도》가 지닌 가치와 가르침은 소중하기 이를 데 없는 것이다. 오늘날에는 전통 사상이라면 송두리째 없애버리고 새 터전 위에 새로운 사조와 물질문명을 새롭게 채우는 것만을 으뜸으로 생각하기 쉽다. 그러나 자식이 부모에게, 신하가 군왕에게, 아내가 남편에게, 아우가 형에게, 친구가 친구에게, 아이가 어른에게, 제자가 스승에게 바치는 애정과 존경, 열의는 아무리 시대가 바뀌어도 결코 가볍게 볼 수 없는 가치이다.

따라서 《오륜행실도》야말로 21세기 오늘을 사는 부모와 자녀가 함께 읽고 보고 느껴야 할 책이라 하겠다. 오늘처럼 사회풍조가 인간관계의 기강이 어지러운 때일수록 선조들이 남긴 생활 속 교훈들을 재음미하고 참다운 삶의 지침을 얻어야 할 것이다.

이 책에서는 도판−제목−본문 풀이−시 풀이−찬(贊) 풀이−본문 원문−시 원문−찬 원문 순으로 각각의 기사를 구성했다.

1) 도판(圖版)
제목에 앞서 《오륜행실도》에 수록된 도판을 그대로 축소하여 실었다.

2) 제목
《오륜행실도》 도판 우측 상단의 사자성어를 한자 그대로 싣고 음을 달았다.

3) 본문 풀이
한자로 쓰인 이야기 제목을 한글로 풀어 앞에 제시하고 한문 원문을 알기 쉽게 현대어로 옮겨 실었다. 이때 한글 풀이에는 조선 시대 언해문을 참조했다.

4) 시(詩) 풀이
《오륜행실도》 원문의 칠언팔구(七言八句) 율시를 풀어 싣되 형식적 특징을 살리기 위해 여덟 구를 구분하여 실었다.

5) 찬(贊) 풀이
인물들의 아름다운 행적을 기리는 찬을 사언절구(四言絕句) 형식을 그대로 살려서 풀어 실었다.

6) 본문 원문
본문을 한문 원문 그대로 싣되 풀이에 도움이 되도록 띄어쓰기를 했다.

7) 시 원문/찬 원문
시와 찬의 한문본 원문을 그대로 실었다.

8) 주(註)
본문에서 특히 중요한 사항이나 보충 설명이 필요한 사항은 ＊표시를 하고 번호를 매겨 이야기마다 맨 끝에 주석을 달았다.

어제(御製) 양로무농(養老務農) 반행(頒行) 소학(小學)·오륜행실·향음주례(鄕飮酒禮)· 향약(鄕約) 윤음(綸音) *1

정조 이산(正祖李祘)

정조 임금께서 말씀하셨다.

"내 들으니, 부자(夫子 : 孔子)는 '시골 풍속을 보면 왕도(王道)가 그리 어렵지 않음을 알겠다. 정치는 조정에서 봐야 하며 풍속은 민간에서 봐야 한다. 정치로 해서 미치는 바는 얕으나 풍속으로 해서 얻는 바는 깊으므로, 한 나라의 다스림을 옳게 보는 자는 반드시 민간에서 먼저 본 다음 조정은 뒤에 본다' 했다. 내가 하늘이 주신 복으로 어머님 회갑날을 맞아 온 나라 백성과 더불어 그 즐거움을 함께하게 되었으니, 늙은이를 높이고 착한 이를 상주는 법에 정성을 다하지 않는 바가 없었다.

그러나 조정에서도 기록할 만한 좋은 정치를 한 것이 없고 민간에도 새로운 풍속으로 볼 만한 것이 없으니, 덕이 없는 나로서는 감히 선왕(先王)에게 견주어질 바가 못 된다. 그러므로 밤중에도 번번이 잠을 이루지 못하고 여러 번 일어나 앉아 근세 풍속을 바로잡기 어려움을 안타까워했고 처음 나의 기대와 크게 어긋남을 개탄하게 되니, 나 스스로 기약한 바를 어찌 여기서 그칠 수 있는가.

사람은 마음이 편안하면 놀기 마련이요, 놀기를 일삼으면 희롱을 좋아하게 되며, 희롱을 좋아하면 방종하며 낭만에 빠진다. 그리하여 마침내 태평시대에 물들어 즐겁게 지내는 것이 몸에 배어버린다. 이러하므로 어려서는 올바른 교양을 어기고, 어른이 되어서도 스승의 유익한 가르침을 받지 못하기 때문에 오히려 반듯한 선비를 사리에 어둡고 까다롭다 지적하며, 이익에 끌려 거짓된 것만을 살아나갈 방도로 삼게 된다.

젊어서부터 늙어서까지 하늘이 낸 질서와 법칙이 있음을 깨우치지 못한다면 술 석 잔을 마시는 데도 사양하는 예법이 있다는 것을 알 수 없음은 물론이거니와, 이러한 독실하고 너그러운 풍류라 할지라도 다시 바뀌기는 어려운 것이다.

더구나 '부모를 사랑하는 자는 남을 함부로 미워하지 않으며, 부모를 공경하는 자는 남을 함부로 업신여기지 않는다'는 말에 이르러서는 그 공경하는 마음의 근본을 따르게 되는 것이다. 그러므로 우(虞)·하(夏)·상(商)·주(周)나라가 차례로 이어지면서, 덕 있는 자를 부자되게 하고 높은 벼슬에 있는 자를 친절히 대우한 정도는 서로 달랐어도 연세가 높은 이는 잊지 않았으니 이는 대개 늙은이 섬기기를 부모 섬기는 일 다음으로 중요하게 여겼기 때문이다. 그런데 지금 사람들은 늙은이 잊어버리기를 예사로 한다. 그 폐단으로 오륜(五倫)을 존중하지 않게 되었다. 《효경(孝經)》에 이르기를 '선왕은 지극한 덕과 필요한 도(道)로 천하를 순하게 다스린 덕분에 충성한 마음을 임금에게 전할 수 있고, 순한 도리를 어른에게 전할 수 있으며 다스리는 정치는 관직에 오른 사람에게까지 전할 수 있다' 했다.

또 전(傳)에 이르기를 '사람이 그 부모를 부모로 섬기고 어른을 어른으로 대우하면 천하가 평화로워질 것이다' 했다.

내가 이 공경하는 마음을 넓히고 근본으로부터 멀어지지 않겠다는 뜻을 스스로 구하느라 딴 일에 겨를이 없으니, 물후(物候)*²가 궁하면 천근(天根)*³이 드러나며, 습기(習氣)*⁴가 다하면 진심이 나타나게 마련인 것이다. 생각건대 화평하여 날로 새로워지는 때가 이제부터 시작된다 하겠다.

《소학(小學)》 한 편은 학교에서 아이들을 처음으로 가르칠 때의 순서와 절목(節目)*⁵이라 할 수 있다. 덕도 부족하고 식견도 없는 나 역시도 선대왕(先大王)*⁶께서 가르치고 이끌어 주신 은혜에 힘입었으므로 어려서 《소학》을 배울 때마다 그 가르침에서 어느 정도 보람을 거둘 수 있었다. 세상의 자제들 가운데에도 비록 육경(六經)*⁷을 두루 통하는 데까지는 미치지 못하더라도 사람 모습을 갖추게 한다는 이 《소학》만은 힘쓰고 따르는 자가 있을 것이다. 그러나 근래에 와서는 학문이 날로 엷어지고 교화가 날로 느슨해져 이 《소학》마저도 따르지 않게 되었다.

나는 이를 두렵게 여겨 조정의 신하들에게 명하기를 '훈의(訓義)에 따라 고

중하라' 하고, 또 삼강(三綱)과 이륜(二倫)의 행실을 소개하는 글 또한 정치를 돕고 세상일을 장려할 도구가 되겠기에 《소학》과 함께 펴냄이 좋을 듯싶어, 한 책으로 정리해 《오륜행실》이라고 이름하였다.

내가 또 생각해 보니, 하루만 예를 행해도 온 사방이 바람에 흔들리는 듯한 것은 오로지 향음주례(鄕飮酒禮)*[8]뿐일 듯싶다. 이 예법은 늙은이를 쉬게 하고 농사짓는 이를 위로하며, 기쁜 마음으로 어른과 아이의 질서를 세우고, 귀함과 천함을 밝히며, 높고 낮음을 가리게 되므로 몸을 바르게 하고 나라를 편하게 하는 요령이 여기에서 나온다.

우리 세종조(世宗朝)가 한창 융성할 무렵 양로연(養老宴)*[9]을 처음 행하였고, 삼강행실을 반포한 것 또한 그때 일이다. 어진 이를 가까이하고 이로운 일을 즐겨하도록 하고 싶은 마음은 오늘날까지도 간절한 것이니, 소자(小子)인 나로서 어찌 몸을 닦아 계술(繼述)*[10]하지 않을 수 있으랴.

그러나 향약(鄕約)*[11]이란 규칙도 백성을 교화하고 풍속을 바로잡는 데 도움이 되므로 주부자(朱夫子)*[12]께서도 일찍이 매달 초하루가 되면 이 향약을 읽고 말씀하시기를 '삼대(三代)*[13]의 제도를 다시 보는 듯하다' 했었다.

이런 까닭에 나도 말하기를 '이제 백성을 옛 풍속으로 변화시켜 인의(仁義)로 근본과 실상을 보여준다면 향약으로 가르치는 효과가 향음주례와 다름없을 터이니 이 규약 또한 강론해서 밝히지 않을 수 없다' 한 것이다. 여러 직무를 보살피는 틈틈이 향음의식(鄕飮儀式)과 향약조례를 만들어 여러 가지로 극진히 하고 두루 지극히 하여 문체와 바탕을 갖춤으로써 우리 동포 백성들에게 마음에서 우러나는 감동과 엄숙한 질서를 알리고자 하는 바이다. 진실로 이것을 한갓 법으로만 여기거나 한갓 말로만 돌리지 않고 잘 실천한다면 아무리 고집스럽고 사나운 자라도 길이 잡힐 것이며, 아무리 어리석은 자라도 지각이 밝아질 것이다.

아! 너희 백성은 옛 사람의 훈계를 흘려듣지 말고, 나의 이 말도 사리에 어둡다 내치지 말고 머리를 숙여 부지런하고 또 부지런하게 오직 이 향음주례와 향약만을 강론하고 지켜 나아가야 할 것이다.

군자는 삼고(三古)*[14] 때에 나서 《주례(周禮)》를 잡은 듯이 하고, 소인(小人)은 수레와 화살을 만들고 확포(矍圃)*[15]에 노는 듯이 해서, 모두가 숙속(菽粟)*[16]은 버릴지라도 부모를 부모로 섬기고, 어른을 어른으로 섬기는 도리를 잠깐이라도 잊어서는 사람이 될 수 없다는 것을 안다면 딴 곳에서 무엇을 구할 필요가 있으랴. 그러니 곧 이로써 백성의 뜻이 하나로 모이고 세상의 교화도 맑아질 것이다.

나도 너희 백성과 더불어 무궁한 복록(福祿)을 함께 누려서 천지의 밝은 빛을 맞이하고 조상으로부터 이어받은 법을 계승할 것이다. 이럴수록 더욱 정성껏 옛 법으로부터 힘입을 수 있도록 조정과 민간을 따지지 않고 옛 풍습을 고쳐 나아감으로써 모두가 빛나게 된다면 풍성한 복록을 받고 공훈도 길이 누리게 될 터이니, 실로 여기에 모든 것이 달려 있는 것이다.

이런 까닭에 '늙은이를 늙은이로 대우해야만 백성들이 효도하게 된다' 했고, 또 '자기 집 늙은이를 늙은이로 섬김이 남의 집 늙은이에게까지도 미친다' 했다.

이제 삼원(三元)*17이 올바른 좋은 시절을 만나 자궁(慈宮)*18께 만수 축배를 올리게 되니, 우러러 소안(韶顏)*19을 뵈올 제 기쁜 마음이 '난로(難老)'*20라는 두 글자 위로 뛰노는 듯하다. 이 마음을 헤아려 본받아 넓힘이 나라 안의 모든 늙은이를 편히 쉬게 하는 길이라 생각한다. 늙은이를 쉬게 하고 편안케 하자면 해마다 풍년이 들어 기장도 많고 벼곡식도 많아야 되지 않겠는가. 때문에 농사에 힘쓰는 것이 늙은이를 편안케 하는 바탕이 되는 것이다.

흔히 나흘 만에 신일(辛日)이 닿으면 풍년이 들고 열흘 만에 신일이 닿으면 곡식이 잘 여문다고들 하는데, 작년에 이미 풍년을 겪었으니 올해에도 큰 풍년을 기대할 수 있겠다.

하늘이 우리에게 풍년을 내리시고 우리 백성들도 농사에 더욱 힘쓴다면 하늘은 우리 뜻대로 이루어 주심을 분명히 알 수 있으며, 이제 해마다 지난해와 올해 같은 풍년이 만대에 이르도록 이어질 것이니, 농부 경사는 남의 자식된 자의 경사이며, 남의 자식된 자의 경사는 곧 온 나라 조정 경사가 될 것이다."

정조(正祖)*21 21년(1797) 정월 초하루

【註】

* 1 윤음은 임금이 신하나 백성에게 내리는 말로, 오늘날 법령과 같은 위력을 지님. 이 어제윤음(御製綸音)은《오륜행실도》펴냄에 즈음하여 정조 임금이 내린 글임.

* 2 계절과 기후에 따라 변하는 만물의 상태.

* 3 하늘의 맨 끝.

* 4 불교에서, 습관으로 이루어지는 기운이나 습성.

* 5 조목(條目). 곧 규정 따위의 낱낱의 조나 항목.

* 6 이 글을 쓴 정조가 자신의 할아버지인 영조를 이름.

* 7 여섯 가지 경서(經書). 곧 역(易)·시(詩)·서(書)·춘추(春秋)·예(禮)·악(樂)을 말함. 그러나 악경(樂經)은 진(秦)나라 때 전쟁으로 불타버려 5경만 남음.

* 8 예전에 고을 안 유생(儒生)들이 모여 향약을 읽고 술을 마시며 잔치를 벌이던 일.

* 9 늙은이를 위로해 베푸는 잔치.

* 10 조상의 뜻과 사업을 이어나감. 또는 조상 업적을 이어받아 그것을 바탕으로 서술함.

* 11 조선 시대 같은 고향 사람이 함께 지켜야 할 자치규약. 중국 송(宋)나라《여씨향약(呂氏鄕約)》을 본떠 만든 것으로, 권선징악을 그 내용으로 하고, 덕업상권(德業相勸)·과실상규(過失相規)·예속상교(禮俗相交)·환난상휼(患難相恤)의 네 강목을 주요 정신으로 함. 우리나라에서는 조선 중종 때 처음으로 시작되어 영·정조 때까지 전국에서 실시했음.

* 12 송나라 유학자 주희(朱熹)를 높이는 말.

* 13 하(夏)·은(殷)·주(周) 세 왕조.

* 14 삼대(三代)의 옛 시절.

* 15 확상포(矍相圃). 공자가 활쏘기를 배웠다는 곳. 화살을 만들어 확상포에 가서 활쏘기를 배운다는 말.

* 16 콩과 조. 사람이 흔히 먹는 곡식을 말함.

* 17 천(天)·지(地)·인(人)을 통틀어 이르는 말.

* 18 정조의 어머니 혜경궁 홍씨를 말함.

* 19 빛을 발하듯 젊게 보이는 노인의 얼굴.

* 20 장수한다는 뜻.

* 21 원문에는 정조의 본디 묘호인 정종(正宗)으로 표기됨. 그러나 1899년 고종 임금 때 지금의 '정조'로 고쳤음. 조선 제22대 임금 정조의 이름은 이산(李祘). 호는 홍재(弘齋). 재위 1776~1800년. 여기서 정조 21년은《오륜행실도》를 처음 펴낸 1797년임.

《오륜행실도》 머리글
이만수(李晩秀)

　정조 21년 정사년(丁巳年)*¹ 정월 초하룻날, 늙은이는 쉬게 하고 농사짓는 이는 위로해야 한다는 뜻으로 팔도의 백성에게 어명을 반포하고 그 뒤에 향음주례·향약조례·사관혼의(士冠婚儀)를 한 권의 책으로 합쳐서 가르치게 했다.

　그리고 '우리나라 의식(儀式)이 높이 갖추어진 것은 영릉(英陵 : 세종 임금을 말함) 시대부터 선한 도(道)를 계승하여 정치와 교화가 아름답고 밝게 되자 《삼강》·《이륜》이란 책이 차례로 발간되어 학관(學官)에 반포되어 있으므로 백성을 감화시키고 풍속을 바르게 이룩하는 바탕이 되었으니, 이제 향음주례를 강의하고 행하게 하려면 마땅히 이 두 책을 표준으로 삼아야 하겠다' 말씀하시고, 그 책을 《오륜행실》이라 이름한 다음, 신(臣) 만수(晩秀)가 이 사업에 간여한 일이 있음을 듣고 머리글을 쓰라고 명령하셨다.

　신은 삼가 절하고 머리를 조아려 아래와 같이 쓴다.

　신이 듣건대 예(禮)라는 것은 질서로 하는 일이며, 질서에는 윤리에 대한 질서와 계급에 대한 질서가 있다. 군신·부자·형제·부부·붕우의 윤리와 존비(尊卑)·귀천(貴賤)을 질서 있게 하자면 공경을 주로 하며 화목함에 힘써야 한다. 조정에서도 지방에서도 규방(閨房)에서도 이렇게 한다면 윗사람과 아랫사람이 화목하고 공경하지 않을 수 없을 것이며, 삼물(三物)*² 의 교화가 일어나고, 이남(二南)*³의 풍화가 실행되며, 이것이 드리워서 천하의 법칙이 되고 세워져서 만대의 본보기가 되는 것이다.

　공손히 생각하건대 전하께서는, 효도로는 백왕(百王)의 으뜸이요, 도통(道統)에 있어서는 천성(千聖)을 계승하여 인륜의 지극함을 밝히셨고 온갖 물건의 종류도 살피시어 몸소 행하셨으며 마음에 얻은 것을 통해 민첩하게 하고 그때마다 나아가는 공부에 힘쓰셨다. 정치는 반드시 옛일을 스승으로 삼고 모든 일을 행함에 반드시 옛 법을 따르니, 백 가지 제도가 오로지 곧게 되고 백성들은 믿음으로 마음을 모으게 되었다. 더구나 전하께서는 대우(大禹)와 같으시어 자만하는 마음을 갖지 않으시고, 문왕(文王)과 같이 보아도 못본 듯하는 탄식을 품어 늘 '이 백성들을 요순(堯舜) 백성처럼 만들지 못함은 모두 나의 잘못이다' 말씀하셨다.

또 말씀하기를 '이 세상을 당우(唐虞) 시대처럼 만들지 못하는 것도 모두 나의 잘못이다' 하고, '아! 공손하지 못하고 친절하지 못하니 이에 힘쓸지어다' 하며 어명을 반포했다.

이것이 전하께서 신(臣) 등에게 명해 이 책을 잘 다듬게 한 이유이고, 신 등은 전하의 명을 받들어 살펴서 바로잡게 된 것이다.

이 책의 내용은, 위로 순결한 행실과 아름다운 절개를 싣고 옆으로 드높고 큰 공적과 거룩함으로 본보기가 되는 일화만을 가려뽑아낸 다음, 글로 적고 그림으로 나타내며, 시로 읊고 찬(贊)으로 기리어, 평범한 백성이라면 책을 펴서 눈으로 한 번만 보아도 그 감동과 애절함이 자연히 일어나게 했다. 신하로서는 충성하고, 자식으로서는 효도하고, 아내로서는 정조를 지키며, 어른을 어른으로 섬기고, 친구를 친구로 대접한다는, 저마다 타고난 성품과 마땅히 지켜야 할 본분을 알 수 있게 했다. 그러므로 사도(司徒)*⁴나 전악(典樂)*⁵의 관원이 깨우치거나 가르쳐 주는 공력을 기다릴 것 없이, 어진 사람은 머리를 숙이고 따르게 되며, 어리석은 자도 서둘러 쫓아오게 되는 것이다. 이것은 또 우리 성조(聖祖)께서 처음으로 편찬할 것을 명하셨고, 전하께서도 이를 계승해 천명하신 것이다.

신(臣) 등이 관려(管蠡)*⁶ 같은 소견으로 어찌 찬사한 말씀을 올릴 수 있을까 싶지만, 《상서(尙書)》*⁷에 이르기를 천서(天敍)*⁸에도 법칙이 있는데 우리 인간은 오전(五典)*⁹을 바로잡아야 하니 이 오전을 두텁게 하고, 천질(天秩)*¹⁰에도 예(禮)가 있으니 우리 인간도 오례(五禮)*¹¹를 지켜야 할 것인즉 이 오례를 떳떳이 하며, 다같이 공경하는 마음으로 힘을 모으고 융화를 이루어 착하게 살아가라' 했다. 또《주역》계사(繫辭)*¹²에 말하기를 '기회와 변통을 보아 법과 예를 행하라. 미루어 행하는 것은 도(道)에 있으며, 말을 안 해도 믿게 되는 것은 덕과 행동에 있다' 했다.

그러므로 이 백성은 요순의 백성이요, 이 세상도 당(唐)·우(虞)*¹³의 세상이다. 당우의 교화가 세상에서 행해짐과 동시에 요순의 정치가 이 백성에게 미치게 된 것은 전하께서 모든 정치를 하실 적마다 요순과 당우에 들어맞았기 때문이다.

신이 감히 이러한 사연을 쓰는 것은 궐내에 계실 때도 언제든 경계하는 데 도움이 되는 자료가 될까 하는 생각에서이다.

이해 4월에 가선대부 행승정원 좌승지 겸 경연참찬관 춘추관수찬관 규장각직제학 지제교(嘉善大夫行承政院左承旨經筵參贊官春秋館修撰官奎章閣直提學知製敎) 신(臣) 이만수(李晩秀)가 교명을 받들어 삼가 머리글을 씀.

【註】

*1 1797년. 이해에 《오륜행실도》가 간행됨.

*2 백성을 가르치는 세 가지 일. 즉 6덕(德)·6행(行)·6예(藝)를 말함. 덕은 지(知)·인(仁)·성(聖)·의(義)·충(忠)·화(和)요, 행은 효(孝)·우(友)·목(睦)·인(婣)·임(任)·휼(恤)이요, 예는 예(禮)·악(樂)·사(射)·어(御)·서(書)·수(數)임.

*3 《시경》 국풍(國風)의 주남(周南)과 소남(召南)을 말함. 백성의 애환과 가정을 덕으로 다스려 교화가 나라에 널리 퍼짐을 읊은 글임.

*4 주(周)나라 때 교육을 맡던 벼슬 이름.

*5 음악을 맡은 관원.

*6 관규여측(管窺蠡測)의 준말로, 대통 구멍으로 하늘을 보고 소라 껍데기로 바닷물을 헤아리는 것같이 몹시 견식이 좁은 것을 말함.

*7 《서경(書經)》의 다른 이름. 상고시대에는 《서(書)》라 했고, 한(漢)나라 때 이르러 《상서》라 했으며, 송나라 때부터 《서경》이라 했음.

*8 하늘이 만든 순서와 차례.

*9 사람이 지켜야 할 다섯 가지 인륜. 군신 사이에 의리, 부자 사이에 친애, 부부 사이에 분별, 장유(長幼) 사이에 차서(次序), 붕우 사이에 신의가 있어야 함. 곧 오륜을 이름.

*10 하늘이 만든 품계.

*11 길례(吉禮)·흉례(凶禮)·빈례(賓禮)·군례(軍禮)·가례(嘉禮)의 다섯 가지 의식.

*12 본문에 딸려 그 말을 설명하는 말.

*13 중국의 도당씨(陶唐氏)와 유우씨(有虞氏). 곧 요순 시대를 이르는 말로, 중국의 이상적(理想的) 태평시대를 이름.

《삼강행실도》머리글
권채(權採)

세상에는 공통된 도(道)가 다섯 가지 있다. 그 가운데 삼강(三綱)이 첫머리이니 실로 경륜(經綸)*¹의 큰 법이요, 만화(萬化)*²의 근본원칙이다.

옛 서적을 서로 견주어 살펴보면 제순(帝舜)도 오전(五典)을 삼가 아름답게 여겼고, 성탕(成湯)도 처음부터 인륜을 닦았으며, 주나라도 백성들의 오교(五敎)*³를 매우 소중히 여기고 공경하는 마음으로 삼물(三物)을 일으켰다. 여기서 제왕들이 정치를 중하게 여겼다는 것을 쉽게 알 수가 있다. 선덕(宣德) 신해년 여름, 우리 주상전하께서 근신(近臣)들에게 명해 말씀하기를 '삼대(三代)의 정치는 모두 인륜을 밝혔었는데, 후세에 와서는 교화가 땅에 떨어지고 백성들이 서로 친목하지 않으므로, 대개 학식이 보잘것없는 경우에 군신과 부자와 부부의 큰 윤리가 모두 자신의 타고난 성품을 모르게 되어 잘못을 저지르게 되었다.

그러나 어쩌다 행실이 뛰어나고 절개가 높은 사람이 습속에 따르지 않고 사람의 이목을 놀라게 하는 일 또한 많이 있다. 나는 여기에서 그 특출한 자만을 뽑아 그림을 그리고 찬(贊)을 붙여 중앙과 지방에 반포하고자 한다. 이렇게 하면 아무리 어리석은 지아비 지어미라 할지라도 모두 이것을 보고 느끼는 바가 있을 터이니 감동하여 떨쳐 일어나기가 쉬울 것이다. 그러니 이 또한 백성을 변화시키고 풍속을 좋게 만드는 데에 도움이 될 것이다' 했다.

이에 집현전 부제학 신(臣) 설순(偰循)에게 명해 이 책의 편집을 맡게 했다. 그는 명을 받고 중국을 비롯하여 우리 동방에 이르기까지 고금의 서적에 실린 것을 모조리 훑어본 뒤에 효자·충신·열녀 가운데 특출난 점이 있는 이야기만을 가려 뽑았다. 이렇게 뽑은 사람이 모두 110명인데, 앞면에는 그림을 그려 내용을 나타내고, 뒷면에는 글로 써서 사실을 적고 아울러 찬양하는 시(詩)를 덧붙였다.

효자에 대해서는 태종문황제(太宗文皇帝)께서 하사하신 효순(孝順)의 사실에 시를 덧붙여 기록하고, 또 신의 고조(高祖)가 되시는 신 보(溥)가 지은 《효행록》에 실려 있는 유명한 유학자 이제현(李齊賢)의 찬(贊)도 그 옆에 적어 넣었다. 그 나머지는 보신(輔臣)들에게 나누어서 글을 지으라 하고, 충신·열녀에 대한 시 또한 문신들에게 분담시켜 지으라 했다. 편집을 마치자 《삼강행실도》란 이름을 내리고 주자소(鑄字所)*⁴에 명해 판각(板刻)*⁵을 새긴 다음 영구히 전하도록 했다.

그런 뒤에 신(臣) 채(採)에게 첫머리에 머리글을 쓰라 명했다.

임금이나 부모나 부부 사이의 윤리와 충효·절의의 도는 사람마다 다 같이 하늘에서 타고난 떳떳한 마음으로서 이 천지가 생긴 처음부터 함께였으며, 천지가 끝나는 날까지도 떨어져 없어지지 않을 것이다. 그런 까닭에 요순 같은 어진 이도 이것에는 남음이 없으며, 걸주(桀紂) 같은 포학한 자도 모자람이 있을 수 없다. 그러나 선왕(先王) 시대에는 오전(五典)을 쉽게 따라 행했으므로 백성들도 화목하게 잘 살아왔는데, 삼대(三代) 뒤로는 잘 다스려진 날이 늘 적어 난적(亂賊) 무리들이 끊이지 않았으니, 이것은 임금이 이끌고 길러주기를 잘하고 못한 것에 달려 있는 것이다.

이제 우리 주상전하께서 신성하신 천품으로 군사(君師)의 도를 다하시어 공을 이루고 정치를 바르게 하심으로써 만 가지 조목이 모두 확장되었으며, 강상(綱常)*⁶을 뿌리박게 하고 세도(世道)*⁷를 유지함을 근본으로 삼으니 무릇 명교(名敎)*⁸와 관계된 일은 의논하고 연구하지 않는 것이 없으며, 언제나 쓰는 법전을 지어 이를 몸소 행하고 마음으로 얻은 나머지 백성을 교화시킴이 이미 극진한 데 이르게 되었다. 그런데도 오히려 감동해 일어나는 방법에 모자람이 있을까 염려하여 이 책을 펴내어 민간에 널리 배포해 어진 사람과 어리석은 사람, 귀한 사람과 천한 사람의 차별 없이 어린이나 부녀자들까지도 모두가 보고 배워 즐겨 듣도록 했다.

그림을 펴보면 그 모습까지도 상상할 수 있으며, 시를 읊으면 그 심정까지도 몸으로 얻어 알 수가 있으니, 누구든지 흠모하는 마음으로 권하고 격려해 모두가 타고난 착한 마음을 감동시킬 것이며 다같이 마땅히 행해야 할 직분을 힘껏 행하지 않을 자가 없으리라.

대개 제왕의 오전(五典)을 두텁게 하고 오교(五敎)를 편다는 뜻에 들어맞으면서도 조리로 따져보아도 더욱 세밀하게 되었다. 이로 말미암아 백성들의 풍속이 크게 바뀌고 정치도 더욱 융성해져 집집마다 효도하는 아들을 두고 국가에 충성하는 신하들만 있게 된다면 남해백화(南陔白華)*⁹와 한광여분(漢廣汝墳)*¹⁰이 민간에 끊임없이 일어나게 될 것이다.

그러니 왕화(王化)*¹¹의 아름다움이 마땅히 이남(二南)에 사양할 것이 없고, 왕업(王業)*¹²의 확고함은 만대에 영원토록 전해 갈 것이다. 뒷날 군자들이 전하의 뜻을 더욱 헤아려 공경하는 마음으로 한결같이 지켜 나간다면 어찌 거룩한 일이 아니겠는가.

선덕(宣德) 7년 6월에 봉렬대부 집현전응교 예문관응교 지제교 경연검토관(奉列大夫集賢殿應敎藝文館應敎知製敎經筵檢討官) 신(臣) 권채(權採)가 왕명을 받들어 삼가 머리글을 씀.

【註】

*1 일을 잘 경영함. 또는 나라를 다스림.

*2 만물을 기름. 《한서(漢書)》에 따르면 '옛 제왕이 어진 이에게 공을 돌림으로써 만물을 기르는 일이 이루어졌다(古帝王 以功與賢 則萬化成)' 했음.

*3 군자가 사람을 가르치는 다섯 가지 방법. 즉 비가 식물을 기르듯 가르치며, 어질고 너그럽게 가르치고, 재능을 살려 가르치고, 물음에는 의문을 풀어주며, 간접적으로 군자의 감화를 받도록 가르침. 곧 오륜의 가르침.

*4 조선 시대 중앙에서 활자를 만들어 책을 찍어내던 부서. 태종 때 설치. 처음에 승정원에 속해 있다가 세조 때 교서관에, 정조 때 규장각에 소속되었음.

*5 글씨나 그림을 판에 새김. 목판으로 찍은 책을 판각본이라고 함.

*6 사람이 행해야 할 도덕. 삼강과 오상(五常). 삼강은 군신·부자·부부, 오상은 인·의·예·지·신.

*7 세상을 올바르게 다스리는 도리.

*8 인륜의 명분을 밝히는 가르침. 도덕의 가르침.

*9 남해(南陔)는 효자가 서로 경계하면서 그 부모를 모시는 것을 읊은 시. 그러나 이 시는 지금에 와서는 그 뜻만 전하고 글은 없어졌다. 백화(白華)는 《시경》의 편(篇) 이름인데 효자의 계백(契白).

*10 한광(漢廣)은 《시경》 주남(周南)의 편 이름으로, 주나라 문왕의 덕화가 남국(南國)에까지 미친 일을 읊은 글. 여분(汝墳) 또한 《시경》 주남의 편 이름으로, 주 문왕의 덕화가 잘 행해진 것을 읊은 글.

*11 임금의 덕화를 이름.

*12 임금이 나라를 다스리는 대업.

《삼강행실도》 발문
윤헌주(尹憲柱)

　《삼강행실도》는 우리 세종 임금 때 민간에 널리 배포해 인륜을 밝히고 교화를 도탑게 하는 데 도움이 된 책이다. 대개 민생의 떳떳한 윤리가 여기에서 벗어날 수 없는 것이니, 이 세 가지를 제대로 다한다면 성인(聖人)도 되고 현인(賢人)도 될 수 있지만, 이를 하지 못하는 자는 바른 사람으로서 살아갈 수가 없는 것이다. 그러므로 선왕들이 백성을 가르치는 데 이것을 근본으로 삼지 않은 이가 없었다.

　이 책을 널리 배포한 지 이미 300년이 넘는다. 오늘날 우리 백성들이 아들로서 효도하고, 신하로서 충성하고, 남편으로서 화합하고, 아내로서 순종해 금수와 오랑캐에 빠지지 않은 것은 이 책을 보고 감동함에 따른 것이 반드시 없지 않으리라 생각된다. 그러니 그 도움됨이 어찌 적다 하겠는가. 대부분 백성은 날 때부터 떳떳한 마음을 타고나는 것이다.

　그러하기 때문에 비록 몹시 미련하여 감화시키기 어려운 사람일지라도 옛사람의 지극한 행실이 남을 감동시킨 사실을 보면 그 마음이 감동되지 않을 수 없으며, 또는 갑작스레 깨닫고 결연히 고쳐서 다시 선인군자(善人君子)가 되는 자도 있었다. 이 책에 그림으로 그려 놓은 것은 모두가 옛 사람의 지극한 성품과 독특한 행실이다. 더욱이 시(詩)까지 지어 책 끝에 붙였으니, 대개 그 그림을 보고 그 시를 읊는 자는 사람으로서의 올바른 성품이 있다면 누구인들 감동해 떨쳐 일어나지 않겠는가.

　이것이 그 무렵 성조(聖祖)께서 특명으로 책을 펴내게 하여 배포한 뜻이다.

　내가 작년에 이 도(道)로 귀양 오게 되어 이 지방 민간풍속이 순박하지 못한 것을 보고 마음속으로 몹시 분하게 여겼는데, 이제 방백(方伯)*¹으로 오게 되었으니 이 《삼강행실도》를 널리 반포해 왕화(王化)*²를 펴는 일에 이바지하고자 한다. 그러나 평안도에는 예부터 그 판각이 없다. 그래서 이에 한 판본을 구해 노는 각수(刻手)에게 품삯을 주고 판삭을 만들게 했다. 돌이켜 보건대 옛날 언문으로 옮긴 것이 너무나 간단해 이해하기가 몹시 어려웠다.

이에 글을 모두 고쳐서 더하기도 하고 깎아 줄이기도 하여, 아무리 어리석은 남녀일지라도 모두 알아보기 쉽게 만들어 이것을 한 도에 나누어 배포하니, 풍습 교화에 만분의 일이라도 도움이 되기를 바라는 바이다.

아! 옛말에 이르기를 '마음으로 가르치는 자에게는 따르고, 말만으로 가르치는 자에게는 시비한다' 했다. 그러니 남의 윗사람이 된 자로서 참으로 몸소 행하는 실상이 없다면 어찌 아래에 있는 백성을 변화시킬 수가 있으랴.

이제 내가 《삼강행실도》를 펴내고자 하나 그 근본이 오로지 백성을 교화시키는 데에만 있는 것은 아니다. 그러니 정치하는 자 또한 이 뜻을 반드시 알아야 할 것이다.

병오년 봄 평안도관찰사 겸 도순찰사 윤헌주(尹憲柱)가 삼가 발문(拔文)을 씀.

【註】
＊1 지방의 장관.
＊2 임금의 훌륭한 정치와 교화에 의하여 백성이 착하게 됨. 임금의 덕화.

《이륜행실도》 머리글
강혼(姜渾)

　하늘이 백성을 낳으니 물(物)이 있고 법(法)이 생겼다. 이것을 조목으로 나누어 오륜이라 하고 한데 묶어 삼강이라 하는데, 그 근본은 모두 실제 사람의 마음에 있으며 하늘의 이치로서 마땅히 그러한 것이다. 여기에 오륜이니 삼강이니 하지만 본디 둘이 따로따로 있다는 것은 아니다.

　우리 조선왕조의 《삼강행실》이라는 책은 중앙과 지방에 이미 널리 반포되어 사람마다 알고 있으니, 충신·효자·열녀의 행실을 우러러보고 감격하여 권장함에 힘쓰고 착한 마음을 일으키지 않은 자가 없을 것이다. 그러나 장유(長幼)·붕우(朋友)라는 이륜(二倫)은 아직 보지 못했으리라.

　경상도관찰사 김안국(金安國)이 일찍이 승정원에 있을 때 경연(經筵)에 나와서 임금께 청하기를 '이륜행실을 지어 삼강행실에 덧붙이되 백성들이 보고 느낄 수 있는 자료를 구비하게 하시옵소서' 했다.

　이에 임금도 그 말이 옳다 하고 예조에 명하여 편찬을 담당하는 부서를 설치하고, 이륜행실을 지어 올리게 했다. 그러나 임금의 명이 이행되기 전에 김공(金公)은 남쪽으로 나가게 되었다. 이 김공의 부탁을 받은 전 사역원정(司譯院正) 조신(曹伸)이 편찬의 책임을 맡아서 역대 여러 어진 이들의 장유·붕우의 교제와 행동한 사실에서 본받을 만한 것을 뽑아 형제도(兄弟圖)에는 종족(宗族)을 붙이고 붕우도(朋友圖)에는 사생(師生)을 붙였다. 그리고 그 사실을 글로 기록하고 그림으로 나타내고 또 시(詩)로 찬양하여 우리말로 옮겼으니, 이것은 모두 《삼강행실》의 형식을 본뜬 것이다.

　이것을 금산군(金山郡)에서 펴낼 때 나에게 서문을 쓰라 하였기에 내가 이 책을 받아 읽고 여기에 서문을 쓰는 것이다.

　《상서(尙書)》에 말하기를 '사랑을 세우자면 오로지 부모로부터 시작해야 하며, 공경을 세우자면 오직 어른으로부터 시작해야 한다. 그것은 가정과 국기로부터 시작해 온 천하에까지 미치게 된다' 했다. 또 증자(曾子)는 말하기를 '군자는 글로 친구를 모으고 친구로 어진 도를 돕는다' 했다.

대개 어른을 공경하는 것은 그 공경하는 마음을 넓히는 것이며, 친구를 모으는 것은 그 타고난 덕을 돕는 것이다. 그러므로 앞으로 사람마다 공경하는 마음으로 어른을 받들어 모시게 한다면 어찌 풍속이 도타워지지 않을 것이며, 사람마다 친구를 모아서 덕으로 돕는다면 어찌 착한 사람이 모여들지 않겠는가. 풍속이 후해지면 윗사람과 아랫사람이 편안하고, 착한 사람이 모여들면 다스리는 도가 진보될 것이다.

이 책도 마땅히 《삼강행실》과 함께 세상에 반포해서 성조(聖朝)의 교화함에 기본이 되도록 할 것이니 이 어찌 아름다운 일이 아니랴.

공손히 생각하건대, 우리 주상전하께서는 하늘이 내리신 성지(聖智)로써 날마다 어진 사대부와 더불어 경서(經書)와 《사기(史記)》를 강론하고 정치하는 도를 토의해 백성을 가르치고 풍속을 변화시키는 일을 정치의 급선무로 삼았다.

공(公)도 위로 임금의 뜻을 본받아 정치를 시작한다는 초심으로 부지런히 이 책을 편집, 간행해 고을과 마을에 떳떳한 윤리가 뿌리내리도록 함으로써 백성을 변화시키고자 했다. 몸소 표준이 될 만한 스승과 제자를 통솔해 그 덕과 업적을 서로 견주어 고찰하는 한편, 효행과 지조가 뛰어난 자를 뽑아 위에 아뢰어서 정문(旌門)을 내려 표창하게 하고, 또 경주·안동 등 다섯 고을에서 통치에 관계되는 서적을 펴낸 것이 모두 열한 가지나 된다.

그 서적들을 여기에 들자면 《동몽수지(童蒙須知)》는 어린이를 바로잡는 글이요, 《구결소학(口訣小學)》은 근본을 북돋아 주는 글이며, 《삼강행실》과 《이륜행실》은 인륜을 밝히는 글이다. 《성리대전(性理大全)》은 올바른 학문을 높이는 것이고, 《언해정속(諺解正俗)》과 《언해여씨향약(諺解呂氏鄕約)》은 지방 풍속을 바로잡는 것이며, 《언해농서(諺解農書)》와 《언해잠서(諺解蠶書)》는 농업을 두텁게 하는 것이며, 《언해창진방(諺解瘡疹方)》과 《언해벽온방(諺解辟瘟方)》은 요절함을 구하는 것이다.

이것만으로 공의 업적을 다 말할 수는 없다 하겠으나, 공의 학문과 포부가 보통 사람보다 뛰어난 점은 쉽게 알 수가 있다.

아! 세상에서 이 책을 보는 이들은 모두 공의 마음을 자신의 마음으로 삼아 힘쓸지어다.

　정덕(正德) 무인년 3월에 진천(晉川) 강혼(姜渾)이 진주 동고촌사(晉州 東皐村舍)에서 씀.

어명을 받들어 교열한 사람

　대광보국숭록대부판중추부사원임　규장각직제학(大匡輔國崇祿大夫判中樞府事原任　奎章閣直提學)　신(臣)　이병모(李秉模).

　대광보국숭록대부의정부우의정겸영　경연사감춘추관사원임　규장각제학(大匡輔國崇祿大夫議政府右議政兼領　經筵事監春秋館事原任　奎章閣提學)　신(臣)　윤시동(尹蓍東).

어명을 받들어 감수한 사람

가선대부행승정원좌승지겸 경연참찬관춘추관수찬관성균관대사성 규장각직제학지제교(嘉善大夫行承政院左承旨兼 經筵參贊官春秋館修撰官成均館大司成奎章閣直提學知製 敎) 신(臣) 이만수(李晚秀)

어모장군행용양위부사과 규장각검교대교지제 교(禦侮將軍行龍驤衛副司果奎章閣檢校待敎知製 敎) 신(臣) 심상규(沈象奎)

내각강제초 계문신조봉대부행의정부검상겸 춘추관기주관남학교수(內閣講製抄 啓文臣朝奉大夫行議政府檢詳兼 春秋館記注官南學敎授) 신(臣) 김근순(金近淳)

내각강제초 계문신선략장군행용양위부사과(內閣講製抄 啓文臣宣略將軍行龍驤衛副司果) 신(臣) 신순(申絢)

내각강제초 계문신통선랑행예문관검열겸 춘추관기사관(內閣講製抄 啓文臣通善郞行藝文館檢閱兼 春秋館記事官) 신(臣) 오태증(吳泰曾)

내각강제초 계문신무공랑행예문관검열겸 춘추관기사관(內閣講製抄 啓文臣務功郞行藝文館檢閱兼 春秋館記事官) 신(臣) 김이영(金履永)

내각강제초 계문신병절교위충무위부사정(內閣講製抄 啓文臣秉節校尉忠武衛副司正) 신(臣) 조석중(曺錫中)

내각강제초 계문신병절교위충무위부사정 신(臣) 홍석주(洪奭周)

오륜행실도

권1

효자

민손이 홑옷을 입나
閔損單衣 민손단의

　민손(閔損)*¹의 자(字)는 자건(子騫)으로 공자(孔子)의 제자*² 십철(十哲) 가운데 한 사람이다. 일찍이 어머니를 여의니, 그 아버지는 후처를 얻어 아들 둘을 낳았다. 민손의 의붓어머니는 그를 미워하여 자신이 낳은 아들에게는 옷에 솜을 넣어 입히고 민손에게는 갈품*³을 두어 입혔다.

　어느 겨울날 아버지가 민손에게 수레를 몰게 했는데, 민손이 너무나 추워서 그만 말고삐를 놓치고 말았다.

　이때 비로소 그동안의 사정을 살펴 알게 된 아버지가 후처를 내치고자 하니 민손이 울면서 아버지께 여쭈었다.

　"어머님이 계시면 저 하나만이 춥게 지내지만 어머님이 가시면 세 아들이 외로울 것입니다."

　아버지는 그 말을 착하게 여겨 후처를 내치지 않았다. 의붓어머니 또한 감동하고 뉘우치니, 마침내 자애로운 어머니가 되었다.

【詩】
갈품 둔 옷 입어 추위 참을 수 없건만
깊은 겨울 차라리 이 한 몸만 춥게 지내리.
이토록 좋은 말로 아비 마음 돌이키니
자식들도 단란하고 어머니도 아들 사랑했네.

효성스런 민손, 세상 사람 어질다 칭찬하니
그 덕행 오랜 세월 길이 전하리.
계모도 하루아침에 감동하고 뉘우치니
이로부터 자애로운 마음 편벽되지 않았네.

閔損單衣 魯 列國

五倫行實圖 卷一 孝子

의붓어머니 어질지 못해 자기가 낳은 아들만 사랑하는구나.

아우는 따뜻하건만 형은 추위에 떠니, 그의 옷에는 갈품 두었네.

아비가 어미 내쫓으려 하자, 민손이 꿇어앉아 아뢰는 말

어머니 계시면 저 혼자만 춥지만 어머니 가시면 세 아들 모두 춥소.

아버지 감동하여 그만두었으니, 아! 효성스럽도다 민손이여!

【원문】

閔損 字子騫 孔子弟子 早喪母 父娶後妻生二子 母嫉損 所生子衣棉絮 衣損
以蘆花絮 父冬月令損御車 體寒失靷 父察知之 欲遣後妻 損啓父曰 母在一子
寒 母去三子單 父善其言而止 母亦感悔 遂成慈母

【詩】

身衣蘆花不禦寒 隆冬寧使一身單

仍將好語回嚴父 子得團圝母得安

孝哉閔損世稱賢 德行由來萬古傳

繼母一朝能感悟 從玆慈愛意無偏

【贊】

後母不慈 獨厚己兒

弟溫兄凍 蘆絮非棉

父將逐母 跪白于前

母今在此 一子獨寒

若令母去 三子俱單

父感而止 孝乎閔子

【註】

＊1 공자의 제자. 공자보다 열다섯 살 아래이다. 그 무렵 공자의 제자 가운데에는 증자(曾
子) 같은 효자가 있었지만 민손 또한 그에 못지않았다. 《순자(荀子)》에 보면, 증건(曾

騫)이라 하여 증자와 자건을 효자의 대표로 들고 있다. 공자가 그를 칭찬한 이야기에
이런 말이 있다. '민자건은 정말 효자이다. 그의 부모형제들 모두가 그를 칭찬하여 효
자라고 하는데, 아무도 이 말에 반박하지 못한다. 이것만 보아도 민자건은 정말 효자
이다.'

*2 《논어》에 보면 공자의 제자를 네 부류로 나누어 도덕성으로는 안연(顏淵)·민자건·염백
우(冉伯牛)·중궁(仲弓)이요, 말재주로는 재아(宰我)·자공(子貢)이요, 정치로는 염유
(冉有)·자로(子路)요, 문학으로는 자유(子游)·자하(子夏)라 했다. 이것을 가리켜 공
문(孔門)의 사과십철(四科十哲)이라고 한다. 그러나 이 십철 말고도 증자·유자(有
子)·자장(子張) 같은 이름 있는 인재들이 있으므로 후세에 와서는 이 공문십철에 대해
다른 주장을 펴는 이들도 있다.

*3 꽃이 채 피지 않은 갈대 이삭.

자로가 쌀을 지다
子路負米 자로부미

중유(仲由)의 자는 자로(子路)*¹로 공자의 제자이다. 그는 부모를 지극한 효성으로 섬겼다. 집이 몹시 가난하여 나물만 먹으면서도, 백 리 밖에서 쌀을 져다가 부모를 섬기곤 했다.

부모가 모두 세상을 떠난 뒤에 남쪽 초(楚)나라에 가서 높은 벼슬에 오르니, 그가 한번 움직이면 그를 따르는 수레의 수가 백 채나 되었고, 창고에는 수많은 곡식을 쌓아두고 먹게 되었다. 또 자리 위에는 보료·방석을 겹으로 깔고 앉았으며 부엌에는 솥을 몇 개나 벌여 놓고 음식을 먹게 되었다.

이에 중유가 탄식하며 말하기를, '나는 나물을 먹더라도 부모를 위해서는 쌀을 지으려 했건만 그것은 이루지 못하였구나' 했다.

이 말을 듣고 공자가 말했다. '중유야말로 부모가 살았을 때는 힘껏 섬기고, 부모가 죽은 뒤에도 사모하기를 극진히 한 사람이다.'

【詩】
집이 가난하여 나물로 배 채우며
부모 공양코자 쌀 지고 오는 고생 이루 말할 수 없네.
공자의 제자들 모두가 다 효자라고들 하지만
중유야말로 천고에 높은 풍도 드날렸네.

하루아침에 부귀하게 되었으나
그래도 옛날 가난했던 시절 잊지 않았네.
살아서 잘 섬기고 죽어서도 사모하여 그 효성 다하니
공자 문하에서 아름다운 칭찬 혼자 들었네.

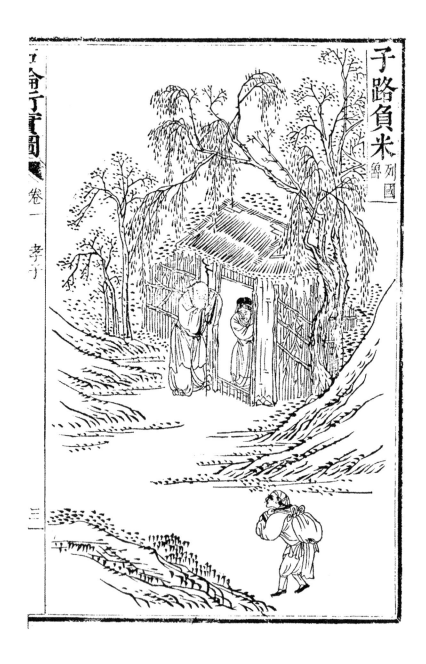

【원문】

仲由字子路 孔子弟子 事親至孝 家貧 食藜藿之食 爲親負米 於百里之外 親
歿之後 南遊於楚 從車百乘 積粟萬鍾 累茵而坐 列鼎而食 乃歎曰 雖欲食藜
藿之食 爲親負米 不可得也 孔子聞之曰 由也可謂生事盡力 死事盡思者也

【詩】

家貧藜藿僅能充 負米供親困苦中
當日孔門稱盡孝 仲由千古播高風

一朝列鼎累重茵 富貴終能念賤貧
生事死思惟盡孝 聖門嘉譽屬賢人

【註】

＊1 공자의 제자. 공자보다 아홉 살 아래로 사과십철(四科十哲) 가운데 한 사람. 자로는
본디 천인 출신으로 처음에는 행패를 부릴 뻔도 했지만 공자의 인격에 감화되어 그의
제자가 되었다. 무척 용맹스럽고 성질이 굳세어 언제나 스승을 호위하며 그림자처럼
따라다녔다. 공자는 자로를 칭찬하여, '몸에 누더기를 걸치고 털옷 입은 귀족과 나란히
서 있어도 조금도 부끄러워하지 않을 사람으로는 오직 중유가 있을 따름이다' 했다.

고어가 길에서 울다
皐魚道哭 고어도곡

　어느 날 공자가 길을 가는데 어디선가 몹시 슬피 우는 소리가 들렸다. 공자가 울음소리 나는 곳을 따라가 보니 고어(皐魚)라는 젊은이가 베옷을 입고 한 손에는 칼을 든 채 길가에서 울고 있었다.

　공자가 수레에서 내려 사정을 물으니 고어가 대답했다.

　"제가 어려서부터 글 배우기를 좋아하여 천하를 두루 돌아다니다 돌아와 보니, 부모님이 모두 돌아가시지 않았겠습니까. 나무가 고요히 있고 싶어도 바람은 쉬지 않고 불어오고, 자식이 부모를 봉양하고 싶어 해도 부모는 기다려 주지 않습니다. 흘러가기만 하고 돌아오지 않는 것이 세월이고, 돌아가시고 나면 따라갈 수 없는 것이 부모입니다. 저는 이제 이 세상을 하직하여 부모 섬기지 못한 죄를 조금이라도 씻어볼까 합니다."

　고어는 길에 서서 한참을 울다가 마침내 죽고 말았다. 이 일을 계기로 공자의 문인 가운데 집으로 돌아가 부모를 모시게 된 자가 모두 열세 명이나 되었다.

【贊】
　고어가 부모 생각하는 마음 간절하여, 혼자 마음 아파했지만,
　부모는 봉양하기를 기다려 주지 않으시니, 자기 몸 상하였네.
　울다 지쳐 눈이 먼 채 길가에 서서 죽었으니,
　아름답구나, 남다른 행동, 공자도 이를 소중히 여겼네.

【원문】
孔子出行 聞有哭聲甚悲 至則皐魚也 被褐擁劒 哭於路左 孔子下車而問其故 對曰 吾少好學 周流天下而吾親死 夫樹欲靜 而風不止 子欲養而親不待 往而

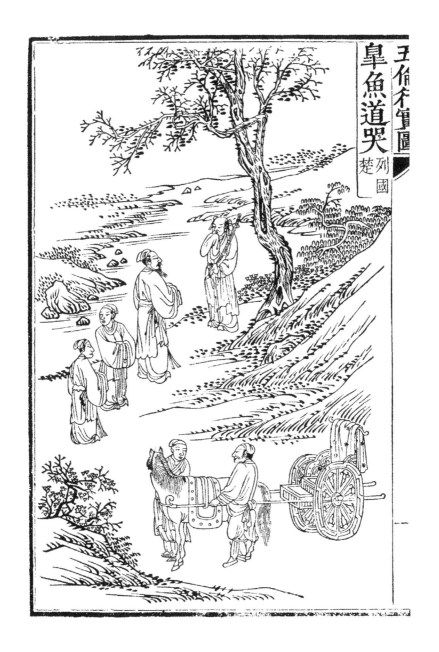

五倫行實圖

皐魚道哭 ^{列國}_楚

不可返者年也　逝而不可追者親也　吾於是辭矣　立哭而死　於是孔子之門人　歸
養親者　一十三人

【贊】
皐魚銜恤　自訟自傷
親不待養　如何彼蒼
泣盡眼枯　立死路傍
嗟嗟卓行　見重素王

진씨가 시어머니를 섬기다
陳氏養姑 진씨양고

진효부(陳孝婦)는 열여섯 살에 혼인했다. 그런데 남편이 전쟁터에 나가게 되자 떠나는 날 아내 진씨에게 일렀다.

"나는 이번에 떠나면 살아서 돌아올지 알 수 없는 몸이요. 다행히 늙으신 어머니가 계시지만 우리 말고는 모실 다른 자식이 없으니, 내가 돌아오지 못하더라도 그대가 나 대신 어머니를 모실 수 있겠소?"

진씨는 그렇게 하겠다고 대답했다.

남편은 결국 전쟁터에서 죽고 돌아오지 못하는 몸이 되고 말았다. 부인은 전보다 더욱 효성을 다하여 시어머니를 모셨다. 개가할 마음은 애초에 가져 보지도 않았다. 그런데 친정 부모가 딸을 다른 집으로 시집보낼 계획을 세우자 진효부가 말했다.

"남편이 집을 떠나며 저에게 어머니를 지성껏 모셔 달라고 부탁하기에 저는 그렇게 하겠다고 약속했습니다. 노모를 모시다 말고 변심하여 남편과의 신의를 저버리고서 어떻게 이 세상을 살아가겠습니까?"

진효부는 말을 마치고 스스로 목숨을 끊으려 했다. 그러자 부모는 깜짝 놀라 다시는 개가시키겠다는 이야기를 입 밖에 내지 못했다.

이렇게 해서 진효부가 홀로 시어머니를 모신 지 스물여덟 해 만에 시어머니가 죽으니, 밭과 집을 모두 팔아 정성껏 시어머니의 장례를 치렀다.

이 모습을 본 사람들은 모두 진씨를 세상에 드문 효부라고 칭송했다.

【贊】
남편 전쟁터로 멀리 떠나며 늙은 어머니 부탁했네.
남편 죽고 돌아오지 못하니, 부탁했던 말 어이 감히 저버리리.
끝끝내 개가하지 않고 정성껏 봉양하다가 후히 장사 지내니,

온 세상 모두 그를 칭찬해 진효부라 불렀네.

【원문】

陳孝婦 年十六而嫁 其夫當戌 且行 屬曰 我生死未可知 幸有老母 無他兄弟
備養 吾不還 汝肯養吾母乎 婦曰諾 夫果死不還 婦養姑不衰 終無嫁意 其父
母將取而嫁之 婦曰 夫去時 屬妾以養老母 妾旣許諾 養人老母而不能卒 許人
以諾而不能信 將何以立於世 欲自殺 父母懼而不敢嫁 養姑二十八年 姑終 盡
賣田宅葬之 號曰孝婦

【贊】

良人遠征 屬我老母
身歿不歸 言在敢負
之死靡他 養專葬厚
萬世稱之 曰陳孝婦

강혁이 크게 효도하다
江革巨孝 강혁거효

강혁(江革)은 한(漢)나라 임치(臨淄) 사람이다. 그는 어려서 아버지를 여의었다. 난리를 만나자 어머니를 등에 업고 피란하면서도 손수 나물을 캐어다가 올리며 어머니를 온갖 정성을 다해 모셨다.

어느 날 도둑을 만났는데, 도둑들이 강혁 모자를 위협하여 잡아가려 하자 강혁이 울면서 애원했다.

"제가 죽는 것은 조금도 원통하지 않지만 저에게는 늙으신 어머니가 계십니다."

이 말이 자못 공손하고 간절하여 사람을 감동시키니, 도둑들도 차마 해치지 못하고 도리어 그들 모자가 피란할 곳을 알려주었다. 이리하여 강혁 모자는 무사히 난리를 피할 수 있었다.

이윽고 난리가 끝났으나 모자는 너무도 가난하여 살아가기가 어려웠다. 그럼에도 강혁은 추운 겨울에 옷도 입지 못한 채 맨발로 품팔이를 하면서 어머니를 모셨다. 어머니의 몸에 좋은 것은 무엇이든 구해다 드렸다.

이렇게 지내다가 건무(建武)*¹ 끝무렵 어머니를 모시고 고향으로 돌아왔다. 이때는 해마다 한 번씩 관청에서 백성들을 점고(點考)*²하는 일이 있었다. 강혁은 관청으로 가는 길에 수레가 요동쳐 어머니의 몸이 흔들릴까 염려되어 소나 말이 수레를 끌게 하지 않고 손수 수레를 밀고 나갔다. 이것을 본 마을 사람들은 '강혁은 정말 큰 효자'라고 입을 모았다.

어머니가 늙어 죽으니 강혁은 무덤 곁에 여막(廬幕)*³을 짓고 살았으며 거상(居喪)*⁴을 마치고도 차마 상복을 벗지 못했다. 이 소식을 듣고 그 고을 군수가 승연(丞掾)*⁵을 보내어 그의 상복을 벗겨주기까지 했다.

원화(元和)*⁶ 시절에 황제는 조서(詔書)*⁷를 내려 곡식 천 석을 주게 하고, 해마다 8월이면 장리(長吏)*⁸를 보내 안부를 살피게 했으며 또 양고기와 술을 보냈다.

지극한 효성은 본디 귀신도 움직이는 것.
사나운 도둑떼 만나도 제 몸 온전히 보존케 하네.
위태로운 일 당해서도 모자 모두 탈없이 벗어났으니
하늘과 땅도 마땅히 착한 사람에게 복을 내리리.

평생에 행한 효성 조정까지 움직여
은혜로운 상 내리니 뚜렷한 영화받았네.
역사 속에도 홀로 빛나리 강혁의 큰 효성
예나 지금이나 강혁과 비길 사람 누가 있으리.

【贊】

강혁이 어머니 업고 난리 피해 타향 떠돌 적에
도둑 만나 간곡히 애원하니 차마 해치지 못하네.
마음 다해 효도하고 품팔이해 모실 적에
어머니 몸에 편한 것이라면 무엇 하나 공양치 않은 것 없네.

【원문】

江革 臨淄人 少失父 遭天下亂 負母逃難 常采拾以爲養 數遇賊 或劫欲將去
輒涕泣求哀 言有老母 辭氣愿欵 有足感動人者 賊不忍害 或指避兵之方 遂得
俱全於難 窮貧裸跣 行傭以 供母 便身之物 莫不畢給 建武末 與母歸鄉里 每
至歲時 縣當案比 革以母老 不欲搖動 自在轅中挽車 不用牛馬 鄉里稱曰 江
巨孝 母終 常寢伏冢廬 服竟不忍除 郡守遣丞掾釋服 元和中 詔以穀千斛賜之
常以八月長吏存問致羊酒

【詩】
至孝由來動鬼神 雖逢强暴亦全身
到頭母子俱無恙 天地終應福善人

平生行孝動朝廷 褒錫恩隆沐顯榮

靑史獨稱江巨孝 古今誰復可齊名

【贊】

江革負母 逃難異鄉

遇賊陳欸 賊不忍傷

盡心於孝 備養於傭

便身何物 有不畢供

【註】

＊1 한나라 황제 광무제 때 연호.

＊2 일일이 표를 찍어가면서 사람의 숫자를 조사하는 것.

＊3 죽은 이의 혼령을 위해 차려 놓은 자리인 궤연(几筵) 옆이나 무덤 근처에 지어 놓은, 상제가 거처하는 초막집.

＊4 상중(喪中)에 있음.

＊5 군수 밑에 있는 벼슬아치.

＊6 한나라 황제 장제 때의 연호.

＊7 임금이나 황제의 명령을 백성에게 알릴 목적으로 쓴 문서.

＊8 수령(守令)을 말함.

설포가 집 안을 깨끗이 청소하다
薛包洒掃 설포쇄소

설포(薛包)는 한나라 여남(汝南) 사람이다. 설포의 아버지가 후처를 맞아 들였는데 계모는 설포를 몹시 미워하여 마침내 설포를 내쫓아 버렸다.

설포는 문밖에서 밤낮으로 울부짖으며 차마 집을 떠나지 못했다. 이에 계모가 매를 때려 설포는 마지못해 대문 밖으로 나왔으나, 아무도 없는 새벽이 되면 집으로 들어가 집 안을 깨끗이 청소하곤 했다.

그러나 이번에는 아버지마저 설포에게 눈에 띄지 않는 먼 곳으로 떠나라고 호통을 쳤다. 하는 수 없이 설포는 집을 떠나 마을 어귀에 자리를 잡아 거적을 치고 밤을 지내면서도 정성(定省)*1의 도리를 한 번도 게을리하지 않았다.

이렇게 한 지 한 해 남짓이 되니 이에 설포의 부모도 자신들이 한 짓을 뉘우치고 설포를 불러 집으로 돌아오도록 했다.

부모가 늙어 모두 세상을 떠나자, 아우가 재산을 분배하고 따로 살자고 조르는 것을 설포는 말릴 수가 없었다. 결국 설포는 모든 재산을 아우에게 주었다. 설포는 가장 나이가 많아 일할 수 없는 종을 차지한 뒤 말했다. '이 사람은 이 집에서 나와 함께 지낸 지 오래되어 이제는 더 이상 일을 시킬 수가 없다.'

또 밭과 집도 나누면서 가장 황폐한 것을 자신이 차지하고 말했다. '이곳은 내가 어려서부터 살던 집이고 농사짓던 밭이라 마음으로부터 아끼는 것이다.'

또 살림살이와 그릇도 깨지고 낡은 것을 차지하고 말했다. '이것은 평소에 내가 쓰던 세간이며 그릇이라 내 몸과 입에 오히려 편안하다.'

아우가 몇 번이나 망하여 돌아와도 그때마다 자기 것을 나누어 주어 살림을 이어 가도록 해주었다.

薛包洒掃
漢

안제(安帝)*²가 이 이야기를 듣고 그에게 시중(侍中)*³ 벼슬을 주었다.

【詩】

부모의 마음 얻지 못하자 눈물 흘려 울면서
아침저녁 문안하고 집 안 청소하며 떠나지 않네.
지극한 정성 부모 마음 감동시키고 즐겁게 하여
부자가 화락하게 처음같이 살았다네.

재산 나눌 때 좋은 것은 모두 아우에게 주니
효도와 우애 온전하기 세상에 드문 일일세.
이로부터 그 아름다운 이름 조정에까지 들려
시중 벼슬 내리어 천자가 부르셨네.

【贊】

아비가 자식 미워하는 일은 대체로 계모에게서 생기니
자식이 정성을 다하면 부모도 그 잘못 뉘우치네.
설포는 매맞으면서도 차마 멀리 떠나지 못하니
부모들 도리어 부끄럽게 여겨 처음같이 지냈네.

【원문】

薛包 汝南人 父娶後妻 憎包分出之 包日夜號泣不去 至被毆扑 不得已 廬于
舍外 早入酒掃 父怒又逐之 乃廬于里門 晨昏不廢 積歲餘 父母慚而還之 父
母亡 弟求分財異居 包不能止 奴婢引老者 曰與我共事久 若不能使也 田廬取
荒頓者 曰少時所治意所戀也 器物取朽敗者 曰素所服食 身口所安也 弟數破
其產 輒復賑給 安帝徵拜 侍中

【詩】

不得親心涕泗濡
晨昏酒掃守門閭
積誠感得親顏悅

父子和諧遂厥初

中分財產讓田廬
孝義能全世罕如
自是佳名聞闕下
侍中有命召公車

【贊】
父兮憎兒　多因繼室
兒若至誠　將悔其失
包也被毆　未忍遠出
慚而還之　終始如一

효녀 조아가 시체를 안다
孝娥抱屍 효아포시

효녀 조아(曹娥)는 한(漢)나라 회계(會稽) 사람이다. 그 아버지 조우(曹盱)는 무당이었다. 한나라 황제 안제 2년 5월 5일, 조우가 강가에서 파사신(婆娑神)*¹을 맞는 기원을 드리고 있었는데, 마침 강물이 불어 넘치자 그만 물살에 휩쓸려 빠져 죽었다. 그러나 아무리 시간이 지나도 시신은 물 위로 떠오르지 않았다.

이때 조아의 나이 겨우 열네 살이었다. 강둑을 오르내리며 아버지를 찾아 밤낮으로 울부짖기를 열이레를 계속했다.

결국 조아는 아버지를 찾아 강물 속으로 뛰어들었는데, 하루 만에 아버지의 시신을 안고 있는 조아의 시체가 물 위로 떠올랐다.

고을 아전과 백성들은 이들 부녀의 시신을 거두고 예를 갖추어 장사 지낸 뒤 조아의 효행을 새긴 비석을 세웠다.

【贊】
효녀 조아, 그 아버지 물결에 놀라 강에 빠지니
조아 나이 열네 살, 밤낮으로 울부짖었네.
우는 소리 잠시도 그치지 않고 열이렛날을 계속하다가,
강 속으로 들어가더니 하루 만에 아비 시신 안은 채 물 위로 떠올랐네.
그 정성 천지를 감동시켜 사람들 눈물 흘려 강물 넘치게 하니,
절묘한 필치로 만대에 길이 전하네.

【원문】
孝女曹娥者 會稽人 父盱爲巫祝 漢安二年五月五日 於縣江泝濤迎婆娑神 値江水大發而遂溺死 不得其屍 娥年十四 乃沿江號哭 晝夜不絕聲 旬有七日 遂

孝娥抱屍

漢

投江而死 抱父屍而出 後吏民改葬樹碑焉

【贊】
孝娥姓曹 父溺驚濤
娥年十四 晝夜哀號
聲不暫停 旬又七日
投江抱屍 經宿以出
誠貫穹壤 淚溢滄浪
黃絹妙筆 萬世流芳

【註】
＊1 물 신령(神靈)의 이름.

황향이 베개에 부채질하다

黃香扇枕 황향선침

    황향(黃香)은 한(漢)나라 강하(江夏) 사람이다. 아홉 살 때 어머니를 여의니, 어머니 그리워하기를 애가 끊어지듯 하여 몸이 초췌해지고 거의 죽을 지경이었다. 이를 본 마을 사람들은 모두 그 지극한 효성을 칭찬해 마지않았다.

    그로부터 황향은 혼자 아버지를 모시고 부지런히 섬겨 아버지를 위한 일이라면 어떤 일이건 가리지 않았다. 더운 여름이면 아버지의 베개와 이부자리에 부채질을 하여 서늘하게 하고, 추운 겨울이면 자기 몸으로 아버지의 이부자리를 따뜻하게 덥혀 드렸다.

    이에 태수(太守)*¹ 유호(劉護)가 이 사실을 조정에 아뢰니 이로부터 그 이름이 나라 안에 떠들썩하게 오르내렸다. 뒤에 황향은 벼슬길에 올라 마침내 상서령(尙書令)*²에까지 이르렀으며, 아들 경(瓊)과 손자 모두 높은 벼슬을 하여 귀하게 되었다.

【詩】

황향의 효성은 어릴 때부터이니
베개에 부채질하고 이불 속 따뜻하게 품어 드린 일 세상에 전하였네.
춥고 더운 것은 부모 몸에 닿지 않게 하니
정성스런 이 효성 천성에서 나왔다네.

강하의 황향 어려서부터 그 뜻 범상치 않으니
그즈음 이미 세상에 견줄 이 없었네.
벼슬이 여러 번 오르니 상서령에 이르렀고
그 효성으로 감동하여 자손까지 번창했네.

黃香 江夏人 年九歲失母 思慕憔悴 殆不免喪 鄕人稱其孝 獨養其父 躬執勤
苦 夏則扇枕席 冬則以身溫被 太守劉護表而異之 自是名聞於世 後官累遷至
尙書令 至子瓊及孫皆貴顯

【詩】

黃香行孝自髫年 扇枕溫衾世共傳
寒暑不令親體受 誠心一念出天然

江夏黃童志異常 當時已道世無雙
累官直至尙書令 孝感能令後嗣昌

【註】
＊1 중국의 한 군(郡)의 장관. 우리나라 조선 시대에 지방관의 별칭으로 썼음.
＊2 벼슬 이름. 진(秦)나라 때 처음 생겼고, 한나라 때에는 소부(小府) 소속 관원이었음.
　　또 당나라에서는 재상이라 불렀음.

정란이 나무를 깎아 새기다
丁蘭刻木 정란각목

정란(丁蘭)은 한(漢)나라 하내(河內) 사람이다. 그는 일찍 부모를 여의어, 아버지 어머니를 모시지 못한 것이 한이었다. 생각다 못해 나무를 깎아 부모의 상(像)을 만들어, 부모가 살아 있는 것과 똑같이 아침이면 일찍 일어나 문안을 올리고 저녁이면 이부자리를 펴드렸다.

그러던 어느 날 이웃에 사는 장숙(張叔)의 아내가 정란의 아내에게 맷돌을 빌려 달라고 찾아왔다. 정란의 아내가 나무를 깎아 만든 부모의 상 앞으로 가더니 꿇어 엎드려 사정을 알렸다. "어머님, 이웃집에서 맷돌을 빌리러 왔사온데 빌려주어도 되겠습니까?" 그런데 목상이 좋아하지 않는 눈치를 보이므로 빌려주지 않았다.

이런 일이 있은 뒤 장숙이 술에 몹시 취해가지고 정란의 집에 와서 목상을 꾸짖으며 지팡이로 그 머리를 마구 두들겨댔다. 정란은 집으로 돌아와 이야기를 전해 듣고 칼을 빼들고 쫓아가서 장숙을 찔러 죽이고 말았다.

이 일로 관헌에게 잡혀가면서도 잠시 목상 앞에 하직 인사를 올리니, 목상이 정란을 물끄러미 내려다보며 눈물을 주르르 흘리는 것이 아닌가. 고을에서는 이것을 보고 신명(神明)*¹을 감동시킨 정란의 지극한 효성을 아름답게 여겨 나라에 널리 알렸다.

이에 임금이 조서를 내려 그 목상의 모습을 그림으로 그려 올리게 했다.

【詩】
나무 깎아 부모처럼 섬긴 일은 지극한 인정에서 난 것
새벽에 문안하고 저녁에 자리 펴는 일 살아서와 같이 했네.
뚜렷한 얼굴 모습 부모 대함과 똑같으니
감동하여 응한 것은 한결같은 정성 때문일세.

丁蘭刻木 漢

효성 다하여 사모하는 마음 정성스레 죽은 부모에게 바쳤으니
목상도 감동하여 슬픈 얼굴 지어 보였네.
그때 그 얼굴 그리게 하여 지극한 행실 표창하니
그 누가 정란을 칭찬하지 않으리.

【贊】
슬프다, 정란이여! 일찍이 부모 얼굴 잃으니
다른 사람 다 부모 계신데 왜 나는 부모 안 계신가.
나무 깎아 그 모습 새기어, 살아 계신 부모 모시듯 섬기니
새벽 문안과 밤의 이부자리까지 정성을 다했네.
아아! 이 세상 사람 누구나 다 부모 있건만
살아서 봉양치 못했으니 어찌 이마에서 땀이 나지 않으리.

【원문】
丁蘭 河內人 少喪考妣 不及供養 乃刻木爲親形像 事之如生 朝夕定省 後鄰
人張叔妻從蘭妻有所借 蘭妻跪拜木像 木像不悅 不以借之 張叔醉罵木像 以
杖敲其頭 蘭還卽奮劒殺張叔 吏捕蘭 蘭辭木像去 木像見蘭爲之垂淚 郡縣嘉
其至孝通 於神明 奏之 詔圖其形像

【詩】
刻木爲親出至情 晨昏定省似平生
恍然容色能相接 感應由來在一誠

孝思精徹杳冥間 木像能爲戚戚顔
當代圖形旌至行 誰人不道漢丁蘭

【贊】
哀哀丁蘭 早喪慈顔
衆人皆有 我獨無母
刻木肖形 事之猶生

晨昏定省 以盡誠敬
噫彼世人 不有其親
生不能養 能不泚顙

【註】
＊1 하늘과 땅의 신령. 또는 사람의 마음.

동영이 돈을 빌리다
董永貸錢 동영대전

동영(董永)은 한(漢)나라 천승(千乘) 사람이다. 아버지가 죽었는데도 장사 지낼 비용조차 마련할 길이 없었다. 이에 빚쟁이에게서 돈 만 냥을 꾸면서 말했다.

"제가 이 돈을 갚지 못하는 때는 마땅히 당신의 종이 되겠습니다."

동영은 빌린 돈으로 장례를 정성껏 치렀다. 그러나 기한 내에 돈을 갚을 길이 없어 약속대로 빚쟁이의 종노릇을 하러 가다가 우연히 젊고 아름다운 한 여인을 만났는데 그녀는 동영의 아내가 되기를 원했다.

동영이 말했다.

"나는 가난하기 짝이 없는 몸으로, 빌린 돈을 갚지 못해 그 집 종이 되러 가는 길이오. 이런 몸이 어찌 감히 그대를 아내로 삼으리요."

여인이 말했다.

"저는 낭군의 아내가 되기를 원할 뿐입니다. 가난하고 천한 것은 부끄러워하지 않습니다."

동영은 더 거절할 수가 없었다. 여인을 데리고 함께 가니, 빚쟁이가 동영의 아내에게 물었다.

"당신은 무슨 일을 잘하오?"

여인은 서슴지 않고 답했다.

"저는 비단을 짤 줄 압니다."

"그러면 잘되었소. 비단 삼백 필을 짜 놓으면 그때는 당신들 둘 다 돌려보내 주겠소."

그러나 비단 삼백 필은 보통 사람이 한평생을 짜도 다 짤 수 없을 만큼 엄청난 양이었다. 그럼에도 여인이 비단 삼백 필을 한 달 안에 모두 짜서 내놓자 빚쟁이는 깜짝 놀라며 약속대로 부부를 돌려보내 주었다.

董永貸錢

돌아오는 길에 두 사람이 처음 만났던 장소에 이르자 여인은 발길을 멈추고 말했다.

"사실 저는 하늘의 직녀성(織女星)*¹입니다. 그대의 지극한 효성에 하느님이 감동하시어 저를 내려보내 당신의 빚을 갚게 한 것입니다."

말을 마치자 여인은 구름을 타고 하늘로 올라가 버렸다.

【詩】

돈 만 냥 꾸어다가 아버지 장사 지내고
스스로 종이 되어 그 빚 갚으려 했네.
누가 알았으리, 이 효성에 하늘도 감동하여
직녀를 내려보내 그 빚 갚아주었네.

동영의 효성이 하늘을 감동시켜
직녀성 내려보내 빚 갚아주게 했네.
한 달 만에 비단 삼백 필 선뜻 짜내고
홀연히 작별하고 하늘로 올라가네.

【贊】

저 정성스런 효자, 천승의 동영이여!
품팔이해서 부모 모시고, 제 몸 팔아 장사 지냈네.
길에서 아름다운 여인 만나니, 아내 되어 빚 갚아주겠다면서
날마다 비단 짜니 한 달 만에 삼백 필이라.
빚 갚고 돌아가는 길, 자기는 하늘의 직녀성이라
하느님이 내려보내 그대의 빚 갚게 했다 하고는 구름 타고 올라갔네.

【원문】

董永 千乘人 父亡無以葬 乃從人貸錢一萬曰 後若無錢還 當以身作奴 葬畢
將往爲奴 於路忽逢一婦人求爲妻 永曰 今貧若是 身復爲奴 何敢屈夫人爲妻
婦人曰 願爲君婦 不恥貧賤永遂將婦人至 錢主問永妻曰 何能 妻曰 能織 主
曰 織絹三百匹 卽放 於是一月之內 三百匹絹足 主驚 遂放二人而去 行至舊

相逢處 謂永曰 我天之織女 感君至孝 天使我爲君償債 語訖 騰空而去

【詩】

得錢一萬葬其親 身擬爲傭報主人
豈料孝心終感格 天敎織女助身貧

孝念終能感上天 爲敎織女助還錢
一月足縑三百匹 飄然分手上雲煙

【贊】

巒巒孝子 千乘董氏
傭力以養 債身以葬
路逢美婦 爲妻償負
日織縑帛 一月三百
償畢告語 我乃織女
天遣償汝 乘雲而去

【註】

＊1 은하수 동쪽에 있는 별. 칠월칠석에 은하수를 건너 1년에 한 번씩 견우성(牽牛星)과
  만난다는 전설이 있다. 여기에서는 이 직녀성을 사람으로 변하게 하여 지상으로 내려
  보냈다는 이야기임.

왕부 때문에 시경*1을 읽지 않다
王裒廢詩 왕부폐시

왕부(王裒)는 삼국시대 위(魏)나라 성양(城陽) 사람이다. 그 아버지의 이름은 의(儀)인데, 위나라 안동장군 사마소(司馬昭)의 부하 장수가 되었다.

이때 위나라 군사가 동관(東關) 싸움에 졌다. 이에 사마소가 부하 장수 왕의(王儀)에게 물었다.

"이번 싸움에 진 것은 그 과실이 누구에게 있는가?"

왕의는 망설이지 않고 바른대로 대답했다.

"전쟁에 진 책임은 마땅히 원수(元帥)에게 있습니다."

그러자 사마소가 버럭 화를 내며 말했다.

"너는 싸움에서 패배한 죄를 나에게 덮어씌우려 하는구나."

그러고는 장수를 밖으로 끌어내어 목을 베어버렸다.

왕부는 아버지가 비명*2에 죽은 것이 한스러워 산속으로 들어가 숨어 살면서 제자들에게 글을 가르쳤다. 삼징칠벽(三徵七辟)*3도 모두 물리치고 그대로 숨어 지냈다. 죽을 때까지 한 번도 서쪽을 향해 앉지 않았으니, 무슨 일이 있어도 서쪽에 있는 진(晉)나라 신하는 될 수 없다는 뜻이었으리라.

한편 그는 아버지 무덤 옆에 여막을 짓고서 아침저녁으로 무덤에 절을 올리고 곁에 있는 잣나무를 껴안고 슬피 울곤 했다. 그때마다 뜨거운 눈물이 흘러 잣나무를 적시니 잣나무는 결국 말라죽고 말았다.

또 그의 어머니는 평소 천둥을 무서워했는데 그 어머니가 죽은 뒤로 천둥이 칠 때마다 어머니 무덤으로 달려가서 말했다.

"어머니! 놀라지 마십시오. 불효자 부(裒)가 여기 있습니다."

《시경》을 읽다가 육아편(蓼莪篇)에 '슬프고 슬프도다, 우리 부모님이시여! 저를 낳으시느라 얼마나 힘드셨습니까(哀哀父母 生我劬勞)' 하는 구절을 접하면 그 글귀를 거듭 외우고 눈물을 흘리며 울기도 했다. 제자들은 이 모습이

몹시 안타까워 의논 끝에 이 육아편은 읽지 않기로 했다.

【詩】
왕부의 효성은 옛날에도 없던 일
무덤 앞에 눈물 흘리니 잣나무 모두 시들어 죽었네.
아버지 비명에 죽은 것 혼자서 맘 상해하여
몸 마치도록 벼슬하지 않고 한가로이 숨어 살았네.

어머니 천둥 두려워하시니
천둥소리 나면 무덤으로 달려가 이리저리 살피네.
육아편 읽기도 전에 눈물 먼저 흘리니
이 때문에 제자들도 이 글귀 읽지 않았네.

【贊】
아버지 잃자 조정의 부름에 응하지 않으니 그 뛰어남이 으뜸이라
아침저녁 슬피 울어 묘 앞 잣나무에 눈물 뿌렸네.
육아편 읽을 때마다 여러 번 외우면서 슬퍼하니
제자들 차마 볼 수 없어 이 글귀 다시 읽지 않았네.

【원문】
王裒 城陽人 父儀爲魏安東將軍司馬昭司馬 東關之敗 昭問曰 誰任其咎 儀對
曰 責在元帥 昭怒曰 欲委罪於孤邪 引出斬之 裒痛父非命 隱居敎授 三徵七辟
皆不就 終身未嘗西向而坐 以示不臣於晉 廬於墓側 朝夕常至墓所拜跽 攀栢悲
號 涕淚著樹 樹爲之枯 母性畏雷 母歿 每雷輒到墓曰裒在此 讀詩至 哀哀父母
生我劬勞 未嘗不三復流涕 門人受業者 並廢蓼莪篇

【詩】
王裒爲孝自來無 淚灑泉臺栢盡枯
父死獨傷非正命 終身不仕只閒居

怕聽雷聲母性然 每因雷動繞墳前
蓼莪未誦先流涕 遂使門人廢此篇

【贊】
偉元喪父 不應徵辟
朝夕悲號 淚灑墓栢
每讀蓼莪 三復涕洟
門人不忍 遂廢此詩

【註】
＊1 《시경(詩經)》 소아(小雅)에 있는 글을 말함. 부모를 봉양하고자 해도 모실 길이 없는
　　효자의 슬픔을 읊은 글. '蓼蓼者莪 匪莪伊蒿 哀哀父母 生我劬勞'
＊2 뜻밖의 재난으로 죽음. 비명횡사(非命橫死).
＊3 세 번 황제가 부르고 일곱 번 주군(州郡)에서 부른다는 뜻으로, 관직에 임명하기 위해
　　조정이나 지방관아에서 자주 부르는 것을 이름.

맹종이 울며 죽순을 구하다
孟宗泣竹 맹종읍죽

　맹종(孟宗)은 삼국시대 오(吳)나라 강하(江夏) 사람이다. 그는 효성이 지극했다. 어느 추운 겨울날, 늙고 병들어 병상에 누워 계신 어머니가 죽순(竹筍)*¹이 먹고 싶다고 했다.

　땅은 얼고 눈까지 덮였는데 어디서 죽순을 구한단 말인가.

　맹종은 대숲 속으로 들어가 슬피 울다 하느님께 빌었다.

　"하느님! 이 대숲에서 죽순이 나오게 해주십시오."

　그런데 얼마간 울다가 옆을 돌아보니 땅 위로 죽순 몇 줄기가 돋아나오는 것이 아닌가.

　맹종이 이 죽순을 캐 가지고 집으로 돌아와 곧 국을 끓여 어머니께 올리니 어머니는 죽순국을 먹고 오랫동안 앓던 병이 모두 나았다.

　이것을 본 사람들이 하나같이 말했다.

　"하늘이 맹종의 지극한 효성에 감동해 어머니의 병을 낫게 한 것이다."

【詩】
그 효성, 맹종을 꼽을 수밖에 없는 일
어머니 죽순 생각하니 그때가 바로 엄동이었네.
대숲에서 눈물 뿌리고 울부짖으니
삽시간에 땅속에서 죽순 몇 줄기 올라왔네.

어머니, 죽순 먹고 씻은 듯이 병 나으니
하늘 이치 분명한 것 속일 수 없네.
오직 이 마음 미루어 효도하는 마음 가지니
저승의 귀신들이 도와준 것이네.

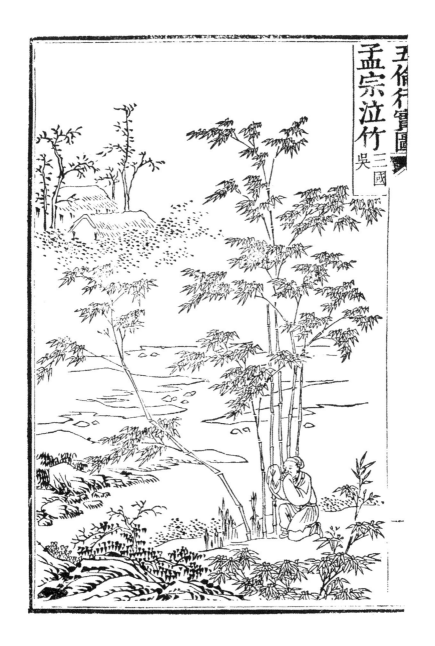

옛날 어진 선비 그 이름 맹종이니
그의 병든 어머니 추운 겨울에 죽순 먹고 싶다 하네.
하늘을 우러르며 이리저리 대숲 속에서 울 적에
어린 죽순 뾰족뾰족 눈 속에서 돋아났네.
죽순국 마시고 어머니 병 이내 나으니
틀림없이 그 정성 간절함에 천지가 감동함이네.

【원문】

孟宗 江夏人性至孝 母年老病篤 冬節將至思筍食 時地凍無筍 宗入竹林哀泣
有頃 地上出筍數莖 持歸作羹供母 食畢病愈 人皆以爲至孝所感

【詩】

孝行當年說孟宗 慈親思筍逼寒冬
竹林灑淚哀號處 數筍須臾出地中

母因食筍病全蘇 天理昭昭信不誣
惟以此心存孝念 幽冥自有鬼神扶

【贊】

昔有賢士 孟姓宗名
冬寒母病 思啜筍羹
號天繞竹 泣涕縱橫
龍雛包籜 雪裏羅生
採歸供膳 疾乃瘳平
精誠旣切 感應孔明

【註】

＊1 껍질에 싸여 돋아나는 대나무 어린순인데 이것을 먹음.

왕상이 얼음을 깨다
王祥剖冰 왕상부빙

왕상(王祥)은 진(晉)나라 낭야(琅邪) 사람이다. 어려서 어머니를 여의고 계모 주씨(朱氏) 밑에서 자랐다. 계모가 왕상을 사랑하지 않아 남편에게 거짓으로 헐뜯으니, 그는 아버지의 사랑마저 잃고 말았다.

왕상은 날마다 소 외양간을 청소하는 등 궂은 일만 도맡아 하면서도 부모를 공경하고 행실을 더욱 삼갔다. 부모가 아플 때면 옷의 띠도 끄르지 않고, 언제나 손수 약을 달여 반드시 맛을 본 뒤 부모에게 올렸다.

어느 날 그 어머니가 병 들어 자리에 눕더니 생선이 먹고 싶다 했다. 때는 추운 겨울이니 얼어붙은 강물 속에서 어떻게 생선을 잡는단 말인가.

왕상은 도끼로 얼음을 깨뜨리고는 옷을 벗고 강물 속으로 뛰어들기로 마음먹었다. 이때 갑자기 얼음이 저절로 갈라지면서 잉어 두 마리가 튀어나왔다.

어머니는 또 갑자기 구운 참새 고기가 먹고 싶다고 했다. 그러자 참새 수십 마리가 왕상의 집으로 날아들었다.

뜰 앞에 있는 벚나무의 열매가 한창 익자 어머니는 이 나무를 지키라 했다. 왕상은 어머니의 명을 거스른 일이 없었다. 왕상은 밤을 새워가며 나무를 지켰는데, 바람이 세차게 불고 비가 쏟아지는 날이면 나무를 껴안고 울곤 했다.

어머니가 죽자 3년 동안 거상을 하는데 왕상은 너무 슬퍼하여 병이 나고 여위어 막대기를 짚어야만 겨우 일어설 수 있었다.

왕상은 그 뒤 조정에 나아가 벼슬을 하여 삼공(三公)*¹에 이르렀다.

【詩】
왕상의 정성스런 효성 참으로 부러워라

부모 뜻 받들어 한 번도 어기지 않았네.
얼음 깨져 잉어 두 마리 절로 나오고
참새 떼 저절로 날아들어 어머니 봉양하게 했네.

온 마을 사람 그 효성에 감동하고
하늘이 보응하여 참마음 표창함일세.
조정에 벼슬하여 삼공 높은 자리에 오르니
세상 사람들 그 효행 더더욱 부러워했지.

【贊】
진나라에 왕상 있어 그 어머니 생선을 좋아했네.
냇물 얼어 낚시질 그물질 할 수 없었네.
옷을 벗고 얼음 깨자, 잉어 두 마리 저절로 튀어나왔네.
그 간절한 효성, 어찌 여기에 그치리.
벗나무 안고 밤새 울고, 참새 떼 날아들었네.
벼슬이 삼공에 이르고, 그 이름 청사에 빛났네.

【원문】
王祥 琅琊人 蚤喪母 繼母朱氏不慈 數譖之 由是失愛於父 每使掃除牛下 祥
愈恭謹 父母有疾 衣不解帶 湯藥必親嘗 母嘗欲生魚 時天寒冰凍 祥解衣 將
剖冰求之 冰忽自解 雙鯉躍出 母又思黃雀炙 復有黃雀數十飛入其幕 有丹柰
結實 母命守之 每風雨 輒抱樹而泣 母歿居喪毀瘁 杖而後起 後仕於朝 官至
三公

【詩】
王祥誠孝眞堪美 承順親顏志不回
不獨剖冰雙鯉出 還看黃雀自飛來

鄕里驚嗟孝感深 皇天報應表純心
白頭重作三公貴 行誼尤爲世所欽

晉有王祥 生魚母嗜

天寒川凍 網釣難致

解衣臥冰 自躍雙鯉

懇懇孝誠 奚止此耳

抱柰夜號 羅雀朝饋

後拜三公 名標靑史

【註】

＊1 조선 시대 관직으로는 3정승. 주(周) 시대는 태사(太師)·태부(太傅)·태보(太保). 전한(前漢) 시대는 대사마(大司馬)·대사공(大司空)·대사도(大司徒). 후한(後漢)·당(唐)·송(宋) 시대는 대위(大尉)·사공(司空)·사도(司徒).

허자가 짐승을 묻어주다
許孜埋獸 허자매수

허자(許孜)는 진나라 동양(東陽) 사람이다. 나이 스무 살에 예장태수 공충(孔沖)을 스승으로 삼아 글을 배웠다. 공부를 마치고 고향으로 돌아오는 길에 공충이 병으로 죽으니, 3년 상을 치루고 집으로 돌아왔다.

그러나 이번에는 그의 부모가 모두 죽었다. 허자는 너무 큰 슬픔으로 몸이 여위어 지팡이를 짚고서야 겨우 일어날 수 있었다.

허자가 마을 동쪽 양지에 자리를 골라 무덤을 만드는데, 마을 사람의 도움을 받지 않고 손수 흙을 져 날랐다. 무덤을 정성껏 만들고 그 앞에 엎드려 날마다 슬피 우니 새와 짐승들이 모여들어 그를 보호해 주었다.

허자가 혼자 무덤을 지키면서 그 앞에 손수 소나무와 잣나무를 심으니, 이 나무들이 마을까지 오륙 리 길을 뻗쳤다.

그러나 사슴이 소나무들을 뽑아버리자 허자는 탄식했다. "어찌해서 너는 내 정성을 몰라주느냐."

그 이튿날 일이었다. 나무들을 뽑아 놓은 사슴이 호랑이에게 물려 죽어 소나무 밑에 뒹굴고 있었다. 허자가 죽은 사슴을 불쌍히 여겨 무덤 길 옆에 묻어주었다.

그 뒤로 나무들은 모두 무성하게 자랐다. 허자는 무덤 앞에 여막을 짓고 무덤을 지키면서 부모가 살아 있을 때와 같이 섬겼다. 이것을 보고 고을 사람들은 그가 사는 마을을 효순리(孝順里)라 불렀다.

【詩】
효성으로 부모 섬기고 의리로 스승 받드니
이 마음 하늘도 마땅히 알아주리.
애써 무덤 만들고 날마다 애통해하니

새와 짐승 모여들어 함께 슬퍼하네.

무덤 앞 소나무와 잣나무들 이미 푸르고 무성한데
지각 없는 사슴 나무들 뽑아 놓았네.
어느 날 범이 와서 사슴 죽여 소나무 밑에 버렸으니
짐승도 마땅히 그 효성에 감동한 것이리.

【贊】
허자는 효성과 공경, 학문을 좋아함으로 몸을 세웠으나
그 부모 죽음에 슬퍼하여 울기를 마지않네.
동쪽 산에 흙을 질 제 새와 짐승 모여드니
이 모습 보는 사람 어찌 아니 슬퍼하리.

【원문】
許孜 東陽人 年二十 師事豫章太守孔沖 受學 還鄉里 沖亡孜制服三年 俄而
二親歿 柴毀骨立 杖而能起 建墓於縣之東山 躬自負土 不受鄉人之助 每一悲
號 鳥獸翔集 孜獨守墓所 列植松栢亘五六里 有鹿犯所種松 孜悲歎曰 鹿獨不
念我乎 明日鹿爲猛獸所殺 致於所犯松下 孜悵惋不已爲埋隧側 自後樹木滋茂
孜乃立宅墓次 事亡如存 邑人號其居爲孝順里

【詩】
孝事雙親義事師 此心應只有天知
辛勤營墓頻哀慟 鳥獸徊翔亦愴悲

墓前松栢已蒼蒼 鹿本無知遂觸傷
一日牲生依樹下 鬼神應使孝心彰

【贊】
許孜孝恭 好學有立
及喪其親 柴毀而泣

負土東山　鳥獸翔集
人之見之　能不烏邑

왕연을 위해 물고기가 뛰어나오다
王延躍魚 왕연약어

   왕연(王延)은 진(晉)나라 서하(西河) 사람이다. 아홉 살 때 어머니를 여의고 3년을 피눈물 흘리며 슬피 우니 몸이 파리해져 거의 죽을 지경이었다. 그리고 제사가 돌아올 때마다 슬피 우는 날이 열흘에 이르렀다.

   의붓어머니 복씨(卜氏)는 어진 부인이 아니었다. 왕연을 몹시 학대하여 음식은 말할 것도 없고, 옷에는 언제나 부들〔蒲〕이나 삼베 자투리 같은 것을 넣어 입히곤 했다. 하지만 왕연은 이것을 알면서도 아무런 불평도 하지 않았고, 모질게 대할수록 의붓어머니를 더욱더 공손히 섬겼다.

   어느 추운 겨울날이었다. 복씨가 갑자기 생선이 먹고 싶다면서 왕연에게 생선을 구해 오라고 했다. 엄동설한에 어디 가서 생선을 구한단 말인가. 생선을 구해 오지 못한다 하여 의붓어머니 복씨가 매를 치니 왕연의 몸에서는 피가 흘렀다. 왕연은 강가에 가서 얼어붙은 강을 두드리며 슬피 울었다.

   어찌된 일인가. 이때 갑자기 길이 다섯 자나 되는 물고기 한 마리가 얼음 위로 튀어올랐다. 왕연이 그 물고기를 바로 잡아다 드리니 어머니는 이 물고기를 여러 날 두고두고 먹었으나 물고기는 없어지지 않고 그대로 있었다.

   이 이상한 일을 보고서야 복씨는 마음으로 깨달아 왕연을 자기가 낳은 아들과 같이 사랑하게 되었다. 이에 왕연이 더욱 효성을 다해 부모를 섬겼는데, 더운 여름이면 베개와 돗자리에 부채질을 하여 시원하게 해드렸고 추운 겨울이면 자기 몸으로 이부자리를 따뜻하게 덥혀드렸다.

   엄동설한에 자기 몸에는 온전한 옷을 두르지 못하면서도 부모는 맛있는 음식을 다하여 모셨다. 부모가 죽은 뒤에는 무덤 곁에서 여막살이를 했다.

【詩】
두터운 효성 어릴 때부터였으니

그 어진 마음 천성에서 우러난 것일세.
3년 동안 피눈물 흘린 것도 장하거니와
제삿날 슬피 운 것 더욱 갸륵하네.

의붓어머니 성품 아무래도 자식 사랑하지 않건만
효성과 공경은 한 번도 변치 않았네.
물가에서 슬피 울 제 물고기 튀어오르니
그 뜻 하늘과 땅도 마땅히 알고 있으리.

【원문】

王延 西河人 九歲喪母 泣血三年 幾至滅性 每至忌日則 悲啼至旬 繼母卜氏
遇之無道 恒以蒲穰及敗麻頭與延貯衣 延知而不言 事母彌謹 卜氏嘗盛冬思生
魚 使延求而不獲 杖之流血延尋汾叩凌而哭 忽有一魚長五尺 踊出冰上 取以
進 母食之積日不盡 於是心悟 撫延如己生 延事親色養 夏則扇枕席 冬則以身
溫被 隆冬盛寒 身無全衣 而親極滋味 父母終廬於墓側

【詩】

孝道能敦在稚年 良心一點出天然
三年泣血應堪憫 忌月悲啼更可憐

繼母相看性不慈 心存孝敬未曾衰
汾濱哀哭魚隨躍 此意皇天后土知

양향이 호랑이의 목을 조르다
楊香搤虎 양향액호

양향(楊香)은 송(宋)나라 남향에 사는 양풍(楊豊)의 딸이다. 어느 날 양향이 아버지와 함께 골짜기에 있는 밭에서 곡식을 거두고 있었다. 그때 갑자기 커다란 호랑이가 나타나 양풍에게 달려들었다.

이때 양향의 나이는 겨우 열네 살이었다. 더욱이 그에게는 조그마한 주머니칼 하나도 없었다. 그런데도 양향은 곧바로 달려들어 호랑이 목을 졸랐다. 이 틈에 양풍은 호랑이를 피해 화를 면했다.

고을 태수가 소문을 듣고 이 일을 조정에 아뢰니 재물과 곡식을 내리고 정문(旌門)*¹을 세워 양향의 효성을 표창했다.

【詩】
아비가 호랑이에게 물리자 마음이 다급하니
그때 그 목숨 경각에 달렸네.
죽음을 돌아보지 않고 호랑이 목을 조르니
아비를 살아 돌아오게 했네.

어린 나이 연약한 몸이나 그 기개 높았으니
아비의 목숨 호랑이가 범치 못하게 했네.
지금도 역사에 그 이름 전하니
오늘 그 누가 양향의 이름 알지 못할까.

【원문】
楊香 南鄉縣楊豊女也 隨父田間穫粟 豊爲虎所噬 香年甫十四手無寸刃 直搤虎頸 豊因獲免 太守孟肇之 賜資穀 旌其門閭焉

【詩】
父遭虎噬愴心顔 命在當時頃刻間
虎頸搤持寧顧死 致令嚴父得生還

幼齡體弱氣軒昂 父命能令虎不傷
靑史尙留名姓在 至今誰不道楊香

【註】
＊1 나라에 공이 많은 사람, 또는 효도나 절개가 뛰어난 사람의 집 앞에 나라에서 표창
　　하고자 세우는 붉은 문.

반종이 아버지를 구하다
潘綜救父 반종구부

반종(潘綜)은 송(宋)나라 오흥(吳興) 사람이다. 그 무렵 손은(孫恩)의 난리가 일어났는데 요망스런 도적 떼가 반종이 사는 고을에 쳐들어왔다.

반종이 그 아버지 반표(潘驃)를 모시고 함께 도적을 피하여 달아나기 시작했다. 그러나 반표가 나이가 많아 걸음을 빨리 걷지 못하자 도적이 이들 부자를 쫓아 가까이 다가오고 있었다. 이것을 본 반표가 아들 반종에게 말했다.

"나는 더 이상 갈 수가 없다. 그러니 너는 빨리 달아나서 화를 면하도록 해라. 너와 내가 한꺼번에 죽으니 그게 낫지 않느냐."

그리고는 땅바닥에 주저앉았다.

반종은 도적 떼를 마주하고 머리를 조아리면서 애걸했다.

"우리 아버지는 나이가 많으십니다. 부디 아버지는 살려주시고 나를 데려가시오."

이번에는 반표가 도적들을 향해 간청했다.

"이 아이는 나이가 젊어서 달아나면 살 수가 있는데도 나를 위해서 달아나지 않고 있는 것이오. 나는 늙었으니 죽는 것이 아깝지 않소. 그러니 나를 죽이고 이 아이만은 살려 주시오."

도적은 칼을 빼들고 반표의 목을 찍으려 했다. 그러자 반종이 아버지를 안으며 엎드리니 잔인한 도적이 반종의 머리와 얼굴을 사정없이 내리쳐 반종은 네 곳이나 상처를 입고 기절했다.

이때 한 도적이 앞으로 나와 여러 도적에게 말했다.

"이 아이는 죽음으로 아비를 구하려 했으니 참으로 효자이다. 효자를 죽이는 것은 상서롭지 못한 일이다."

이에 도적들이 그를 놓아주니 이렇게 해서 반종 부자는 목숨을 건졌다.

潘綜救父

그 뒤 원기(元嘉)*¹ 4년에 유사(有司)*²가 이 사실을 조정에 아뢰있다. 조정에서는 즉시 반종이 사는 마을을 순효촌(純孝村)이라 부르게 했다. 그리고 3대에 걸쳐 조세를 면제해 주었다.

【詩】
난리에 피란하는 것 견디기 어려운 일
도적 떼 병기도 요란하게 마을을 포위했네.
옆에 있던 도적 와서 구해 주지 않았던들
부자 한꺼번에 도적에게 죽을 뻔했네.

난리 끝에 거듭 태평한 세월 만나서
3대의 조세를 모두 면해 주었네.
들으니 오흥 땅에 옛 터전 있어
그 마을 이름 순효라 하여 지금까지 전한다네.

【원문】
潘綜 吳興人 孫恩之亂 妖黨攻破村邑 綜與父驃共走避賊 驃年老行遲 賊轉逼 驃於綜曰 我不能去 汝走可脫 幸勿俱死 驃困乏坐地 綜迎賊叩頭曰 父年老 乞賜生命 賊至 驃驃亦請曰 兒年少能走 爲我不去 我不惜死 乞活此兒 賊因 斫驃 綜抱父於腹下 賊斫綜頭面 凡四創 綜已悶絶 有一賊來語衆曰 此兒 以死救父 殺孝子不祥 賊乃止 父子並得免 元嘉四年 有司奏 改其里爲純孝 蠲租布三世

【詩】
避難何堪喪亂餘 干戈擾擾遍村墟
不逢旁寇能開釋 父子當時死盜區

亂離重遇太平年 三世公租已盡蠲
聞道吳興存舊業 里名純孝至今傳

검루가 똥을 맛보다
黔婁嘗糞 검루상분

유검루(庾黔婁)는 남북조 시대 제(齊)나라 신야(新野) 사람이다. 잔릉령 (孱陵令)이 되어 임지에 부임했는데, 열흘이 못 되어서 본댁에 계신 그의 아버지 유역(庾易)이 몸져눕게 되었다.

임지에 부임한 검루는 까닭없이 갑자기 가슴이 두근거리면서 온몸에 땀이 흘렀다. 꼭 집에 무슨 일이 있는 듯싶었다. 곧바로 벼슬을 버리고 집으로 돌아가니 집에 있던 가족들은 그가 아무런 기별도 없이 갑자기 돌아온 것에 오히려 놀랐다. 유역이 병으로 앓아누운 지 겨우 이틀밖에 되지 않은 때였다. 그러니까 검루가 가슴이 두근거렸던 바로 그날 밤 아버지 병이 시작되었던 것이다.

의원이 검루에게 말했다.

"어르신의 병환은 이질(痢疾)입니다. 병 증세가 더하고 덜한 것은 어르신의 대변을 맛보면 알 수 있을 것입니다."

맛이 달면 병이 더 나빠진 것이고, 맛이 쓰면 병이 조금 나은 것이라고 했다. 이 말을 듣고 검루는 아버지가 큰 볼일을 볼 때마다 그 맛을 보았는데 차츰 달고 미끄러워지는 것 아닌가.

검루는 몹시 걱정되었다. 밤이 되면 북두칠성을 향해 머리를 조아리며 빌었다.

"비옵건대 내 몸이 아버지를 대신해서 죽게 해주시옵소서."

이렇게 빌고 있는데, 어느 날 어디선가 소리가 들려왔다.

"네 아버지 수명은 이미 다한 것이어서 더 오래 살 수가 없다. 그러나 네 효성이 지극하여 이같이 정성껏 비니 이달 그믐까지는 살게 하리라."

과연 그의 아버지는 그달 그믐에 죽었다.

검루는 예법보다 넘치게 아버지의 장례를 치르고, 무덤 곁에 여막을 지어

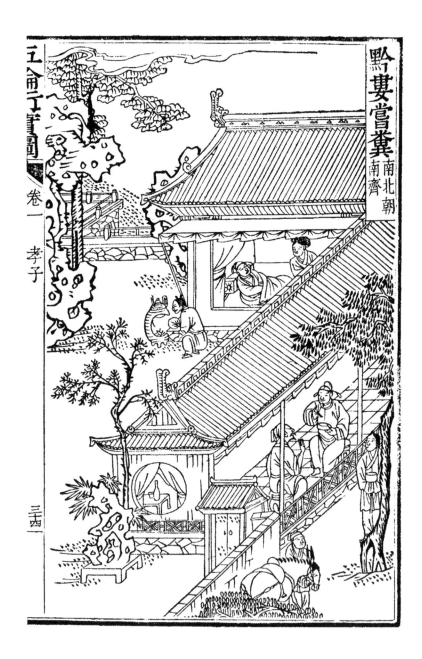

무덤을 지켰다.

【詩】
잔릉령 되었을 때 갑자기 가슴이 두근거려
벼슬 버리고 집으로 돌아가니 그 아버지 병들어 있네.
이 소식 어찌 멀리서도 알았을까
지극한 정성에 감동함일세.

자기 몸을 아비 대신 죽게 해주기 바라
이마 조아리며 북두칠성에 빌었네.
하늘에서 소리 있어 여기에 보응하니
예부터 효성에는 귀신도 감동하는 것.

【贊】
아비 병든 날 검루는 가슴이 두근거리고 땀이 흘러
벼슬 버리고 갑자기 돌아가니 모두들 괴상히 여기네.
똥을 맛보매 달고 보니 어찌 이 몸 아낄까
북두칠성에게 이 몸이 대신하기 빌었네.

【원문】
庾黔婁 新野人 爲屛陵令 到縣未旬 父易在家遘疾 黔婁忽心驚 擧身流汗 卽日棄官還家 家人悉驚其忽至 時易疾始二日 醫云 欲知差劇 但嘗糞甜苦 易泄痢 黔婁輒取嘗之 味轉甜滑心愈憂苦 至夕 每稽顙北辰 求以身代 俄聞空中有聲曰 尊君壽命盡 不復可延 汝誠禱旣至 故得至月末 晦而易亡 黔婁 居喪過禮 廬於墓側

【詩】
屛陵作令忽心驚 棄職還家父疾嬰
消息何曾來遠道 感通應是在純誠

願將身殞代嚴親 稽顙中天禱北辰
便覺有聲傳報應 從來孝念感神人

【贊】
在家父病 庚令驚汗
棄官忽歸 人怔且歎
嘗糞而甜 不暇自愛
稽顙北辰 乞身以代

숙겸이 약을 구하러 다니다
叔謙訪藥 숙겸방약

해숙겸(解叔謙)은 남북조 시대 제(齊)나라 안문(鴈門) 사람이다. 그 어머니가 병이 들자, 숙겸은 걱정이 되어 거의 침식을 잊을 지경이었다. 밤이 되면 들 가운데서 머리를 조아리며 어머니의 병이 낫기를 하늘에 빌곤 했다.

그러던 어느 날 하늘에서 목소리가 들렸다.

"이 병은 정공등(丁公藤)*¹으로 술을 빚어 마시면 낫느니라."

숙겸은 의원을 찾아 정공등이 무엇인지 물어보았고, 《본초(本草)》*²도 찾아보았다. 그러나 아무도 아는 사람이 없었다.

그는 정공등을 찾아나섰는데, 의도군(宜都郡)에 이르러 멀리 바라보니 산속에서 한 노인이 나무를 베고 있었다. 그는 노인 곁으로 다가가 그 나무를 무엇에 쓰시려는지 물어보았다.

그 노인이 대답했다.

"이것은 정공등인데, 풍병(風病)을 치료하는 데 신효한 약이오."

숙겸은 곧바로 땅바닥에 넓죽 엎드려 절하고 눈물을 흘리며 애원했다.

"제 어머니가 병환 중에 계십니다. 정공등이 신기한 효과가 있다는 말은 들었사오나 그것을 구하지 못해 방황하고 있습니다."

노인은 진지하게 듣더니 숙겸의 마음 씀에 감동하여 베어 가지고 있던 정공등 네 가지를 내주었다. 그리고 술 빚는 법을 자세하게 가르쳐 주었다.

숙겸이 이것을 받아들고 두 번 절하고 돌아보니 노인은 어느새 사라지고 없었다.

노인이 가르쳐 준 대로 술 빚어 어머니께 드리니 병이 씻은 듯이 나았다.

【詩】
어머니 병환에 의원 찾아 밤낮으로 근심할 적에

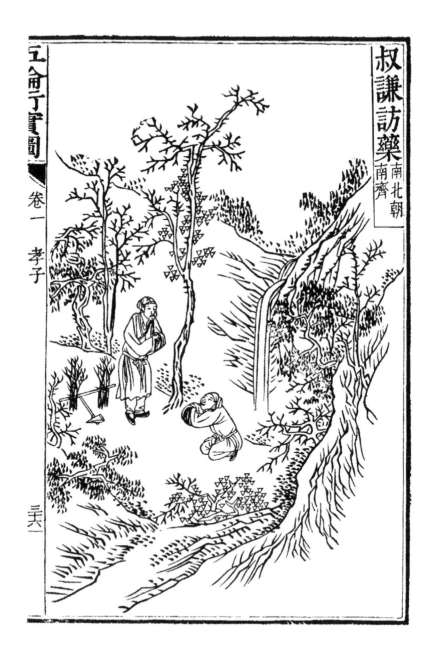

하늘을 우러러 머리 조아리며 병 낫기를 빌었네.
신명도 그의 성심에 감동함인지
병 고칠 약 이름 자세히 일러주었네.

숙겸의 효성 어찌 범연하리요,
마땅히 그 정성 하늘을 감동시키리.
뜻밖에 정공등 얻어 술 빚어 드리니
어머니 병환 씻은 듯이 나았네.

【원문】

解叔謙 鴈門人 母有疾 叔謙夜於庭中稽顙祈福 聞空中語云 此病得丁公藤爲
酒 便差 卽訪醫及本草 皆無識者 乃求訪至宜都郡 遙見山中一老公伐木 問其
所用 答曰 此丁公藤 療風尤驗 叔謙便拜伏流涕 具言來意 老公愴然 以四段
與之 幷示以漬酒法 叔謙受之 顧視此人 已忽不見 依法爲酒 母病卽差

【詩】

母疾求醫日夜憂 仰天稽顙苦祈求
神明時感誠心切 說與良方治病由

叔謙孝感豈徒然 應有精誠達上天
忽得丁公藤漬酒 卽令母病頓安痊

【註】

＊1 약재(藥材) 이름으로 마가목을 이름. 장미과의 낙엽활엽 큰키나무.
＊2 약재나 약학·동물·광물·식물 등 1892종을 7항목으로 해설한 《본초강목(本草綱目)》을
  줄여서 '본초'라고 부르기도 함.

길분이 아버지를 대신해 죽으려 하다
吉玢代父 길분대부

길분(吉玢)은 남북조 시대 양(梁)나라 풍익(馮翊) 사람이[1]에 그의 아버지가 원향령(原鄉令)으로 있을 때 아전의 무고(誣告)로 잡혀서 정위(廷尉)[*1]에게 끌려갔다.

길분의 나이 겨우 열다섯 살 때였다. 그는 무고하게 잡혀간 아버지를 살려달라고 길거리에서 사람들을 붙들고 울부짖었고 공경(公卿)들을 찾아가서 빌었다. 이 모습을 지켜보는 사람들이 모두 눈물을 흘렸다.

그의 아버지 길리(吉理)는 매우 청백한 사람이었으나, 죄 없이 옥리(獄吏) 앞에서 신문받을 것이 수치스러워 죄인이라 자청하고 죽는 길을 택했다.

이렇게 되자 길분은 어찌할 바를 몰랐다. 생각 끝에 등문고(登聞鼓)[*2]를 두드려 아버지의 목숨을 대신해 벌을 받겠다고 청했다.

무제(武帝)는 길분의 애원을 기이하게 여겨 틀림없이 어린 길분이 누군가에게 지시를 받고 한 짓이라 생각하여 정위 채법도(蔡法度)를 불렀다. "너가 그 소년을 위협하고 한편으로는 달래면서 그 실정을 낱낱이 알아보도록 하라."

채법도는 형벌에 쓸 도구를 가득 벌여 놓고 자못 엄숙한 태도로 소년에게 물었다. "네가 아비를 대신해서 죽으려 한다기에 이를 받아들여 너를 죽이기로 했다. 칼과 톱이 아주 날카로워 저것을 한 번 움직이기만 하면 네 목숨은 끝이다. 그래도 네가 죽음을 감당하겠단 말이냐. 지금이라도 네가 뉘우친다면 너는 살 수가 있다. 다시 한 번 생각해 보아라."

그러나 길분은 두려워하는 기색도 없이 말했다.

"죄인이 아무리 어리다 하나 어찌 죽는 것이 두렵다는 것을 모르겠습니까. 그러나 아버지가 극형에 처해지는 것은 못 보겠습니다. 도리에 어긋나오

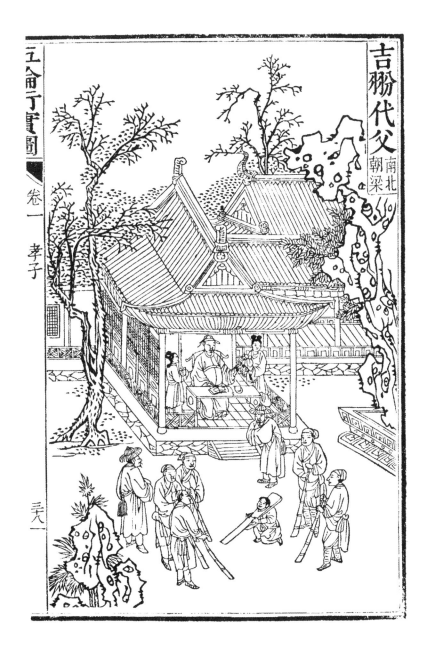

나 제가 죽으려 합니다."

길분이 처음 옥에 갇혔을 때 옥리는 법에 따라 그에게 큰칼〔枷〕을 씌웠다. 그러나 채법도는 옥리에게 명하여 칼을 벗기게 했다. 하지만 길분은 따르지 않고 말했다. "죽을 죄인이 어찌 칼을 벗는단 말입니까?"

채법도는 길분의 행동을 매우 기특히 여겨 길분에 대해 임금에게 자세히 보고했다. 이리하여 임금은 길분의 아버지를 풀어줄 것을 명했다.

양주중정(揚州中正)*³ 장측(張仄)이 길분의 효행을 임금에게 아뢰니, 임금은 태상(太常)*⁴에게 명하여 길분에게 정문을 내려 그 갸륵한 효행을 표창했다.

【詩】

아비가 무고를 당해 극형받게 되었으니
맹세코 이 몸이 대신 벌을 받으리라 아뢰었네.
하늘의 내려보심이 어찌 깊고 멀다 하지 않으리,
그 아비 놓여 나오고 그의 효행 표창했네.

저 같은 어린이의 효성 참으로 부러운데
아비 대신 죽겠단 말 조정을 감동시켰네.
그해의 효행으로 정문까지 내렸으니
그 아름다운 이름 천추가 지나도록 전하네.

【원문】

吉翂 馮翊人 父爲原鄉令 爲吏所誣 逮詣廷尉 翂年十五 號泣衢路 祈請公卿 見者隕涕 其父理雖淸白而恥爲吏訊 虛自引咎罪 當大辟 翂撾登聞鼓乞代父命 武帝異之 以其童幼 疑受敎於人 勅廷尉蔡法度脅誘取欵 法度盛陳徽纆 厲色 問曰 爾求代父死 勅已相許 然刀鉅至劇 審能死不 若有悔異 亦相聽許 對曰 囚雖蒙弱 豈不知死可畏 不忍見父極刑 所以殉身不測 翂初見囚 獄掾依法桎 梏 法度命脫二械 翂弗聽曰 死囚豈可減乎 法度以聞 帝乃宥其父 揚州中正張 仄薦翂孝行 勅太常 旌擧

【詩】
父爲遭誣陷極刑 誓將身代愬中情
誰知天鑑非玄遠 父子俱全表孝誠

堪羨兒童有至情 哀號代父感朝廷
當年孝行蒙旌擧 遂使千秋有令名

【註】
＊1 형벌을 맡은 관원. 또는 그 관청.
＊2 백성이 임금에게 간하거나, 또는 자기의 원통한 사정을 호소하려 할 때 쳐서 이를 알
리게 할 목적으로 조정에 설치해 놓은 큰북. 신문고(申聞鼓)라고도 함.
＊3 중정(中正)은 관직 이름. 원님.
＊4 예악(禮樂)·교묘(郊廟)·사직(社稷) 등을 맡은 벼슬.

불해가 시신을 찾아내다
不害捧屍 불해봉시

은불해(殷不害)는 남북조 시대 진(陳)나라 진군(陳郡) 사람이다. 그 아버지가 죽자 거상하기를 예에 넘치게 했다. 아우가 다섯이었으나 모두 어렸으므로 불해는 늙은 어머니를 정성껏 봉양하는 한편, 어린 아우들을 양육함에도 부지런하고 조심스러웠다. 간문제(簡文帝)가 이를 매우 기특히 여겨 그 어머니 채씨(蔡氏)에게 비단옷과 이불을 하사(下賜)했다.

그 뒤 위(魏)나라가 강릉(江陵)을 평정하는 난리가 일어났다. 이 난리에 불해는 어머니와 헤어져 어디 계신지조차 알지 못하게 되었다. 때는 겨울이니 몹시 춥고 눈이 많이 쌓여 얼어 죽는 자가 길에 쌓일 정도였다. 불해는 울면서 어머니 시신을 찾아 거리를 헤매고 있었다. 죽은 사람을 보면 반드시 들추어 보아 혹 자기 어머니인지 확인해 보곤 했다.

몸은 얼고 떨렸으나 불해는 아무것도 먹지 않았다. 이렇게 시신을 찾아헤맨 지 이레 만에 마침내 어머니 시신을 찾아냈다. 그는 시신을 껴안고 통곡하다가 그 자리에서 그만 기절하고 말았다. 길 가던 사람들 모두 이 모습을 보고 걸음을 멈춰서서 눈물을 흘렸다. 나물밥으로 주림을 견디고 베옷으로 살을 가렸으나 그 야윈 모습은 앙상한 뼈가 다 드러날 지경이었다.

불해의 아우 불녕(不佞) 또한 효성이 지극했다. 난리 속에 길이 막혀 어머니를 찾지 못하자 4년을 밤낮으로 울면서 거처와 음식을 상인(喪人)의 몸과 같이 하였다. 어머니 시신이 집으로 돌아오니 몸소 흙을 져다가 무덤을 만들고 무덤 주위에 소나무와 잣나무를 심었다.

해마다 정월 초하루와 복랍(伏臘)*¹에는 사흘 동안 밥을 먹지 않았다.

【詩】
백 가지 행실 가운데 효도가 으뜸이니
사람들이 마음을 다해 효도하는 이치는 당연하다.

그 어머니 불행히도 난리 속에 죽자
이레 동안 울며 찾는 모습 불쌍도 해라.

부모의 애써 낳으신 은혜 갚을 길 아득한데
하늘보다 더 높은 공덕 생각하니 가슴 막히네.
불해 형제야말로 그 효행 다했거니
만고에 그 이름 드날려 길이 쉬지 않으리.

【원문】

殷不害 陳郡人 居父憂過禮 有弟五人皆劾 不害事老母 養小弟 勤劇無所不至
簡文帝賜其母蔡氏錦裙襦 氈席被褥 魏平江陵 失母所在 時甚寒雪凍 死者塡
滿溝壑 不害行哭求屍 見死人 卽投身捧視 擧體凍僵 水漿不入口者七日 始得
母屍 哭輒氣絶 行路流涕 蔬食布衣 枯槁骨立 弟不佞 亦至孝 方母死時 道路
隔絶不得奔赴 四載之中晝夜號泣 居處飮食常爲居喪之禮 及母喪柩歸 身自負
土 手植松栢 每歲時伏臘 必三日不食

【詩】

百行由來孝最先 人心盡孝理當然
慈親不幸塡溝壑 七日哀求重可憐

父母劬勞竟莫酬 昊天罔極思悠悠
殷家兄弟能行孝 萬古揚名永不休

【註】

*1 삼복(三伏)과 납일(臘日). 납일은 민간에서 동지 뒤에 조상에 제사 지내던 날. 결국
　복랍은 여름에 가장 더운 날과 겨울에 가장 추운 날을 말함.

왕숭에게는 우박도 그치다
王崇止雹 왕숭지박

　　왕숭(王崇)은 남북조 시대 북위(北魏)의 옹구(雍丘) 사람이다. 어머니가 죽어 상례를 치르는데, 어찌나 슬퍼했던지 몸이 야위어 지팡이를 짚지 않고서는 일어서지 못했으며, 귀밑에 있는 털은 다 빠지고 없었다.

　　빈소(殯所)*¹에 여막을 짓고 밤낮으로 곡을 해 그 소리가 조금도 그치질 않으니 비둘기들도 떼를 지어 여막으로 날아들었다. 그 가운데 조그만 새 하나가 있었는데 몸이 희고 눈은 검은데 참새보다 조금 컸다. 이 새가 왕숭의 여막 추녀에 집을 짓고 아침저녁으로 깃들어 있으면서 날아가지 않았다.

　　어머니의 3년상을 마치고 나니 이번에는 아버지가 돌아가셔서 또 3년상을 치렀다. 이때에도 왕숭의 슬퍼함은 예를 훨씬 넘쳤다. 이해 여름에는 바람이 몹시 불고 우박이 자주 내렸다.

　　여러 곳에서 새와 짐승들이 우박에 맞아 죽고, 풀과 나무도 꺾였다. 곡식은 물론 열매도 떨어져서 산은 발가숭이가 되었다. 그런데 이 바람과 우박은 왕숭의 밭에 이르기만 하면 그대로 멎곤 하여 밭곡식이 조금도 상하지 않았다. 그러나 왕숭의 밭을 지나고 나면 다시 바람이 일고 우박이 내려 곡식과 초목을 모두 상하게 했다. 사람들이 이것을 보고, "이것은 왕숭의 지극한 효행에 하늘도 감동한 것이다" 했다.

　　왕숭은 상례를 마치고 나서도 부모의 무덤 옆에 여막을 짓고 살았다. 그가 거처하는 방 앞에 풀 한 포기가 났는데 줄기와 잎이 무성했다. 하지만 무슨 풀인지 아는 사람이 없었다.

　　겨울이 되었다. 또다시 새 한 마리가 왕숭의 집 처마 끝에 집을 짓고 새끼 세 마리를 낳아 기르는데 사람을 보고서도 조금도 놀라지 않았다.

　　이 이야기를 듣고 조정에서는 정문을 내려 그의 갸륵한 효성을 표창했다.

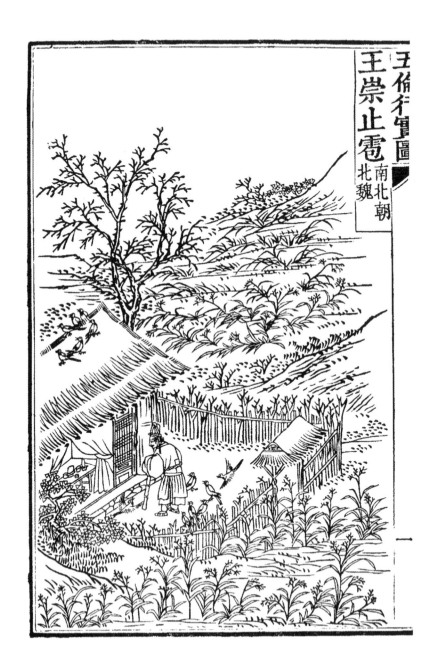

王倫行實圖

王崇止雹 南北朝 北魏

一

【詩】

효도란 본디 귀신까지도 움직이는 것
왕숭의 지성이야말로 그 천성에서 나왔네.
뭇 새들 날아드니 주인과 가까워지고
온갖 풀들 뜰 앞에 싹트니 그에게만 봄을 이루어 주네.

바람과 우박 모질어 모든 곡식 다 죽여도
왕숭의 집 곡식만은 상하지 않았네.
이것은 효행이 천지를 감동시킨 탓
신령의 도움 입어 그 이름 길이 남았네.

【원문】

王崇 雍丘人 母亡 居喪哀毀頸瘠 杖而後起 鬒髮墮落 廬於殯所 晝夜哭泣 鳩
鴿羣至 有一小鳥 素質黑睛 形大於雀 栖於崇廬 朝夕不去 母服初闋 復丁父
憂 悲毀過禮 是年夏 風雹所經處 禽獸暴死 草木摧折 至崇田畔 風雹便止 禾
麥十頃 竟無損落 及過崇地 風雹如初 咸稱至行所感 崇雖除服 仍居墓側 室
前生草一根 莖葉甚茂 人莫能識 至冬復有鳥巢崇屋 乳養三子 馴而不驚 事聞
詔旌表門閭

【詩】

孝道由來動鬼神 王崇至行出天眞
珍禽繞屋能馴擾 異草當堦別有春

風雹摧殘物盡僵 崇家禾麥豈曾傷
自緣孝行通天地 賴有靈祗爲顯彰

【註】
＊1 발인 때까지 시신을 모셔두는 곳.

효숙이 아버지 모습을 그려 모시다

孝肅圖像 효숙도상

.

서효숙(徐孝肅)은 수(隋)나라 급군(汲郡) 사람이다. 어려서 아버지를 여의어 아버지의 얼굴을 알 길이 없었으므로 어머니께 아버지의 얼굴을 물어 화공(畫工)을 시켜 그림으로 그리게 하였다. 그리고 이 화상을 사당에 모셔 두고 아침저녁으로 들어가 문안을 드리고, 초하루 보름이면 정성껏 제사를 지냈다. 어머니를 섬긴 몇십 년 동안 식구들은 그가 성내는 얼굴을 본 적이 없었다.

어머니는 늙고 병들었다. 효숙은 몸소 젖은 데와 마른 데를 바꾸어 어머니를 뉘었다. 이렇게 여러 해 동안 마음을 써서 쉬지 않고 어머니를 보살피니 그 자신은 몹시 수척해져 갔다. 이를 본 사람들은 모두 그 효성을 갸륵히 여겼지만, 야윈 그의 모습을 안타까워했다.

어머니가 죽자 나물과 물만 먹으며, 추운 겨울에도 얇은 최복(衰服)*¹만을 입고 견디는데 어찌나 몸이 파리한지 뼈가 다 드러날 지경이었다.

그는 또 조부모와 부모의 무덤을 모두 직접 흙을 져다가 정성껏 만들었다. 그리고 40년 동안 여막에 살면서 머리를 풀고 발을 벗고 지내다가 죽었다.

【詩】
일찍이 아비 잃어 그 얼굴 알 길 없으니
그 모습 어머니께 물어 그림으로 그렸네.
사당 지어 아침저녁으로 문안드리고
정성껏 제사 지내기를 살아 계실 때와 똑같이 했네.

어머니 살아서는 공경하고 죽어서는 슬퍼하여
여막 짓고 40년을 한결같이 받들었네.

孝肅圖像 隋

어버이 묘지 손수 흙을 져 이루었고
발 벗고 머리 풀어 몸 마치도록 지냈네.

【원문】

徐孝肅 汲郡人 早孤不識父 及長 問父形貌於其母 因求畫工圖之 置之廟而定
省焉 朔望則享之 事母數十年 家人未見其有 忿恚患之色 及母老疾 孝肅親易
燥濕 憂悴數年 見者無不悲悼 母終 茹蔬飲水 盛冬單衰 毁瘠骨立 祖父母父
母墓皆負土成墳 廬墓者四十餘年 被髮徒跣 至於終身

【詩】

早孤不識父容儀 圖像依依問母慈
構廟晨昏能定省 殷勤祭享似存時

母存愛敬歿悲辛 廬墓曾經四十春
兩世墳塋躬負土 跣行被髮竟終身

【註】

＊1 부모나 조부모의 상사 때 입는 상복. 굵은 베로 만듦.

노조가 어머니께 순종하다

盧操順母 노조순모

노조(盧操)는 수(隋)나라 하동(河東) 사람이다.

아홉 살 때에 이미 《효경》과 《논어》를 배워 통달했다. 노조는 계모 장씨(張氏)를 지극한 효성으로 섬겼다. 장씨는 아들 셋을 낳았는데, 자기가 낳은 세 아들만 끔찍이 아끼고 집안일은 모두 노조에게 시켰다. 그러나 노조는 계모의 말을 거역하는 일 없이 시키는 대로 복종할 뿐, 한 번도 게으름을 피우거나 대충 하지 않았다.

장씨는 자기가 낳은 아들이 글을 배우러 갈 때마다 노조에게 나귀를 몰고 따라다니도록 했다. 노조는 시키는 대로 한 손에는 채찍을 쥐고 다른 한 손에는 나귀 고삐를 이끌어 마치 하인이나 종처럼 아우의 뒤를 보살폈다.

또 세 아우는 술을 몹시 좋아했다. 술을 마시고 놀다가 까닭 없이 남들과 시비를 벌이니 다툼을 벌이던 사람이 집에까지 쫓아와서 소란을 피우다가 어머니에게까지 욕을 했다. 노조는 울면서 절을 하며 말렸다. 그러자 집으로 쫓아온 불량한 소년들은 노조의 태도에 크게 감동하여, '세 도둑놈이 어떻게 저런 착한 형을 두었단 말이냐' 하며 노조에게 절을 하고 물러갔다. 계모가 죽자 노조는 세 아우를 가르치고 길러서 아우들 사랑하기를 오히려 어머니가 계실 때보다 더 정성스럽게 했다.

또 어머니의 거상을 할 때에는 너무 슬퍼하여 몸이 바싹 여위었다. 이것을 보고 밤마다 여우와 살쾡이가 와서 좌우에 벌여 섰다가 날이 새면 흩어져 가곤 했으니, 짐승들도 노조의 효성에 감동하여 그를 호위해 준 것이었다.

그 뒤 노조는 임환현(臨渙縣)의 현위(縣尉)*¹가 되니, 고을을 너그럽고 어질게 다스려 백성들의 칭송을 들었다.

관사(官舍)에 궤연(几筵)을 설치해 놓고 부모께 제사를 올렸으며, 밖으로 들고 날 때면 반드시 궤연에 들어가 고하곤 했다. 궤연을 모신 뜰 앞을 지날

盧操順母
五倫行實圖
隋

때면 몸을 굽혀 절하는 것과 같이 하였다.

또 아침이면 《효경》을 한 번 읽은 뒤에 일과를 시작했는데, 상친장(喪親章)*²에 이르면 갑자기 목이 메어 울음을 참지 못했다.

【詩】
정성껏 효도하여 부모 마음 순종하니
그 곡진한 마음 공경함의 깊이 알겠네.
고삐 잡고 나귀 몰아 아우에게 우애 다하니
마을의 불량소년들도 그를 공경하네.

옛날 여막 살 적에 눈물 흘려 수건 적시더니
현위 자리 오르자 정사 또한 너그럽고 어질었네.
궤연 만들고 제사 지내며, 때로 시사(時祀) 지낼 제
아침저녁으로 슬피 우니 귀신도 서러워하네.

【원문】
盧操 河東人 九歲通孝經論語 事繼母張氏至孝 張生三子溺愛之 命操常執勤
主炊 操服勤不倦 張遣其子讀書 命操策驢隨之 操卽執鞭引繩如僮僕 三弟嗜
酒縱佚 抵忤於人 致人踵門詬及其母 操卽涕泣拜而解之 惡少年曰 不謂三賊
有此令兄 相與拜操而去 繼母亡 操訓養三弟 恩愛過於平日 服母喪 哀毀骨
立 每夕有狐狸羅列左右 將朝乃去 後調臨渙縣尉 佐政寬仁 官舍設几筵以祀
父母 出告反面 過其庭 鞠躬如也 每朝讀孝經一遍 然後視事 讀至喪親章 輒
號咽不勝

【詩】
殷勤行孝順親心 委曲應知敬愛深
執爨驅驢能友弟 里中惡少亦加欽
憶昔居廬淚滿巾 一爲縣尉尙寬仁
几筵設祭敎時祀 朝夕哀悲更愴神

【註】

＊1 관직 이름. 원님.

＊2 《효경》에서 부모 상례를 치르는 예절에 대한 글이 실려 있는 장.

맹희가 황금을 얻다
孟熙得金 맹희득금

맹희(孟熙)는 촉(蜀)나라 사람이다.

집이 몹시 가난했으나 과일을 팔아 정성을 다하여 아버지 어머니를 섬겼다. 자신이 고생하는 것은 조금도 꺼리지 않았다.

그 아버지도 아들의 효성을 알아 늘 말하기를, "나는 비록 가난하지만 증삼(曾參)*1 같은 아들을 두었다" 자랑하곤 했다.

아버지가 죽으매 맹희가 곡기를 끊고 슬피 우니, 파리한 몰골이 거의 죽을 지경이었다. 땅에 거적을 깔고 거처하며, 3년 동안 소금이나 마실 것은 입에 대지 않으니, 사람들이 그의 효성에 탄복했다.

그러던 어느 날 쥐 한 마리가 땅을 파들어 가는 것을 보았는데, 그 땅을 파보니 황금 수천 냥이 나와 그는 큰 부자가 되었다.

【詩】
집이 가난해서 과일 팔아 부모 봉양하는데
부모 뜻 잘 받들고 자기 괴로움 꺼리지 않네.
죽은 뒤 거상함도 능히 예법 다하니
마치 옛날 증자와 같아, 보통 사람과는 달랐네.

쥐 잡다가 어인 일로 황금을 얻었을 제
부모에게 올린 효도 하늘을 감동시킨 까닭일세.
하루아침에 그의 집 부자 되었고
향기로운 그 이름 오늘까지 전해 오네.

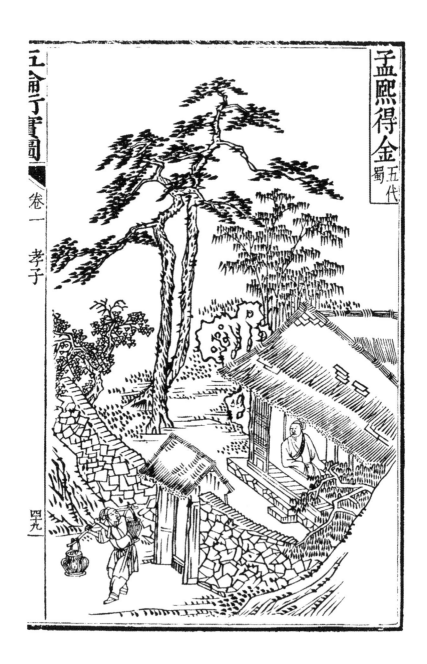

孟熙 販果實養親 承顏順志 不憚苦辛 其父常云我雖貧 養得一曾參 及父亡
絶漿哀號 幾至滅性 布苫于地 寢處其上 三年不食鹽酪 遠近歎服 因見鼠掘地
得黃金數千兩 因成巨富

【詩】

家貧負販養嚴親 承順何嘗憚苦辛
歿後居喪能盡禮 行同曾子異常人

掘鼠何由遽得金 孝親於此感天心
一時不但家能富 嬴得香名說到今

【註】
＊1 공자의 제자로서 자는 자여(子輿). 효도를 역설했음. 높여서 증자(曾子)라 함.

서적의 독실한 행동
徐積篤行 서적독행

  서적(徐積)은 송(宋)나라 초주(楚州) 사람이다. 세 살 때 아버지가 죽으니 아침마다 슬피 울며 아버지를 찾았다. 자라면서 어머니가 그에게 《효경》을 읽히니 눈물을 흘려 그칠 줄을 몰랐다. 어머니를 섬기는 데도 지극한 효성을 다하여 아침저녁으로 의관을 갖추고 들어가 문안을 드렸다.

  과거를 보러 서울로 가는데도 차마 어머니 곁을 떠나지 못하여 수레에 어머니를 모시고 과거를 보러 갔다. 과거에 급제하여 장원으로 뽑히니 허안국(許安國)이 동방(同榜)*¹ 사람들을 데리고 들어가 임금께 절하고, 또 돈 백냥을 주면서 헌수(獻壽)*²하려 했으나 서적은 사양하고 받지 않았다.

  그의 아버지 이름이 석(石)이었으니 이 까닭에 그는 한평생 돌그릇을 쓰지 않았으며, 길을 가다가도 혹시 돌을 보면 이것을 피하고 밟지 않았다.

  어머니가 죽자 몹시 슬피 울어 피까지 토하고 무덤 옆에 여막을 짓고 3년을 살았다. 눈 내리는 밤에도 무덤 옆에 엎드려 울음을 그치지 않았다. 한림학사 여진(呂溱)이 그 무덤을 지나다가 서적의 울음소리를 듣고 말했다.

  "귀신이 이 소리를 듣는다면 역시 눈물을 흘렸을 것이다."

  해마다 이 무덤 앞에는 단이슬[甘露]이 내리고 살구나무의 두 가지가 합하여져 한 등걸이 되었다.

  그는 상을 마쳤지만 궤연을 거두지 않았다. 부모가 살아 계실 때와 같이 궤연에 나아가 문안을 드리고 음식도 갖추어 올렸다.

  수령이 이 소식을 듣고 서적의 효행을 임금께 아뢰자 임금이 곡식과 비단을 내렸다.

  그는 송나라 원우(元祐) 첫해에는 초주 교수(敎授)를 지내고, 또 머지않아 화주(和州) 방어추관(防禦推官)으로 옮겼다. 그가 죽자 휘종(徽宗)*³은 시호(諡號)*⁴를 내려 절효처사(節孝處士)라고 했다.

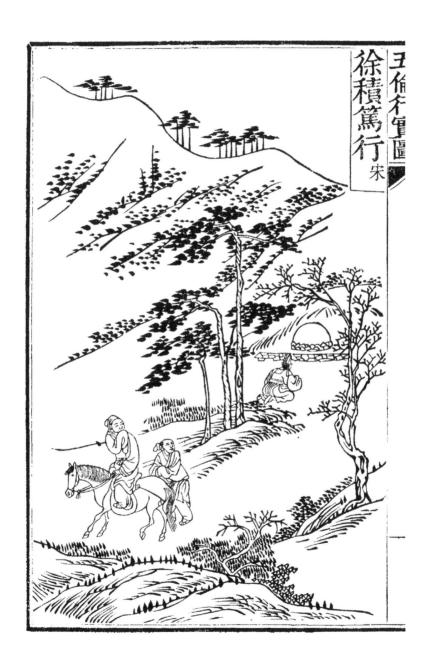

徐積篤行 宋

【詩】

아비 죽자 어린 자식 날마다 슬피 찾을 제
속마음에서 우러난 눈물 저절로 흐르네.
어머니를 섬김에 다시 효성을 다해 봉양하니
그 무렵 알려진 자 가운데 그를 당할 자 누가 있으리.

봉양하고 거상하는 것 모두 참마음에서 나오니
신명도 조용히 그를 칭찬하여 상서로움 나타났네.
조정의 명으로 거듭하여 영화를 몸에 다하니
고금 사람들 절효(節孝)라는 이름 전하네.

【원문】

徐積 楚州人 三歲父死 朝朝求之甚哀 母使讀孝經輒淚落不能止 事母至孝朝夕冠帶定省 應擧入都 不忍捨其親 徒載而西 登第 擧首許安國率同年入拜 且致百金爲壽 謝而却之 以父名石 終身不用石器 行遇石 則避而不踐 母亡 悲慟嘔血 廬墓三年 雪夜伏墓側 哭不絶音 翰林學士呂溱過其墓 聞之 爲泣下曰使鬼神有知亦垂涕也 甘露歲降兆域 杏兩枝合爲榦既終喪 不徹筵几 起居饋獻如平生 州以行聞 詔賜粟帛 元祐初 爲楚州敎授 又轉和州防禦推官 徽宗賜諡節孝處士

【註】

＊1 동시에 과거 급제하여 방목(榜目)에 같이 적힘. 또는 그 사람.
＊2 장수(長壽)를 비는 뜻으로 술잔을 올림.
＊3 송나라 제8대 황제.
＊4 죽은 뒤 임금이 내려주는 칭호.

오이가 화를 면하다
吳二免禍 오이면화

오이(吳二)는 송(宋)나라 임천(臨川) 백성으로 어머니를 지극한 효성으로 섬겼다. 어느 날 밤 꿈에 신령이 나타나더니 오이에게 말했다. "너는 내일 오시(午時)*¹에 벼락을 맞아 죽을 것이다."

오이가 말했다. "저에게는 늙은 어머니가 계십니다. 바라옵건대 구호해 주시옵소서."

신령이 말했다. "사람의 수명이란 하늘에서 받은 것이니 이것은 어쩔 수 없는 일이니라."

꿈에서 깬 오이는 아무래도 범상한 징조가 아니라고 생각했다. 벼락을 맞아 죽을 거라고 하면 어머니가 놀라실 것이 두려워, 새벽 일찍 아침상을 차려 어머니께 정성껏 올리고 말했다.

"어머니, 저는 잠시 다른 곳에 다녀오겠사오니 그동안 어머니께서는 잠깐 누이 집에 가 계십시오."

그러나 어머니는 이를 승낙하지 않았다. 조금 있으니 갑자기 검은 구름이 일어나며 해가 나직해지고 하늘땅이 어두워지며 천둥소리가 울려퍼졌다.

오이는 어머니께서 놀라실까 봐 더욱 겁이 났다. 얼른 문을 닫고 빠른 걸음으로 밭으로 나가 기다렸다.

얼마나 시간이 지났을까. 구름이 말끔히 걷히면서 날이 환하게 개었다. 다행히 화를 면하자 오이는 서둘러 집으로 돌아왔다.

어머니께 변고가 없게 된 것을 마음속으로 기뻐하며 신령의 말이 맞지 않은 것을 오히려 이상히 여겼으나 감히 꿈 이야기를 하지는 못했다.

그날 밤 꿈에 신령이 또다시 오이 앞에 나타나 말했다.

"너의 지극한 효성에 하늘이 감동하여, 전생(前生)의 죄를 용서한 것이니 앞으로 더욱 정성껏 어머니를 섬기도록 해라."

옛 허물은 마땅히 삶과 죽음을 판가름하는 것
꿈속에 신령의 말씀 정녕 분명했네.
새벽에 아침상 차려 바치고
어머니는 누이 집에 머무르게 하여 놀라지 않기 바랐네.

천둥 번개 몹시 노해 갑자기 시끄러우니
조용히 들에 나가 벌받기를 기다렸네.
구름 흩어지고 갑자기 날씨 개니
효성껏 어머니 섬긴 덕일세.

【원문】

吳二 臨川小民 事母至孝 一夕有神見夢曰 汝明日午刻 當爲 雷擊死 吳以老
母在堂乞救護 神曰 受命於天 不可免也 吳恐驚其母 凌晨具饌以進 白云 將
他適 請暫詣妹家 母不許 俄黑雲起日中 天地冥暗 雷聲闐闐然 吳益慮驚母
趣使閉戶 自出野田以待 頃之 雲氣廓開 吳幸免禍 亟歸拊其母 猶疑神言不實
未敢以告 是夜復夢神曰 汝至孝感天 已宥宿惡 宜加敬事

【詩】

宿譴應知合殞生 夢中神報甚分明
凌晨具饌還供母 欲適他家恐母驚
雷霆震怒忽轟闐 待罰從容出野田
雲散倏然天日霽 只緣事母孝心虔

【註】
＊1 오전 11시부터 오후 1시 사이.

왕천이 수명을 더하게 하다
王薦益壽 왕천익수

 왕천(王薦)은 원(元)나라 복녕(福寧) 사람이다. 일찍이 아버지가 병이 나더니 날이 갈수록 심해졌다. 왕천은 밤마다 하늘에 빌었다.

 "제 나이를 덜어서라도 우리 아버지의 수명을 더하게 해주시옵소서."

 이때 아버지의 숨은 이미 끊어져 있었는데, 이상하게도 왕천이 하늘에 빌고 나자 아버지가 일어나 옆에 앉아 있던 자기 벗에게 말했다.

 "지금 내가 눈을 감았더니 웬 누런 옷에 붉은 건(巾)을 쓴 신령스런 사람이 엄숙한 태도로 나에게 말하기를, '네 수명이 오늘로 다하게 되었지만 네 아들의 효행이 지극하기로 하느님께서 명하시어 너의 수명을 열두 살 더하게 했다' 하더군."

 이런 일이 있은 뒤 과연 병이 나으니 왕천의 아버지는 12년을 더 살다가 죽었다.

 언젠가 어머니 심씨가 조갈증을 앓았는데 아들 왕천을 보고 말했다.

 "싱싱한 오이를 먹으면 내 목마른 것이 좀 나을 것 같구나."

 그러나 이때는 추운 겨울이었다. 어디 가서 오이를 구할 수 있으랴. 왕천은 허둥지둥 헤매다가 심오령(深奧嶺)에 이르렀다. 때마침 눈이 몹시 내려서 왕천은 눈을 피해 나무 아래 쭈그리고 앉아 있었다.

 어머니 병환을 생각하여 하늘을 바라보며 울고 있었다. 이때 갑자기 그가 앉아 있는 바위틈에 푸른 덩굴이 얽혀 있는 것이 눈에 띄었는데, 그 덩굴에 새파란 오이 두 개가 매달려 있는 것이 아닌가.

 왕천은 이 오이를 따 가지고 집으로 돌아와 어머니께 드렸다. 어머니는 이것을 먹고 조갈증이 씻은 듯이 나았다.

【詩】
아버지 병에 정성 다해 하느님께 빌기를
원컨대 내 수명 떼어다가 아버지 더 사시게 해주오.
이 효성 하늘이 감동하여 그의 기도 받아주어
신장(神將)을 내려보내 하느님 명령 전해 주네.

어머니 조갈증에 오이 먹고 싶어하나 때는 엄동이니
오이 구하러 나섰으나 산길에 눈만 쌓이네.
바위틈에 홀연히 오이 두 개 매달려
돌아가 어머니 드리니 그 병 씻은 듯이 나았네.

【원문】
王薦　福寧人　父嘗病甚　薦夜禱於天　願减己年益父壽　父絶而復甦　告其友曰
適有神人黃衣紅帕首　恍惚語我曰　汝子孝　上帝命錫汝十二齡　疾遂愈　後果十
二年而卒　母沈氏病渴　語薦曰　得瓜以啖我渴可止　時冬月求於鄕不得　行至深
奧嶺値大雪　薦避雪樹下　思母病　仰天而哭　忽見巖石間靑蔓離披　有二瓜焉因
摘歸奉母　母食之渴頓止

【詩】
父病精虔禱上天　願將己筭益親年
孝心感格天心順　恍惚神將帝命傳

母渴思瓜正歲寒　那堪山路雪漫漫
雙瓜忽產空巖裏　歸奉慈親痼疾安

유씨가 시어머니께 효도하다
劉氏孝姑 유씨효고

　유씨(劉氏)는 명(明)나라 신락(新樂) 사람으로 일찍이 한태초(韓太初)의 아내가 되었다.

　태초는 홍무(洪武)*¹ 7년 화주(和州)로 귀양을 가게 되어 가족을 데리고 먼 길을 떠났다.

　유씨는 시어머니를 지성으로 섬겼다. 귀양길에서 시어머니가 병에 걸리자 유씨가 자신의 팔에서 피를 낸 뒤 약에 타서 시어머니께 바치니 병이 씻은 듯이 나았다.

　화주에 닿은 지 얼마 안 되어 태초가 병을 얻어 일어나지 못한 채 죽고 말았다. 남편이 죽은 뒤 유씨는 손수 채소를 가꾸어 힘들게 살림을 꾸리면서도 더욱 효성을 다해 지성으로 시어머니를 섬겼다.

　이리하여 또 2년이 지나자, 시어머니가 중풍으로 몸져누워 일어나지 못하게 되었다. 몹시 더운 한여름, 유씨는 밤낮으로 시어머니 곁에서 모기와 파리를 쫓았다. 마침내 시어머니의 살갗이 썩어 들어가 구더기가 생기자 그 자리를 입으로 빨아내니 구더기는 다시 생기지 않았다.

　그러나 시어머니의 병이 몹시 위중해지자 유씨는 자신의 손가락을 깨물어 시어머니 입 안으로 피를 흘려 넣었다. 하지만 시어머니는 며느리 손가락을 깨문 채 숨을 거두어 영원히 헤어지고 말았다.

　유씨는 땅을 치고 울며 천지신명을 부르짖다가, 자신의 다리 살을 칼로 베어서 미음에 타 끓여 시어머니 입 안에 떠 넣으니 시어머니는 다시 깨어났다가 두 달 만에 죽었다.

　유씨는 집 곁에 빈소를 만들고 여기에 머물렀다. 그리고 돌아가신 시아버지 무덤 곁에 장사를 지내기로 하고 슬피 울며 5년 동안 집으로 돌아가지 않았다.

　이 일을 전해 들은 명나라 태조 황제는 내시를 보내어 유씨에게 옷 한 벌

과 은(銀) 스무 덩이를 내렸다. 또한 나라에서 장사 지낼 채비를 모두 차려 보내주어 유씨가 돌아와 장사를 지내니, 정문(旌門)을 세우고 전과 같이 살 도록 돌봐주었다.

【詩】
피 흘려 약에 타서 시어머니 깨어나게 하고
남편 죽자 먹을 것 없어 손수 채소 가꾸었네.
시어머니 몸에 구더기 나자 입으로 빨아내고
더운 여름 곁에 앉아 파리 모기 쫓았네.

조정에서 시어머니 장사 채비 마련해 주니
비로소 시아버지 무덤 곁에 장사 지냈네.
정문 내려 표창하고 임금이 상을 내리니
예부터 효부 치고 유씨 따를 이 없네.

【원문】
劉氏 新樂人 韓太初妻 太初洪武七年遷和州 挈家行 劉事姑 審氏甚謹 姑在
道遇疾 劉刺臂血和湯以進 姑疾愈 比至和州太初卒 劉種蔬以給食 養姑尤謹
又二年姑患風不能起 時盛暑劉晝夜侍側 驅蚊蠅 姑體腐蛆生 又爲齧蛆 蛆不
復生 及姑病篤 齧劉指與之訣 劉號呼神明 刲股肉和粥以進 姑復甦 越月而卒
劉殯舍側 欲還葬舅墓 哀號凡五年不能歸 事聞 [隔]太祖皇帝遣中使賜劉衣一
襲 鈔二十錠 官爲送喪歸葬 旌門復家

【詩】
刺血和湯姑疾甦 夫亡無食種園蔬
蛆生姑體偏能齧 盛夏蚊蠅更爲驅

朝廷特爲返姑喪 始得還鄕葬舅傍
旌表門閭兼寵賚 古來孝婦實無雙

【註】
＊1 명나라 태조 때 연호.

누백이 호랑이를 잡다
婁伯捕虎 누백포호

최누백(崔婁伯)은 고려 시대 수원(水原)의 아전 상자(尙翥)의 아들이다. 어느 날 상자가 사냥을 나갔다가 호랑이에게 물려 죽었다. 이때 누백의 나이 열다섯 살이었는데 산으로 올라가 그 호랑이를 잡으려고 하자 어머니가 말리므로 누백이 말했다.

"어머니! 어떻게 아버지 원수를 갚지 않고 이대로 참는단 말씀입니까?"

이렇게 말하면서 곧바로 도끼를 메고 호랑이 발자국을 따르니, 이때 호랑이는 사람 하나를 다 먹은 뒤라 배가 불러 누워 잠을 자고 있었다. 누백은 그 앞으로 달려들어 호랑이를 꾸짖었다. "이놈! 네가 우리 아버지를 해쳤으니 이제 내가 너를 잡아먹어야겠다."

이 말에 호랑이는 겨우 눈을 떴으나, 꼬리를 치면서 그대로 넙죽 배를 깔고 엎드렸다. 누백은 힘껏 도끼를 내리쳤다. 그러고는 호랑이를 깔고 앉아 그 배를 갈라 아버지의 뼈와 살을 꺼내 깨끗한 그릇에 담았다. 그리고 호랑이 몸뚱이는 큰 항아리에 넣어 냇가에 묻어두었다.

누백은 아버지를 홍법산(洪法山) 서쪽에 장사 지내고 무덤 곁에 여막을 짓고 살았다. 그러던 어느 날 잠시 잠이 들었는데, 꿈에 아버지가 나타나더니 시 한 수를 읊는 것이었다.

가시덤불 헤치고 효자 사는 집에 이르니
마음에 감동됨 많아 눈물 흘러 그치지 않네.
흙 져다가 날마다 무덤 위에 얹으니
이 뜻 아는 건 오로지 밝은 달과 맑은 바람이로다.
살아서 봉양하고 죽어서는 지켜주니
그 누가 효도의 처음과 끝이 없다 하겠는가.

시를 읊고 나자 아버지의 모습이 갑자기 보이지 않았다. 누백은 거상을 마치고 나서 묻어두었던 호랑이 고기를 꺼내 모두 먹었다.

【詩】
누백의 아버지 산속에서 토끼 여우 사냥하다
도리어 그 몸 주린 호랑이의 창자 불려주었네.
누백의 효성 아니었다면
그 누가 도끼로 찍어 호랑이 배 갈랐으리.

호랑이 잡아 원수 갚으니 그 일 갸륵도 해라.
산 서쪽에 여막 짓고 3년을 지냈네.
아버지가 읊은 시는 참으로 꿈이 아니니
그 아들 정성에 저 하늘이 감동한 덕분일세.

【원문】
崔婁伯　水原吏尙翥之子　尙翥獵爲虎所害婁伯時年十五　欲捕虎　母止之　婁伯日　父讎可不報乎　卽荷斧跡虎　虎旣食飽臥　婁伯直前叱虎日　汝害吾父　吾當食汝　虎乃掉尾俛伏　遽斫而剖其腹　取父骸肉　安於器　納虎肉於甕　埋川中　葬父洪法山西廬墓　一日假寐　其父來詠詩云　披榛到孝子廬　情多感淚無窮負土日加塚上　知音明月淸風　生則養死則守　誰謂孝無始終　詠訖遂不見　服関　取虎肉盡食之

【詩】
崔父山中獵兎狐　却將肌肉餧於菟
當時不有兒郞孝　誰得揮斤斫虎顱

捕虎償寃最可憐　山西廬墓又三年
小詞來誦眞非夢　端爲哀誠徹九泉

자강이 무덤에 엎드려 일어나지 않다
自強伏塚 자강복총

김자강(金自强)은 조선 시대 성주(星州) 사람이다. 어려서 아버지를 여의었다. 어머니를 섬기되 뜻을 순순히 받들어 한 번도 어긴 적이 없었다.

어머니도 늙어서 죽으니, 자강은 불법(佛法)을 따르지 않고 한결같이 《가례(家禮)》에 따라 장사를 치르고, 아버지와 합장했다. 그러고는 3년 동안 여막에서 살며 거상을 마쳤다.

3년 거상이 지났건만 또다시 아버지를 위하여 3년을 더 여막에서 살려고 하자 처족(妻族)*1들이 자강을 집으로 데려오려고 억지로 그를 붙들어 두고 여막에 불을 질렀다.

자강은 여막이 타는 불빛을 돌아다보고는 하늘을 향해 부르짖고 주먹으로 땅을 치면서, 그를 데리고 가려던 사람들을 물리치고 무덤으로 다시 돌아갔다. 그러고는 사흘 동안 무덤 앞에 엎드린 채 일어나지 않았다.

이것을 본 처족들은 그의 효성에 감동하여 다시 여막을 지어주어 살도록 했다. 이리하여 자강은 다시 3년을 여기서 살았는데 처음 어머니 초상 때와 몸가짐이 똑같았다.

【詩】
어려서 아버지 여의고 어머니를 섬길 적에
어머니 뜻 받들어 따르고 조금도 어김이 없었네.
예를 다해 장사 치러 아버지 옆에 합장하고
3년 동안 무덤 지키니 눈물이 옷 적시네.

거상 마치자 다시 아버지 위해 여막에 살려니
처족이 만류하며 옷깃 끌고 집으로 돌아가자네.

自強伏塚 朝本

여막 타는 불빛 보자 땅을 치고 통곡하니
그 효성 사람들 감동시켜 다시 3년 지냈네.

【원문】

金自强 星州人 年幼喪父 奉母承順無闕 母喪不用浮屠 一依家禮 比葬遷父合
葬 廬墓三年 服闋 又欲爲父更居三年 妻黨牽引登途 仍焚其廬 自强顧瞻烟光
呼天擗地 力排還歸 伏塚三日不起 姻戚感其孝誠 爲復結廬以與之 自强又居
三年 如初

【詩】

髫年父逝奉慈闈 順色承顔罔或違
喪盡禮儀仍合葬 守墳三載淚渾衣

終喪復爲父居廬 苦被姻親强引裾
顧視烟光號擗地 至誠能感得如初

【註】

*1 아내의 겨레붙이.

석진이 손가락을 자르다
石珍斷指 석진단지

유석진(兪石珍)은 조선 시대 고산현(高山縣) 아전이었다. 아버지 천을(天乙)이 나쁜 병을 얻어 날마다 한 번씩 발작을 하는데, 기절해 나자빠지니 차마 쳐다보기 힘든 광경이었다.

석진은 밤낮으로 곁에서 아버지를 모시며 조금도 게으름을 피우지 않았으며, 하늘을 향해 울면서 사방으로 의원과 약을 구했다.

어느 날 어떤 사람이 그에게 일러주었다.

"그 병은 살아 있는 사람 뼈를 피에 섞어서 먹이면 낫는다."

석진이 곧바로 자신의 왼손 넷째 손가락을 잘라 그 말대로 뼈를 피에 섞어서 아버지에게 먹이니 병이 씻은 듯이 나았다.

【詩】
아버지 병 오래되어 도무지 낫지 않으니
그 아들 마음 아파 하늘 향해 부르짖네.
누가 알았으리, 신령스런 그 약이
넷째 손가락 잘라 피에 섞은 것인 줄.

부자의 천륜이란 예나 지금이나 마찬가지
어찌 왕화(王化)따라 성쇠(盛衰)가 있으리.
그림 볼 때마다 그 높은 풍도 사모하니
자자한 명성 영원히 기억되리.

【원문】
兪石珍 高山縣吏也 父天乙得惡疾 每日一發 發則氣絶 人不忍見 石珍日夜侍

側無懈 號泣于天 廣求醫藥 人言生人之骨 和血而飲 則可愈 石珍卽斷左手無
名指 依言以進 其病卽瘳

【詩】
父患沉痾久未痊 兒心悶絕叫蒼天
誰知一粒靈丹劑 却在無名指細研

父子天倫萬古同 奈隨王化有汙隆
觀圖每向高風挹 藉甚名聲永不窮

은보가 까마귀를 감동시키다

殷保感烏 은보감오

    윤은보(尹殷保)와 서즐(徐騭)은 조선 시대 지례현(知禮縣) 사람이다. 이들은 같은 마을 지의주사(知宜州事) 장지도(張志道)에게 함께 글을 배웠다.

    어느 날 두 사람은 이런 이야기를 나누었다.

    "사람이란 임금과 스승과 부모를 한가지로 섬긴다고 하지 않는가."

    "옳은 말일세. 그런데 우리 선생님에게는 자식이 없지 않은가. 그러니 우리 두 사람이 선생님을 자식 대신 섬겨드려야 하지 않겠는가."

    이리하여 이들은 좋은 음식을 얻으면 먼저 스승에게 가져다 올리고, 명절마다 술과 안주를 갖추어 올리니 꼭 아버지 섬기듯 했다.

    그러다가 장지도가 세상을 떠나니, 이 두 사람은 저마다 부모 앞에 나아가 선생님 무덤 옆에 여막을 짓고 살기를 청했다. 부모들도 이 뜻을 옳게 여겨 승낙하니 두 사람은 제사 예복을 입고 스승의 무덤 옆에 살면서 손수 밥을 지어 아침저녁으로 제사를 올렸다.

    윤은보의 아버지가 병들어 자리에 눕게 되었다. 은보는 곧바로 집으로 돌아가 약을 달여 올리면서 잠시도 옷의 띠를 끄르지 않았다. 아버지의 건강이 회복되자 다시 스승의 여막으로 돌아왔는데, 한 달이 지난 어느 날 밤 이상한 꿈을 꾸었다.

    은보가 곧장 집으로 돌아와 보니, 과연 아버지는 그가 꿈을 꾸던 날부터 다시 병이 깊어져 열흘도 넘기지 못한 채 세상을 떠난 뒤였다.

    은보는 아침저녁으로 땅을 치며 통곡하면서 잠시도 아버지 곁을 떠나지 않았다. 장례를 치른 뒤에는 아버지 무덤 곁에 여막을 짓고 지냈다.

    어느 날 모진 바람이 불어 향로상 위에 놓아둔 향합(香盒)*¹을 잃어버렸는데, 그러고 몇 달이 지나서였다. 하루는 까마귀 한 마리가 무엇을 물어다가 무덤 앞에 놓고 날아갔다. 은보가 이상히 여겨 얼른 달려가 보니 그것은

잃어버렸던 향합이었다.

초하룻날과 보름날이면 꼭 스승의 무덤에 가서 제사를 지냈다. 서즐 또한 스승의 여막에서 3년을 마쳤다.

선덕(宣德)*² 임자년에 임금께서 이 일을 듣고 윤은보와 서즐 앞으로 나란히 정문을 세우고 벼슬을 내렸다.

【詩】

공자의 제자 여막 산 것 역사에 실렸거니와
스승 섬기는 도리 천 년 지나니 지금은 전하지 않네.
누가 알았으리, 글 배우는 가난한 시골 생도가
해나무*³ 심고 요질(腰絰)*⁴ 띠고서 옛 현인 본받을 줄을.

한 몸에서 나는 몸, 그 성품 천진한 것
꿈에도 부모 병 알았으니 그 기운 신명과 통함일세.
까마귀 반포(反哺)*⁵하는 효성 서로 감동했기에
향합 물어다가 상제 위로해 주었네.

【원문】

尹殷保徐騭知禮縣人 俱學於同縣知宜州事張志道 一日相謂曰 人生於三 事之
如一 況吾師無子可養乎 得異味輒饋 每遇良辰 必具酒饌 如事父然 張歿 二
人請廬墓於其親 親憐而聽之 乃玄冠腰絰居墓傍 躬爨供奠 尹父嘗病 即歸奉
藥 衣不解帶 父愈 令復歸廬 月餘尹感異夢 亟歸則父果以夢夕疾作 未旬而死
尹晨夕號哭 不離喪側 既葬 廬父墳 一日飄風暴起 失案上香盒 數月有烏銜物
飛來置塋前 人就視之 即所失香盒也 至朔望猶奠張墳 徐亦終三年 宣德壬子
事聞 殷保騭 并命旌門拜官

【詩】
孔門廬墓在遺編 師道千年廢不傳
誰料窮鄕初學輩 種楷腰絰企前賢

一體而分性本眞 夢驚親瘠氣通神
慈鳥反哺能相感 香盒銜來慰棘人

【註】

＊1 제사 때 쓰는 향을 담는 놋그릇.

＊2 명나라 제5대 황제 선종 때의 연호.

＊3 해나무(楷)는 공자의 무덤 앞에 심은 나무. 제자가 스승을 위하여 하는 일을 말함.

＊4 상복을 입을 때 허리에 두르는 띠. 짚에 삼을 섞어서 굵은 동아줄처럼 만듦.

＊5 새끼 까마귀는 자란 다음 늙은 어미 까마귀에게 먹을 것을 물어다 준다 해서 효조(孝鳥)라고 한다. 반포란 말은 여기에서 나온 말로 부모 은혜를 갚는 것을 말함.

오륜행실도

권2

충신

용방이 죽음을 무릅쓰고 간하다
龍逢諫死 용방간사

　　하(夏)나라 임금 걸(桀)*¹이 커다란 연못을 파고, 호화로운 궁궐을 지어 남녀가 함께 그곳에서 지내면서, 한 달이 지나도록 조회(朝會)를 받지 않았다. 그러므로 용방(龍逢)*²이 간하여 말했다.

　　"대체로 임금이란 겸손하고 공손하며, 공경하고 믿을 수 있어야 합니다. 재물을 아껴 쓰고, 백성들을 사랑해야만 천하가 평안하며 종묘(宗廟)*³와 사직(社稷)*⁴이 보존됩니다. 하온데 지금 전하께서는 한없이 재물을 낭비하시고 한량없이 사람을 죽이고 계십니다. 이렇게 하면 백성들은 오로지 전하께서 더디게 망할 것만 두려워할 것입니다. 백성들 마음이 전하에게서 떠나면 하늘 또한 전하를 도와주지 않을 것입니다. 그러하온데 전하께서는 어찌 조금도 허물을 고치려고 하지 않으십니까?"

　　걸왕이 간하는 말을 듣지 않으므로 용방은 임금의 뜻이 돌아서기 전에는 그 자리를 떠나지 않으리라 마음먹고 끝까지 버티고 서서 돌아가지 않았다. 그러자 걸왕은 귀찮게 구는 용방을 죽여버렸다.

【詩】
하나라 걸왕 주색에 빠져 백성을 들볶으며
나라 정사 떨쳐버린 지 한 달에 이르렀네.
죽는 것 가벼이 알고 극진히 간하는 그 말 간절하니
용방 같은 사람 몇이나 있었으랴.

뜰에 서서 간하면서 임금 뉘우치기만 기다리는데
어찌해 듣지 않고 어진 사람 죽이는가.
백성들 나라 망하길 바라니 참으로 두려운 일

그러면서 자기 생명 하늘에 매었다 하네.

【원문】

桀 鑿池爲夜宮 男女雜處 三旬不朝 關龍逢諫曰 人君謙恭敬信 節用愛人 故天下安而社稷宗廟固 今君用財若無窮 殺人若不勝 民惟恐君之後亡矣 人心已去 天命不祐 盍少悛乎 不聽龍逢立不去 桀殺龍逢

【詩】

夏桀荒淫毒下民 弗親朝政至三旬
輕生極諫言辭切 得似龍逢有幾人

庭立陳辭冀小悛 如何不聽殺忠賢
民言曷喪眞堪畏 自道予生命在天

【註】

*1 하나라 마지막 임금. 이름은 이계(履癸). 유시씨(有施氏)의 딸 말희(末喜)에 미혹되어 포악무도하게 정사를 행하다가 끝에 탕왕에게 쫓기어 명조(鳴條)에서 죽었음. 주왕(紂王)과 함께 폭군으로 일컬어지며, 요(堯)·순(舜)과 좋은 대조가 됨.
*2 걸왕의 신하 관용방(關龍逢). 걸왕의 무도함을 간하다가 죽음을 당함. 걸왕과 주왕이 폭군의 대표이듯이 이 용방은 주왕의 신하 비간(比干)과 함께 높이 평가되는 충신.
*3 나라 조상을 모시는 사당. 묘(廟)는 모(貌)의 뜻으로서 조상의 용모를 봄과 같다는 뜻. 종실·임금·제후의 조상 사당.
*4 옛날 중국에서 새로 건국했을 때 천자나 제후가 단(壇)을 세워 제사 지내는 토지신과 곡식신.

난성이 싸우다가 죽다
欒成鬪死 난성투사

진(晉)나라 곡옥 무공(曲沃武公)이 익(翼)땅을 쳐서 애후(哀侯)를 죽였다. 그리고 애후의 신하 난성(欒成)을 잡아다 놓고 말했다.

"자네는 이대로 싸워 죽을 사람이 아닐세. 내가 상경(上卿)*1으로 예우할 것이니 진나라 정사를 맡아 다스리도록 하게."

난성이 사양하며 말하기를

"내 들으니 백성으로 살면서 세 가지 섬기는 일*2을 한결같이 해야 한다고 하더이다. 아버지는 나를 낳으셨고, 스승이 나를 가르쳐 주셨고, 임금은 나를 먹고살게 해주셨소. 아버지가 아니면 내가 태어나지 못했을 것이요, 임금이 먹여주지 않았다면 나는 이렇게 자라지 못했을 것이며, 스승이 학문을 가르쳐 주지 않았다면 나는 아무것도 알 수가 없었을 것이오. 그러므로 이 세 분 한결같이 섬김을 죽는 날까지 변치 않으려 하오. 살아 계신 분에게는 죽음으로써 그 은혜를 갚고, 베풀어 주신 분에게는 힘을 다해 그 은혜를 갚는 것이 사람된 자의 도리일 것이오. 어찌 감히 한 몸의 사사로운 이익을 가지고 사람으로서 올바른 도리를 저버릴 수 있겠소."

말을 마치고 난성은 말을 달려 끝까지 싸우다가 죽었다.

【詩】
무공이 익땅을 쳐 애후를 죽였을 적에
난성 잡아다가 죽이지 않고 후히 대접하려 했네.
내 아무리 상경 벼슬 받아 나라 정치 맘대로 한들
내 임금 죽인 원수와 어찌 한 하늘 밑에 살리.

임금과 스승은 본디 나를 살리고 가르친 분

梁成鬪死

王備行軍區

列國

晉

그 뜻은 마땅히 죽음으로 그 은혜 갚는 것.
큰뜻 품은 그 흉중 일찍이 알았던들
어찌 사사로운 이익 위해 자기 몸 살려고 했을까.

【원문】

曲沃武公伐翼 殺哀侯 止欒共子曰 無死 吾以子爲上卿制晉國之政 辭曰 成聞
之 民生於三 事之如一 父生之 師敎之 君食之 非父不生 非食不長 非敎不知
生之族也 故一事之 唯其所在 則致死焉 報生以死 報賜以力 人之道也 成敢
以私利 廢人之道 遂鬪而死

【詩】

武公伐翼殺哀侯 止死欒成待欲優
縱受上卿專國政 其如不共戴天讎

君師自古生之族 所在唯應以死酬
大義胸中曾識得 肯將私利爲身謀

【註】

*1 주(周)나라 때 제도로서, 고위직 대신(大臣)을 이름. 조선 시대에는 판서에 해당함.
*2 임금·스승·부친을 한결같이 섬기는 일.

석작이 참된 신하의 모범을 보이나
石碏純臣 석작순신

위(衛)나라 주우(州吁)*¹가 환공(桓公)을 죽이고 스스로 임금이 되었으나 백성들은 좀처럼 주우를 따르지 않았다.

이에 석작(石碏)의 아들 후(厚)가 그 아버지에게 물었다.

"어떻게 하면 지금 임금 자리를 튼튼히 할 수가 있겠습니까?"

석작이 말했다.

"이웃나라 임금을 찾아 도움을 구하는 것이 좋을 것이다."

"어느 나라 임금 말입니까?"

"진(陳)나라 환공은 우리 임금에게서 사랑을 받았고, 또 진나라와 위나라는 매우 화목하니 만약 진환공에게 청하면 반드시 도와줄 것이다."

이 말대로 석후는 주우와 함께 진나라로 갔다. 석작은 다른 사람을 시켜 진나라 임금에게 기별했다.

"위나라는 땅이 좁고 나 또한 늙어서 아무 일도 할 수가 없이 되었소. 주우와 석후가 임금을 죽이고 감히 임금이 되려고 하니 주우와 그를 돕는 후를 죽여 위나라의 사직을 바로잡게 해주십시오."

진환공이 곧바로 주우와 석후를 잡아 가두고 위나라에 알려 와서 죽이라 하니 위나라에서는 우재(右宰)*² 추(醜)를 보내 박(濮) 땅에서 주우를 죽였다. 그리고 석작은 가신(家臣)*³ 유양견(孺羊肩)을 보내 아들 후를 죽이게 했다.

이것을 본 진나라 군자들이 말했다.

"석작은 참으로 충직하고 참된 신하로다. 주우를 미워하여 이를 죽이려고 자기 아들을 딸려 보냈구나. '큰 도리로써 지친(至親)*⁴을 멸한다'*⁵ 하더니 석작을 두고 한 말이로구나."

石碏純臣 衛 列國

자기 아들, 역적과 통하여 시끄러이 일 꾸밀 제
백성 화목하게 하고 임금 정하는 방침 와서 묻네.
나라 작아 일할 수 없고 이 몸 또한 늙었으니
이웃나라 가보라 한 것 실로 큰 공적일세.

진나라 사람 적을 친 것 누구 때문일까
늙은 아비 꾀를 내어 이웃나라 움직였네.
큰 도리로써 지친을 멸한단 말 알고 싶거든
역사에 실린 석작의 순결한 신하 노릇 보게.

【원문】

衛州吁弑桓公而立 未能和其民 石碏子厚 問定君於石碏 碏曰 王覲爲可 曰何
以得覲 曰陳桓公方有寵於王 陳衛方睦 若朝陳使請 必可得也 厚從州吁如陳
碏使告于陳曰 衛國褊小 老夫耄矣 無能爲也 此二人者 實弑寡君 敢卽圖之
陳人執之而請涖于衛 衛人使右宰醜 涖殺州吁于濮 碏使其宰獳羊肩 涖殺厚于
陳 君子曰 石碏純臣也 惡州吁而厚與焉 大義滅親 其是之謂乎

【詩】

家兒當賊致紛紜 來問和民與定君
國小無能身亦老 勸令王覲是奇勳

陳人討賊是誰因 老子謀謨動四隣
大義滅親如欲識 請看靑史記純臣

【註】

*1 춘추시대 위나라 환공의 첩의 아들. 환공을 죽이고 자기가 임금이 되어, 그 무렵 제후
  들의 원조를 얻어 백성들의 화목을 도모해 보려고 했으나 우재(右宰)에게 죽음을 당
  함.
*2 벼슬 이름.

*3 경(卿)이나 대부(大夫)에게 벼슬하는 부하. 그 무렵 석작은 위나라 대부로 있었음.

*4 부자와 자식, 형과 아우, 또는 근친 사이를 말함.

*5 큰 도리를 위해서는 사사로운 정리를 돌보지 않는다는 말.

왕촉이 목을 끊다
王蠋絕脰 왕촉절두

연(燕)나라 장수 악의(樂毅)는 제(齊)나라를 침략했다. 획읍(畫邑) 사람 왕촉(王蠋)이 어질다는 소문을 듣고 군대에 명하여 획읍 30리 안에는 군사를 들어가지 못하게 하고 사람을 보내어 그를 청해 오도록 했다.

그러나 왕촉이 이 부름에 응하지 않으므로 악의의 부하들이 말했다.

"만일 당신이 오지 않으면 우리는 이 획읍을 쑥밭으로 만들 것이오."

왕촉이 말했다.

"충신은 두 임금을 섬기지 않으며, 열녀는 두 남편을 고쳐 모시지 않는다 하오. 우리 제나라 임금이 나의 간하는 말을 듣지 않기에 조정에서 물러나 산속에 들어와서 농사를 지으며 살고 있소. 나라가 망하고 임금이 죽었는데 내가 더 살면 무엇을 하겠소. 더구나 그대가 군사로 협박하고자 하니, 나는 올바르지 않게 사느니 죽는 것이 낫겠소."

왕촉은 스스로 나뭇가지에 목을 매달고 칼로 자신의 목을 내리쳤다. 왕촉은 목이 끊어져 죽었다.

【詩】
연나라 사람, 획읍 포위하고 성을 무찌르려 하건만
절개 있는 선비 어찌 평안함 따르리요.
두 임금 섬기지 않는다는 그날의 말
천년을 뚜렷한 바람 소리처럼 전해 왔네.

임금 죽고 나라 망해 이 몸 보존할 곳 없으나
의리 아닌 곳에 어찌 살리요.
나무에 목매어 제 몸 더럽히지 않으니

王蠋絕脰
列國
齊

천년이 지나도 충성된 혼령 지하에 살아 있으리.

【원문】
燕樂毅破齊 聞畫邑人王蠋賢 令軍中 環畫邑三十里無入 使人請蠋 蠋謝不往
燕人曰 不來吾屠畫邑 蠋曰 忠臣不事二君 烈女不更二夫 齊王不用吾諫 故退
而耕於野 國破君亡 吾不能存 而又欲劫之以兵 吾與其不義而生不若死 遂經
其頸於樹枝 自奮 絕脰而死

【詩】
燕人圍畫欲屠城 節士安能枉已行
不事二君當日語 凜然千載樹風聲

君亡國破不能存 非義而生豈足論
經死樹間方自慊 千秋地下作忠魂

기신이 초나라를 속이다
紀信誑楚 기신광초

　기신(紀信)은 한(漢)나라의 유명한 장수이다. 항우가 형양(滎陽)을 포위하고 공격이 심하니 한왕(漢王) 패공(沛公)은 형양으로부터 서쪽 땅을 떼어주고 화친을 청했다. 이것을 본 범증(范增)이 항우에게 서둘러 형양을 공격, 함락시키라고 권했다. 이에 한왕이 적잖이 조심하자 기신이 나와 말했다.

　"일이 몹시 급하게 되었습니다. 신이 초(楚)나라를 속일 것이오니 그러는 틈에 대왕께서는 이곳을 피해 딴 곳으로 옮기시옵소서."

　이렇게 말하고 진평(陳平)을 시켜 그날 밤 여인 2000여 명을 갑옷을 입혀 형양성 동쪽 문 밖으로 내보내 싸움하려 하는 체하니 초나라 군사가 사방을 에워싸고 공격해 왔다. 기신은 왕의 수레에 올라타 황옥(黃屋)*¹과 좌독(左纛)*²을 세우고 말했다.

　"이 형양성은 이미 식량이 다 떨어져 더 이상 버틸 수 없으므로 한왕은 초나라에 항복한다."

　이 말을 듣자 초나라 군사들은 만세를 부르며, 기신이 있는 동쪽 성문 앞으로 물밀 듯이 쳐들어갔다. 이 틈에 한왕은 부하 수십 명만을 거느리고 서쪽 문을 나와 무사히 성고(成皐)로 달아났다. 한왕을 놓친 항우는 대신 기신을 불 태워 죽였다.

【詩】
　그 무렵 한왕이 겹겹이 포위당했을 적에
　누구의 재주로 위급함 면하게 하리.
　기신이 초나라를 속이지 않았던들
　진평에게 꾀 있어도 소용없었으리.

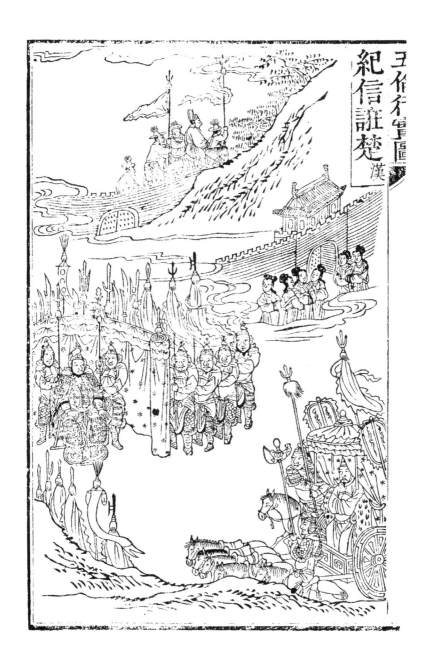

용과 같고 봉새와 같은 영웅들 많은 틈에도
오직 기신이 패공으로 거짓 꾸며 적을 속였네.
한왕의 왕업 이로부터 시작된 것이니
어찌 소하(蕭何)만이 한나라 제일가는 공신이라 하리.

【원문】

紀信漢將 項羽圍滎陽 漢王請和 割滎陽以西爲漢 范增勸羽急攻滎陽 王患之
信曰 事急矣 臣請誑楚 王可以間出於是 陳平夜出女子滎陽東門二千餘人 楚
因四面擊之 信乃乘王車黃屋左纛曰 城中食盡 漢王降楚 楚皆呼萬歲 之城東
觀 以故王得與數十騎 從西門出 走成皐 羽燒殺信

【詩】

漢王當日被重圍 事急何人解指麾
不有將軍謀誑楚 陳平雖智計無施

攀龍附鳳幾英雄 黃屋生降爲沛公
帝業緜緜基此擧 蕭何不是漢元功

【註】
＊1 임금이 타는 수레의 덮개를 노란 비단으로 싼 양산.
＊2 임금의 수레 왼쪽 위에 세우는 깃발.

소무가 부절(符節) *1을 쥐다

蘇武杖節 소무장절

소무(蘇武)는 한(漢)나라 두릉(杜陵) 사람이다. 그가 중랑장(中郞將) *2 벼슬로 흉노(匈奴) *3에 사신으로 간 일이 있었다.

이때 마침 흉노에서는 우상(虞常) *4이 위율(衛律) *5을 죽이려 한 일이 탄로나니, 흉노 왕 선우(單于)는 위율을 시켜 우상을 다스리라 했다. 우상을 잡아 호되게 고문하자 우상은 소무의 부사(副使) 장승(張勝)이 시켜서 한 일이라 했다. 이리하여 소무를 불러 사실대로 말하라고 위협하니, 소무는 칼을 빼어 들고 스스로 목을 찌르려 했다. 위율이 깜짝 놀라 팔을 붙들고 말리자, 소무는 그대로 기절했다가 반나절 만에 다시 깨어났다.

위율이 소무에게 말했다.

"당신의 부사에게 죄가 있으니 마땅히 당신도 연좌(連坐) *6되어야 할 것이오."

소무가 말했다.

"부사 장승은 일을 꾸민 적도 없고 또 내 친족도 아닌데 어찌 연좌된단 말이오?"

이 말을 듣고 위율은 칼을 뽑아 들고 소무를 찌를 것 같은 시늉을 했으나 소무는 꼼짝도 안 했다. 하는 수 없어 그들은 소무를 커다란 움 속에 가두고 먹을 것을 주지 않았다. 소무는 깃발에 달린 털을 눈[雪]에 섞어 씹어 삼키면서 여러 날을 죽지 않고 버텼다. 이에 그들은 소무를 북해(北海) 먼 곳으로 옮겨다 놓고 숫양을 치게 하면서, 이 숫양이 새끼를 낳으면 돌아오게 해 주겠다고 하였다.

소무는 쥐구멍을 파내어 쥐들이 먹다 남은 풀 열매를 먹으며 양을 치면서도 부절은 언제나 손에서 놓지 않으니 부절에 달린 털이 모두 닳아 없어졌다.

이것을 보고 선우가 그의 마음을 돌려보고자 이릉(李陵) *7을 시켜 술을

蘇武杖節 漢

王作子實圖

가지고 가서 소무를 달레보았다.

"지금 그대의 형제들은 일에 연좌되어 모두 자살했고, 어머님께서도 이미 세상을 떠나시고, 부인 또한 개가했다 하오. 인생살이란 마치 아침이슬과 같은데, 그대는 어찌 스스로 이같이 고생을 하시오."

소무가 말했다.

"신하의 임금 섬기기란 마땅히 자식이 아비를 섬기듯 해야 하오. 자식이 아비를 위해서 죽는 것이 무슨 한스러운 일이 되겠소. 다시는 그런 말을 하지 마오."

이릉은 며칠 뒤 술을 마시면서 다시 말했다.

"한 번만 내 말을 들으시오."

이릉의 이 말에 소무가 대답했다.

"나는 이미 죽기를 작정한 몸이오. 기어이 나의 항복을 받으려 한다면 내 그대 앞에서 죽어 보이겠소."

이릉은 그의 지극한 정성에 탄식하며 말했다.

"아! 의사(義士)로다. 나와 위율의 죄는 하늘까지 닿았구나."

그는 눈물을 흘리면서 소무와 작별했다.

시원(始元)*⁸ 6년에 이르러 소무는 비로소 본국으로 돌아갈 수 있었다.

【詩】

황제 명령받고 흉노에 사신 갈 제
그 누가 잡혀서 고초받을 줄 알았으리.
억지로 자백받으려 해도 끝까지 굽히지 않고
칼 빼어 자결코자 하니 갸륵할손 소무일세.

양 치고 쥐구멍 파니 그 고생 이를 데 없건만
부절을 손에 쥔 그 뜻은 태연했네.
이릉의 권고 듣지 않고 죽으려 하더니
뒷날 다시 살아 돌아갈 줄 누가 알았으리.

蘇武杜陵人 以中郞將使匈奴 會虞常謀殺衛律 單于使律治之 常引武副張勝知
謀 召武受辭 武引刀自刺 律驚 自抱持武氣絶 半日復息 律謂武曰 副有罪 當
相坐 武曰 本無謀又非親屬 何謂相坐 復擧劍擬之 武不動 乃幽武大窖中 絶
不飮食 武齧雪與旃毛 幷咽之 徙北海上 使牧羝曰羝乳乃得歸 武掘野鼠 去草
實而食 杖漢節牧羊 臥起操持 節旄盡落 單于使李陵置酒 謂曰 足下兄弟 皆
坐事自殺 大夫人已不幸 婦亦更嫁 人生如朝露 何自苦如此 武曰 臣事君 猶
子事父 子爲父死 無所恨 願勿復言 陵與飮數日 復曰 一聽陵言 武曰 自分已
死人矣 必欲降 請效死於前 陵見其至誠歎曰 嗟乎義士 陵與衛律罪通于天 因
泣下與武決去 始元六年武始得還

【詩】

初承帝命使匈奴 那料荒陲苦被拘
強引受辭終不屈 堪嗟自刺絶還蘇

牧羝掘鼠歷多艱 杖節持旄意尙閑
不聽陵言期効死 安知後日得生還

【註】

*1 대나무로 만든 부신(符信). 옛날에 사신이 신분의 증거로 사용하기 위해 가지고 다니
던 물건으로, 둘로 갈라서 하나는 조정에 보관하고 하나는 본인이 가짐.
*2 한나라 때 벼슬 이름. 숙위(宿衛)를 맡은 우두머리.
*3 중국 북쪽 이민족의 한 갈래. 몽골족 또는 터키족의 분파.
*4・*5 모두 한나라 사람으로서 흉노에게 항복했던 사람들.
*6 다른 범죄자에 관련되어 죄를 같이 받는 것.
*7 한나라 때 장수. 이광(李廣)의 손자. 한나라 무제 때 흉노와 싸우다 항복하고 흉노의
수령 선우의 딸을 아내로 삼아 그곳에서 2년을 지내다가 병사함.
*8 한나라 제8대 황제 소제 때 연호.

주운이 난간을 부러뜨리다
朱雲折檻 주운절함

주운(朱雲)은 한(漢)나라 때 평릉(平陵)사람이다.

이때 장우(張禹)가 황제인 성제(成帝)의 스승으로 있어서 나라의 큰일은 언제나 이 사람과 함께 의논하고 있었다.

그즈음 천재지변이 많았다. 이것을 보고 백성들이 모두 말했다.

"황제의 외척 왕씨(王氏)가 정권을 잡고 제 맘대로 휘두르기 때문이다."

황제도 이 말을 옳게 여겼다. 장우의 집으로 가서 천재지변을 묻고, 백성들이 말하는 왕씨의 일을 이야기했다.

장우는 혼자서 생각하기를

'내가 이미 늙었고 자손들은 모두 나약한데, 또한 왕씨와 원한을 남게 되면 이는 두려운 일이다.'

그러고는 황제에게 말했다.

"천재지변이 있는 것은 그 뜻이 멀고 깊어서 쉽게 알 수가 없습니다. 폐하께서 마땅히 옳은 정사를 행하시면 하늘도 어진 일로 응할 것입니다. 나이 젊은 선비들이 깊이 생각하지 않고 어지러이 말을 늘어놓아 사람을 그릇되게 하고 있을 뿐이오니 폐하께서는 그 말을 믿지 마시옵소서."

황제는 본디 장우를 믿는 터라, 더는 의심치 않으니 주운이 황제 앞에 나아가 아뢰었다.

"지금 조정에 있는 대신들이란 모두 녹만 축낼 뿐 제 직책을 다하지 못합니다. 바라옵건대 신에게 참마검(斬馬劍)*1을 주시오면 아첨하는 신하 한 사람의 머리를 베어 여러 백성들을 경계하겠습니다."

황제가 물었다.

"대체 누구를 가리키는 말이냐?"

주운이 대답했다.

"장우입니다."

황제는 크게 노하여 말했다.

"저런 하찮은 신하가 조정에서 스승을 욕하니 그 죄 죽여 용서함이 없으리라."

이때 황제를 모시고 있던 어사(御史)가 주운을 끌어내리려 하니 주운은 대궐 난간을 휘어잡고 몸부림쳤다. 그 바람에 난간이 부러졌다. 그러나 주운은 큰 소리로 말했다.

"신은 죽어서 용방(龍逢)이나 비간(比干)*²과 같은 신하들과 함께 놀기를 바랍니다."

어사가 주운을 밖으로 끌어내리려 하니, 장군 신경기(辛慶忌)가 앞으로 나와 관을 벗어 던지고 머리를 땅에 부딪히며 피를 흘렸다. 힘써 주운의 충성됨을 설명하자 황제도 그 뜻을 알아차렸다.

나중에 주운이 부러뜨린 난간을 고치려 하니 황제가 말했다.

"그 난간은 부러진 그대로 두어 바른말을 간하던 충신을 기념하게 하라."

【詩】
재변이 비록 하늘에서 내리기는 했지만
실상 이것은 왕씨의 전권(專權) 때문일세.
어찌해서 장우는 아첨만 하는가
주운이 조정에서 욕할 제 그 의기 사뭇 장했네.

간사한 대신의 머리 벨 것을 성심으로 청하여
용방·비간과 함께 지하에서 놀겠다 하네.
난간 고칠 제 다른 재목으로 바꾸지 말라 하니
충성된 신하의 올곧은 말 기념함일세.

【원문】
朱雲平陵人 張禹以天子師 國家大政 必與定議 時 吏民多言災異 王氏專政所致 成帝然之 乃至禹第 問以天變 因用吏民 言王氏事示禹 禹自見年老 子孫

弱 又與王根不平 恐爲所怨 謂上曰 災變之意 深遠難見 陛下宜修政事 以善
應之 新學小生 亂道誤人 宜無信用 上雅信禹 由是不疑 雲求見曰 朝廷大臣
皆尸位素餐 願賜斬馬劍 斷佞臣一人頭 以厲其餘 上問誰 對曰張禹 上大怒曰
小臣廷辱師傅 罪死不赦 御史將雲下 雲攀殿檻折 呼曰 臣得從龍逢比干遊足
矣 御史逐將雲去 將軍辛慶忌 免冠叩頭流血爭 上意解 得已 後當治檻 上曰
勿易因而輯之 以旌直臣

【詩】
災異雖云降自天 實由王氏久專權
奈何張禹依阿甚 廷辱當時氣凜然

誠心請斷佞人頭 擬與逢干地下遊
治檻異時令勿易 是知端爲直臣留

【註】
＊1 말을 벨 만큼 날카로운 칼. 상방참마검(尙方斬馬劍)이라고도 하는데, 상방검이란 황제
　나 임금이 쓰는 칼을 말함.
＊2 은나라 때 충신으로 주왕(紂王)의 작은아버지였음. 주왕의 음란함을 간하다가 죽음을
　당함.
　용방은 앞에 나온 〈용방간사(龍逢諫死)〉 참조.

공승이 인수(印綬)를 밀치다
龔勝推印 공승추인

공승(龔勝)은 한(漢)나라 초군(楚郡) 사람이다. 한나라에 벼슬하여 광록대부에 올랐으나 왕망(王莽)*¹이 정권을 잡자 벼슬을 버리고 고향으로 돌아갔다.

왕망이 황제 자리를 빼앗고는 공승에게 사신을 보내어 황명을 내리고 태자사 우좨주(太子師友祭酒)의 인수(印綬)*²를 주고, 편안한 수레와 말 네 필을 보내어 공승을 맞게 했다. 사신은 군현장(郡縣長)과 더불어 황명을 전하기 위해 공승의 집으로 갔다.

사신은 이때 공승이 나와서 조서받기를 기다려 문밖에 오래도록 서 있었으나 공승은 위독하다고 핑계를 대고 나오지 않았다. 이에 사신이 공승이 거처하는 곳으로 가서 조서를 맡기며 말했다.

"아직 국가의 모든 제도를 정하지 못한 까닭으로 지금 특별히 당신이 나와주기를 기다리고 있습니다."

공승이 말했다.

"내 본디 어리석은 데다 늙고 병들어 목숨이 조석(朝夕)에 걸려 있는데 사신을 따라 나선다면 반드시 길에서 죽을 것이오."

사자들이 인수를 공승에게 내주었으나 공승은 이것을 손으로 밀치고 받지 않았다. 사자는 공승의 두 아들과 제자 고휘(高暉)에게 말했다.

"조정이 마음을 기울여 공승공(龔勝公)을 기다리고 있소. 한번 나가시기만 하면 반드시 나라에서 제후에 봉할 것이오. 비록 병환이 있으시지만 잠시 객사(客舍)에 드시어 정사의 뜻만 보이신다면 자손들을 위한 큰 업을 남기게 될 것이오."

고휘 등이 들어가 아뢰자 공승은 분연히 말했다.

"내가 한(漢)나라의 두터운 은혜를 입었건만 갚지 못하고 오늘에 이르렀

龔勝推印 漢

다. 이제는 늙어 언제 죽을지 모르는데 어찌 한 몸뚱이로 두 임금을 섬기란 말이냐. 그리고서 지하에 가 무슨 낯으로 옛 임금을 대한단 말이냐. 나는 이대로 죽을 것이니 너희는 어서 장사 지낼 채비나 해라."

말을 마치자 자리에 누운 채 다시는 음식을 입에 대지 않고 열나흘 만에 세상을 떠나니, 그의 나이 일흔아홉이었다.

【詩】
신(新)나라 새로 일어 국권이 옮겨지니
벼슬 내놓고 고향으로 돌아가 누웠네.
병 위독하다 핑계 대고 행할 뜻 보이지 않으니
편안한 수레와 네 필 말 무엇에 쓰리.

인수 내주는 일 비록 뜻은 은근하지만
신하된 마음 어찌 두 임금 섬긴단 말인가.
곡기 끊고 십여 일 만에 마침내 일어나지 못하니
깨끗한 덕행에 그 누가 고개 숙이지 않겠는가.

【원문】
龔勝楚郡人 仕漢爲光祿大夫 以王莽秉政 乞骸骨歸鄉 莽旣簒位 遣使奉璽書
太子師友祭酒印綬 安車駟馬 迎勝卽拜 使者與郡縣長吏 入里致詔 使者欲令
勝起迎 久立門外 勝稱病篤 使者致詔付璽書 進曰 聖朝制作未定 待君爲政
勝曰 素愚加以老病 命在朝夕 隨使上道 必死道路 使者要說 以印綬加身 勝
輒推不受 使者爲勝兩子 及門人高暉等言 朝廷虛心 待君以茅土之封 雖疾病
宜移至傳舍 示有行意 必爲子孫遺大業 暉等白之 勝曰 吾受漢家厚恩無以報
今年老朝暮入地 誼豈以一身事二姓 下見故主哉 因敕棺歛喪事 語畢 遂不復
飲食 積十四日死 年七十九

【詩】
新室方興國柄移 乞歸鄉里是其宜
竟稱病篤無行意 何用安車駟馬爲

身加印綬禮雖勤 臣子何心事二君

絶粒旬餘仍不起 聞風孰不挹清芬

【註】

＊1 전한 끝무렵 신(新)나라 황제. 자신이 내세운 평제(平帝)를 독살하고 황제 자리를 빼
  앗아 나라 이름을 신(新)으로 고쳤음. 그러나 후한의 광무제(光武帝) 유수(劉秀)에게
  죽임을 당함. 재위 AD 8~23년.

＊2 옛날에 관리가 몸에 지니고 있던 도장과 그 끈.

이업이 명을 받들다
李業授命 이업수명

이업(李業)은 한(漢)나라 재동(梓潼)사람이다. 원시(元始)*¹ 시절에 과거 명경과(明經科)*²에 급제하여 낭(郞)의 벼슬에 올랐으나 왕망(王莽)이 왕위를 찬탈하자 병을 핑계삼아 벼슬을 버리고 산속에 숨어 살았다.

왕망이 망하자 이번에는 공손술(公孫述)이 촉(蜀)나라 땅을 차지하고 스스로 황제라고 일컬었다. 평소에 이업이 어질다는 말을 듣고, 나라에서 그를 불러 박사 벼슬을 내렸다. 그러나 이업은 병이 있다는 핑계를 대고 나아가지 않았다.

공손술이 사신 윤융(尹融)을 보내 독약을 가지고 가서 임금의 명령서를 내놓고 위협하게 했다. 윤융에게 만일 순순히 나오면 공후(公侯)*³의 자리를 줄 것이요, 나오지 않으면 이 약을 내리라고 일렀다.

사신 윤융이 이업을 달래며 말했다.

"지금 천하가 이렇게 어지러우니 누가 옳고 누가 그른지 어찌 알겠소? 조정에서는 그대의 이름과 덕망을 사모하여 벼슬자리를 비워 놓고 기다리고 있소. 마땅히 위로는 그대를 알아주는 황제를 모시고 아래로는 자손을 위해 일신과 명망을 온전히 한다면 이 또한 아름다운 일이 아니겠소? 그대가 조정에 나오지 않은 지 여러 해가 되었으므로 시기와 의심으로 반드시 흉화(凶禍)가 생길 것이니 이것은 이로운 계책이 아니오."

이업은 탄식하며 말했다.

"위태로운 나라에는 들어가지 말고 어지러운 나라에서는 살지 말라고 했소. 그런데 어찌 내 몸이 벼슬을 탐하여 의리가 아닌 것을 쫓는단 말이오. 또 군자는 나라의 위태로움을 보면 목숨을 바친다고 했소. 그런데 어찌 높은 벼슬을 미끼로 삼아 나를 꾄단 말이오."

윤융은 이업이 조금도 굽히지 않는 것을 보고 말했다.

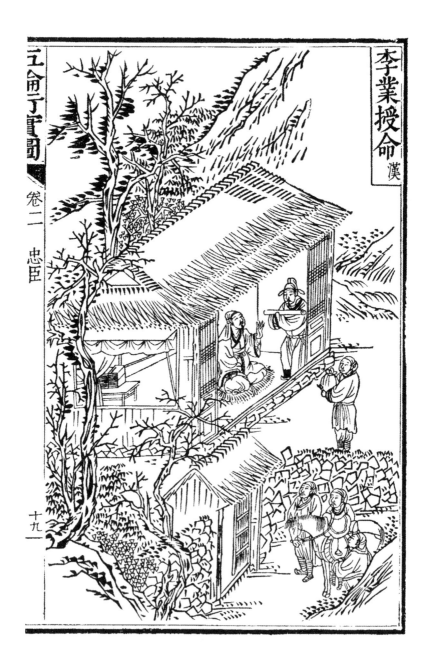

"그러면 가족들을 불러 다시 한 번 의논해 보시오."

그러나 이업은 단호하게 말했다.

"대장부 마음이 정해진 지 이미 오래인데, 어찌 처자식과 의논하리요."

이업은 끝내 회유에 따르지 않고 독약을 마시고 죽었다.

【詩】

명경과 급제하여 그 이름 조정에 떨치니
한나라에서 낭(郎) 벼슬 주어 영화로움 차지했네.
병 핑계삼아 시골로 돌아가 왕망이 망하기 기다렸거늘
공손술이 공경 벼슬로 유인한다고 어이 응하리.

천하 어지러워 누가 옳고 그른 것 모르겠으니
윤융이 높은 벼슬 바라보고 나오기 바랐네.
그러나 장부의 굳은 마음 이미 정해졌거니
어찌 처자 때문에 이 결심 돌이킬 수 있으리.

【원문】

李業梓潼人 元始中 舉明經除爲郎 王莽居攝 以病去官隱藏山谷 終莽之世 公
孫述僭號 素聞業賢 徵之欲以爲博士 業固疾不起 述使尹融 持毒酒奉詔以劫
若起則受公侯之位 不起賜之以藥 融諭旨曰 方今天下分崩 孰知是非 朝廷貪
慕名德 曠官缺位 宜上奉知已 下爲子孫 身名俱全 不亦優乎 今數年不起 猜
疑寇心 凶禍立加 非計之得者也 業乃歎曰 危國不入 亂國不居 親於其身 爲
不善者 義所不從 君子見危授命 何乃誘 以高位重餌哉 融見業不屈曰 宜呼室
家計之 業曰 丈夫斷之於心久矣 何妻子之爲 遂飮毒而死

【詩】

明經應舉擅才名 漢室除郎亦至榮
告疾休官終莽世 公孫豈得餌公卿

天下分崩孰是非 尹融諭旨適貽譏

丈夫固自由心斷 妻子焉能授指揮

【註】

＊1 한나라 황제 평제 때 연호.

＊2 과거시험 과목의 하나. 경서(經書)의 뜻을 주로 시험했음.

＊3 공작(公爵)과 후작(侯爵). 또는 제후.

혜소가 임금을 호위하다
嵇紹衛帝 혜소위제

혜소(嵇紹)는 진(晉)나라 초국(譙國) 사람으로, 벼슬이 시중(侍中)*¹에 이르렀다. 이때 혜제(惠帝)의 아우 영(穎)이 반란을 일으켜 임금 자리를 빼앗고 날로 사치를 더해가 백성들이 모두 실망했다.

이에 사공(司空)으로 있는 동해(東海)·왕월(王越) 등이 영을 치고자 해 혜제를 모시고 북쪽으로 정벌해 나아가니 혜소도 혜제를 모시고 가게 되었는데, 같이 임금을 모시던 시중 진준(秦準)이 혜소에게 물었다.

"오늘 난리에 나가는데 그대는 좋은 말을 가지고 있소?"

혜소가 정색하고 말했다.

"신하된 자로서 임금의 수레를 모시고 가는데 오로지 죽음으로써 임금을 호위할 뿐이지, 좋은 말은 찾아서 무엇에 쓴단 말이오?"

이 싸움에 영은 석초(石超)에게 군사 5만 명을 주어 혜제를 치게 했는데, 석초의 군사가 갑자기 이르자 혜제는 탕음(蕩陰) 싸움에서 크게 패했다.

혜제가 상처를 입고 뺨에 화살이 셋이나 박히니 그를 모시던 백관들은 모두 빠른 말을 타고 달아났다. 혜소는 말에서 내려 조복(朝服)을 입은 채 임금 수레로 뛰어올라 자기 몸으로 혜제를 가리고 보호했다.

적병이 몰려들어 수레에서 혜소를 끌어내 죽이려 하자 혜제가 말했다.

"이 사람은 충신이니 죽이지 말라."

군사들이 대답하여 "저희들은 태제(太弟)*²의 명을 받들어 오로지 폐하한 분만은 범하지 않을 것입니다" 하고는 마침내 혜소를 죽이니 그 피가 혜제의 옷을 적셨다.

난이 평정된 뒤 궁녀들이 혜제 옷을 빨려고 하자 혜제가 말했다.

"이것은 충신 혜소의 피다. 빨지 말라."

嵇紹衛帝 晋

엄숙히 임금 모시고 역적을 치는 마당에
어찌 죽고 사는 것 따져 머뭇거릴까 보냐.
탕음 싸움에 패하자 신하들 모두 흩어졌건만
혜소 홀로 조복 차림으로 임금을 호위했네.

몸 바쳐 마침내 어진 일 이루니
만고의 충정(忠貞) 오로지 이 한 사람일세.
임금이 옷에 묻은 피 빨지 못하게 했으니
세상의 어려운 일 그 누가 쉽게 도모할 수 있으리.

【원문】

嵇紹譙國人 官侍中 太弟穎 僭侈日甚 大失衆望 司空東海 王越等 謀討之 奉
惠帝北征 徵紹 詣行在 侍中秦準謂紹曰 今日向難 卿有佳馬乎 紹正色曰 臣
子扈衛乘輿 死生以之 佳馬何爲 穎遣石超 帥衆五萬拒戰 超軍奄至 乘輿敗績
於蕩陰 帝傷頰 中三矢 百官侍御皆散 紹朝服 下馬登輦 以身衛帝 兵人引紹
於轅中斫之 帝曰 忠臣也 勿殺 對曰 奉太弟令 惟不犯 陛下一人耳 遂殺紹
血濺帝衣 左右欲浣之 帝曰 此嵇侍中血 勿浣也

【詩】

肅奉天威討亂臣 肯論生死故逡巡
蕩陰敗績羣僚散 獨被朝衣衛帝身

殺身終是要成仁 千古忠貞見一人
血濺御衣仍勿浣 按圖誰不爲酸辛

【註】
＊1 임금 곁에서 여러 가지 일을 받들고 자문에 응하던 사람.
＊2 임금의 아우를 말함.

두 아들과 함께 전사한 변곤
卞門忠孝 변문충효

변곤(卞壺)은 진(晉)나라 제음(濟陰) 사람으로 상서령 벼슬을 했다. 이때 소준(蘇峻)이 반란을 일으켜 고숙 땅을 함락하고 횡강(橫江)을 건너오니 도 성의 군사가 여러 번 패했다.

이에 성제(成帝)는 변곤을 불러 모든 군사를 거느리고 나가 소준과 대적 하게 했으나 서릉 싸움에서 바람을 이용하여 불로 공격하는 소준에게 크게 패했다.

다시 소준이 청계책(靑溪柵)을 공격하여 변곤이 맞서자 소준은 바람을 타 고 불을 놓아 도성의 병영을 모두 태워버렸다.

이때 변곤은 등창이 생겨 고통이 심했으나 이를 견디며 힘껏 싸우다가 장 렬하게 전사했다. 변곤을 따라 전쟁에 나왔던 두 아들 진(眕)과 우(盱) 또 한 반군에게 맞서 싸우다가 함께 죽었다.

변곤의 아내는 두 아들 시체를 부둥켜안고 통곡하며 말했다.

"아버지는 나라를 위해 죽었으니 충신이고, 너희들은 아버지를 위해 죽었 으니 분명 효자이다. 내 무엇을 원통해하랴."

이런 일이 있은 뒤, 임금은 변곤에게 '시중 표기장군 개부의동삼사(侍中驃 騎將軍開府儀同三司)' 벼슬을 추증하고, 충정(忠貞)의 시호를 내려 태뢰(太 牢)*[1]로 제사를 지내게 했다.

【詩】
사나운 신하 반란 일으켜 횡강 건너올 적에
나라 군사 여러 번 패하여 도성 위태로우니
앓고 있던 등창 채 아물지도 않은 몸으로
몸바쳐 싸우다 죽으니 어디 견줄 이 있으리오.

卞門忠孝 晉

한집에 충·효 모두 온전해
두 아들의 어진 이름에 비길 것 있으리.
벼슬 더하고 시호 내려 태뢰로 제사 지내니
역사에 빛나는 이름 오늘까지 전해 오네.

【원문】

卞壼濟陰人 官尙書令 蘇峻擧兵反 陷姑孰 濟自橫江 臺兵屢敗 成帝詔壼 都
督大桁東諸軍 及峻戰于西陵 大敗 峻攻靑溪柵 壼又拒擊 峻因風縱火 燒臺省
諸營皆盡 壼背癰新愈 瘡猶未合 力疾苦戰而死 二子眕 盱 隨之 亦赴敵死 眕
母撫二子尸哭曰 父爲忠臣 汝爲孝子 夫何恨乎 贈侍中驃騎將軍開府 儀同三
司 謚曰忠貞 祠以太牢

【詩】

强臣跋扈濟橫江 屢敗臺兵犯大邦
新愈癰疽瘡未合 傾身苦戰死無雙

一門忠孝兩能全 二子賢名孰比肩
贈謚褒崇祠太牢 輝光靑史至今傳

【註】

＊1 나라 제사에 소·양·돼지의 세 가지 희생을 통째로 바치던 일. 곧 나라 제사 지내는 예
　　로 변곤을 제사 지내주었다는 뜻임.

환이가 죽음에 이르다
桓彝致死 환이치사

환이(桓彝)는 진(晉)나라 초국(譙國) 사람으로, 선성내사(宣城內史) 벼슬에 올랐다.

소준(蘇峻)이 반란을 일으켜 고숙 땅을 함락하니, 환이가 군사를 일으켜 도성을 구하러 나섰다. 그러나 지휘 아래 있는 장사(長史) 비혜(裨惠)가 말렸다.

"우리 군사는 그 수가 적고 약합니다. 또 산속에 사는 백성들이 흔들리기가 쉬우니 당분간 군사를 여기 머물게 하고 상황을 살피며 기다리는 것이 옳을 듯싶습니다."

이 말을 듣고 환이가 화를 내며 말했다.

"임금에게 무례하게 구는 자를 보아도 신하는 마치 매가 참새를 쫓듯이 급히 서두르는 법이다. 하물며 사직이 위태로운 것을 보고도 어찌 평안히 앉아서 구경만 한단 말이냐."

이렇게 말하고, 장수를 보내어 적을 치고 무호(蕪湖)에서 싸워 이를 격파했다.

석두성(石頭城)으로 나오는데, 나라 군사가 싸움에 패했다는 소식이 전해왔다. 환이는 슬프고 분하여 눈물을 흘렸다. 곧바로 나아가 경현(涇縣) 땅에 진을 치니 또 비혜가 환이에게 소준과 화친할 것을 권했다.

환이가 화를 내며 말했다.

"내가 나라의 두터운 은혜를 입다가 이제 죽음에 이르렀는데 어찌 부끄럽게 추악한 역적의 무리와 화친을 한단 말인가. 싸우다 이루지 못하면 이는 운명이니 또한 어찌 할 수 없는 것이 아닌가."

환이는 다시 장군 유종(俞縱)을 보내어 난석(蘭石)을 지키게 하자 소준이 장수 한황(韓晃)을 보내어 공격, 유종은 마침내 패하게 되었다.

桓彝致死〈晉〉

이것을 보고 부하들 모두가 잠시 군시를 물릴 것을 권했다. 그러나 유종은 말했다.

"내가 환후(桓侯)*[1]의 두터운 은혜를 입었으니 마땅히 죽음으로써 그 은혜를 갚을 뿐이다. 내가 환후를 저버리지 못하는 것은 마치 환후가 나라를 저버리지 못하는 것과 같은 일이다."

말을 마치자 적진으로 돌진하여 힘껏 싸우다 죽으니, 한황이 드디어 군사를 몰아 진격해 왔다. 성이 함락되자 환이도 반란군에게 붙잡혀 죽었다.

【詩】

적을 칠 계획으로 화친하는 것 부끄러워하니
이기고 지는 것 모두 하늘에 달린 것.
유종도 그에게 감동하여 죽음으로 보답하니
환후야말로 자기 몸 먼저 본보기 됐네.

적의 형세 강대하니 도저히 막을 길 없어
관군은 적고 약한데 이를 어찌 돌이키리.
유종이 적에게 죽은 것 남의 신하된 본분
그 절개와 의리 굳고 곧은 자 또 얼마나 있던가.

【원문】

桓彝譙國人 爲宣城內史 蘇峻襲陷姑孰 彝欲起兵赴朝 長史裨惠以郡兵寡弱山民易擾 宜且按甲以待 彝厲色曰 見無禮於其君者 若鷹鸇之逐鳥雀 今社稷危逼 義無晏安 乃遣將討 賊別帥於蕪湖破之 彝尋出石頭聞王師敗績 慷慨流涕 進屯涇縣 惠又勸彝 與峻通使 以紓交至之禍 彝曰吾受國厚恩 義在致死 焉能忍恥 與醜逆通和 如其不濟 此則命也 彝遣將軍俞縱守蘭石 峻遣將韓晃攻之縱將敗 左右勸退軍 縱曰 吾受桓侯厚恩 當以死報 吾之不可負桓侯 猶桓侯之不負國也 遂力戰而死 晃遂進軍 城陷執彝殺之

【詩】

心期掃賊愧迍邅 成敗曾將命付天

兪縱感恩終死報 桓侯眞箇以身先

賊勢强梁莫可捄 官軍寡弱奈如何
縱然死敵人臣分 節義堅貞問幾多

【註】
＊1 환이를 높여 부른 말.

안고경과 원이겸이 역적을 꾸짖다
顔袁罵賊 안원매적

안고경(顔杲卿)은 당(唐)나라 낭야(瑯琊) 사람이다. 음사(蔭仕)로 범양참군(范陽叅軍)이 되었을 때 안녹산(安祿山)*¹이 그 명성을 듣고 조정에 아뢰어 영전판관(營田判官)을 시켰다가 상산태수(常山太守)로 옮겼다.

안녹산이 반란을 일으키자 고경의 힘으로는 이것을 막을 수가 없어 장사(長史) 원이겸(袁履謙)과 함께 거짓으로 안녹산을 맞으니, 녹산은 고경에게 붉은 도포 한 벌을 주었다. 이 도포를 입고 돌아오는 길에 고경은 도포를 가리키면서 이겸에게 말했다.

"내가 이 옷을 입은 까닭을 그대는 알겠는가?"

이 말을 들은 이겸은 안녹산을 토벌할 계획을 세우자는 뜻인 줄 알고 바로 군사를 일으켰다. 미처 수비가 완료되기도 전에 녹산이 보낸 장수 사사명(史思明)과 채희덕(蔡希德)이 군사를 몰고 고경의 성 밑에 이르렀다.

이에 고경은 밤낮으로 적을 막아 싸웠지만 양식이 다하고 화살이 떨어지자 드디어 성은 함락되고, 고경과 이겸은 잡히어 안녹산이 있는 낙양으로 보내졌다.

안녹산은 고경을 앞에 불러 놓고 죄를 들추어내며 말했다.

"내 일찍이 너를 태수(太守)로 발탁했는데 너는 무엇 때문에 나를 배반하느냐?"

고경은 눈을 부릅뜨고 안녹산을 꾸짖었다.

"너는 본디 영주(營州)에서 양(羊)이나 치던 오랑캐가 아니었더냐? 그러한 너를 황제께서 뽑아 올려 삼도절도사로 삼았으니 그 은혜 이를 데 없거늘, 무엇이 부족해서 반란을 일으켰느냐. 나는 대대로 당나라 신하이다. 비록 지난날 네가 나를 추천하여 올려 쓰게 했다 하나 어찌 너를 따라 반란을 일으키겠느냐. 내가 이제 나라를 위하여 역적을 치는 이 마당에 네 목을 베

지 못한 것이 한스러울 뿐이다. 그린데 어찌 내가 나에게 배빈했다 하느냐. 이 비린내 나는 개 같은 놈아! 빨리 나를 죽여라."

녹산은 크게 화를 냈다. 곧바로 고경과 이겸을 결박해 놓고 살을 깎아 죽이니, 고경과 이겸은 목숨이 끊어질 때까지 꾸짖기를 그치지 않았다. 이때 안고경 집안에서는 고경을 따라 죽은 자가 서른여 명이나 되었다.

【詩】
고경의 충성과 의리 저 하늘도 알리니
아무리 높은 벼슬 준들 그 마음 변하리.
이겸이 능히 고경의 뜻 짐작하여
한마음으로 나라에 보답하다 함께 죽었네.

간사한 역적을 치고자 의병 일으켰으나
힘이 다하고 성이 함락되어 성공 못 이루었네.
충성된 마음 죽어가면서도 역적 꾸짖으니
청사에 빛나는 그 이름 썩지 않으리.

【원문】
顏杲卿 瑯琊人 蔭調遷范陽參軍 安祿山聞其名 表爲營田判官 假常山太守 祿山反 杲卿 力不能拒 與長史袁履謙往迎之 祿山賜杲卿紫袍 杲卿途中指衣 謂履謙曰 何爲著此 履謙悟其意 謀討祿山 遂起兵 守備未完 祿山將史思明 蔡希德 引兵至城下 杲卿晝夜拒戰 糧盡矢竭 城遂陷 賊執杲卿履謙等 送洛陽 祿山數之曰 我擢爾太守 何負而反 杲卿瞋目罵曰 汝本營州牧羊羯奴 天子擢汝爲三道節度使 恩幸無比 何負於汝而反 我世爲唐臣 雖爲汝所奏 豈從汝反邪 我爲國討賊 恨不斬汝 何謂反也 臊羯狗 何不速殺我 祿山大怒幷履謙縛而剮之 二人比死 罵不絕口 顏氏死者 三十餘人

【詩】
杲卿忠義上天知 金紫光華志豈移
賴有履謙能悟意 同心報國任身危

欲討姦兇起義兵 力窮城陷竟無成
忠肝激烈剮猶罵 靑史昭垂不朽名

【註】

＊1 당나라 현종 때 장수. 꾀가 많고 참을성이 강하며 6개 나라말에 능통했음. 양귀비의
　　양자로 현종의 허가를 얻어 벼슬이 하동절도사(河東節度使)에 이르자 군대를 키워서
　　자기 군사를 만들려 함. 이 무렵 중앙의 양국충(楊國忠)과 서로 시기해 755년 범양(范
　　陽)에서 반란을 일으켜 낙양을 함락시킨 뒤 스스로 웅무황제(雄武皇帝)라 일컫고 국호
　　를 연(燕), 연호를 성무(聖武)라 했음. 그러나 머지않아 둘째아들 경서(慶緒)에게 죽
　　임을 당함.

장순과 허원이 죽음으로 지키다
張許死守 장허사수

장순(張巡)은 당나라 등주(鄧州) 사람이요, 허원(許遠)은 신성(新城) 사람이다. 안녹산이 반란을 일으켜 부하 윤자기(尹子琦)에게 수양성(睢陽城)을 치게 하자 허원은 서둘러 장순에게 사람을 보내 구원을 청했다.

이즈음 장순은 영릉(寧陵)에 있었는데, 이 소식을 듣자 바로 군사를 이끌고 수양으로 달려갔다. 그리하여 허원 군사와 힘을 합하여 밤낮으로 힘껏 싸우니 날마다 수십 합씩 싸우지 않는 날이 없었다.

이때 허원이 장순에게 말했다.

"내가 나가 싸울 것이니 그대는 성을 지켜주시오."

이리하여 이들은 오랫동안 성을 지킬 계획을 세웠다.

그러나 윤자기는 다시 군사 수만 명을 더하여 성을 포위하고 긴장을 조금도 늦추지 않았다. 성 안에 먹을 것이 다 떨어져 군사들이 쌀 한 홉과 차를 쌌던 종이, 나무껍질을 섞어 하루 양식을 해결하는 형편이 되자 성을 버리고 달아나자는 목소리가 높아졌다.

장순과 허원 두 사람은 의논 끝에 말했다.

"수양은 강회(江淮)*¹에서 가장 중요한 땅이다. 만일 이곳을 버린다면 적들은 반드시 기세를 타고 휘몰아쳐 올 텐데, 그렇게 되면 강회를 모두 버리는 것이 된다. 게다가 우리 군사들은 지금 여러 날을 굶주려 빨리 달아나지도 못할 것이니, 이대로 성을 굳게 지키는 것이 최선일 것이다."

하지만 차를 쌌던 종이도 다 없어지고 말까지도 다 먹어 없어지니, 군사들은 참새 집을 찾고 쥐구멍을 뚫어 먹을 것을 찾느라 야단이었다. 이것을 본 장순은 자신이 사랑하는 첩을 죽여 군사들에게 먹였다.

이때 적병이 성 안에 식량이 없어진 것을 눈치채고 군사를 몰아 성 위로 기어 올라왔다. 그러나 성 안의 군사들은 굶주리고 병들어 싸울 수가 없었

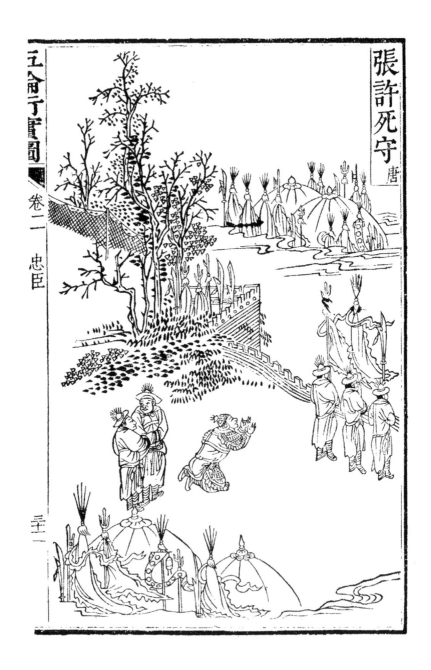

나. 장순은 서쪽을 향하여 두 번 절하고 말했다.

"이제 신의 힘은 다했습니다. 살아 있는 동안 나라의 은혜에 보답하지 못했사오니 마땅히 죽어 사나운 귀신이 되어서라도 적병을 죽이겠습니다."

이윽고 성이 함락되자 장순은 적장에게 잡혀갔다. 윤자기가 말했다.

"내가 들으니 그대가 군사를 몰아 싸울 때 소리를 크게 한 번 지르면 눈가가 찢어져서 얼굴에서 피가 흐르며, 이를 갈면 이가 모두 부서진다고 하니 어찌 그렇게까지 하시오?"

장순이 대답했다.

"내 지금 역적 너를 한 입에 삼키고 싶으나 이미 힘이 다하여 너희들에게 붙잡히고 말았구나."

윤자기가 이 말을 듣고 노하여 차고 있던 칼을 뽑아 장순의 입을 찢었다. 그러나 장순은 오히려 큰 소리로 꾸짖었다.

"나는 임금을 위하여 죽거니와, 너는 역적에게 붙었으니 개돼지와 무엇이 다르랴. 내 어찌 개돼지에게 항복하리."

윤자기는 장순을 협박하여 항복을 받으려 했으나 끝내 굴하지 않고 죽었다. 이 싸움에 남제운(南霽雲)*²과 뇌만춘(雷萬春)*³ 등도 모두 적에게 잡혀 죽었다. 허원 또한 낙양으로 잡혀가다가 언사(偃師)에 이르러 적에게 굴하지 않고 죽었다.

【詩】
적이 수양을 침입할 때 그 형세 몹시 드세니
장장군이 성을 지켜 위태로움 보존했네.
성 안에 식량 다해 군사들 굶주림 극에 이르니
서쪽 향해 임금께 작별하는 말 충성스러워라.

두 장수의 충성된 마음 어찌 그리 같은가,
그 장한 절개 씩씩하여 열렬한 장부일세.
강회를 보존하고자 함께 힘껏 지키다가
성이 무너지자 마침내 몸을 마쳤네.

張巡鄧州人 許遠新城人 祿山將尹子琦 寇睢陽 遠告急於巡 巡自寧陵 引兵入
與遠晝夜苦戰 一日或二十合 遠謂巡曰 遠請爲公守 公爲遠戰 子琦復徵兵數
萬 城中食盡 人廩米日一合 雜以茶紙樹皮 議棄城東走 巡遠謀曰 睢陽 江淮
之堡障 若棄去 賊必乘勝長驅 是無江淮也 且我衆饑羸 走必不達 不如堅守
茶紙旣盡 遂食馬 馬盡 羅雀掘鼠 巡殺其所 愛妾以饗士 賊登城 將士病不能
戰 巡西向拜曰 臣力竭矣 生旣無以報 死當爲厲鬼 以殺賊 城陷 巡被執 子琦
曰聞公督戰 大呼輒眦裂 血面嚼齒皆碎 何至是 巡曰 吾欲氣吞逆賊 顧力屈耳
子琦怒以刀抉其口 巡罵曰 我爲君父死 爾附賊 乃犬彘也 賊以刃脅降 終不屈
幷南霽雲 雷萬春等 皆被害 生致遠於洛陽 至偃師亦不屈死

【詩】
賊寇睢陽勢甚張 將軍戰守保危亡
城中食盡飢羸極 西向陳辭出肺腸

二公忠膽自相符 壯節巍巍烈丈夫
欲保江淮同固守 力窮城陷竟捐軀

【註】
＊1 양자강과 회수(淮水) 기슭을 말함.
＊2・＊3 당나라 장수들로 안녹산의 난 때 장순을 따라 수양성을 지켰으며, 성이 떨어지자
  적에게 항복하지 않고 장순과 함께 죽음.

장흥이 톱에 잘려 죽다
張興鋸死 장흥거사

　장흥(張興)은 당나라 속록(束鹿) 사람이다. 그가 요양(饒陽) 고을의 비장(裨將)으로 있을 때 안녹산이 반란을 일으켜 요양으로 쳐들어왔다. 장흥은 요양성을 굳게 지켜 오래도록 항복하지 않았다. 이때 창주(滄州)와 조주(趙州)는 이미 함락된 뒤였다. 사사명(史思明)이 요양성을 포위하여 갑자기 공격하고 밖으로부터의 구원이 끊어지니 성은 함락되었다. 사사명은 장흥을 사로잡은 뒤 그를 자기 말 앞에 묶어 놓고 달랬다.

　"장군은 참으로 장사구려. 우리와 함께 부귀를 누리는 것이 어떻소?"

　장흥이 말했다.

　"당나라 충신인 내가 항복할 리가 있겠느냐? 지금 내 목숨이 경각에 달렸으니 원컨대 한 마디만 하고 죽겠다."

　사사명이 물었다.

　"무슨 말인가?"

　장흥은 꼿꼿이 고개를 들고 사사명을 꾸짖었다.

　"우리 주상께서 안녹산을 대접하기를 마치 아버지가 자식 대하듯이 했으니 뭇 신하들에 이르지도 못할 은혜였다. 그런데 그 두터운 은혜를 갚을 줄은 모르고 군사를 일으켜 대궐을 범하고 백성들을 못살게 만들었는데, 내가 대장부로서 이런 흉악한 역적을 베어 없애지는 못할망정 도리어 그 신하가 되란 말이냐. 그리고 네 처지만 해도 그렇다. 너는 지금 그 역적놈을 쫓아 부귀를 구하고 있는 모양이나 이것은 비유해서 말하면, 마치 제비가 임시로 친 장막 끝에 집을 짓는 것과 똑같은 일이니 어찌 오래도록 편안할 줄 아느냐. 지금이라도 틈을 보아 역적을 잡아 죽이면 화가 복으로 바뀌어 길이 부귀를 누릴 것이니 이 또한 아름다운 일 아니겠느냐."

　장흥은 톱으로 죽음을 당하면서도 그치지 않고 사사명을 꾸짖었다.

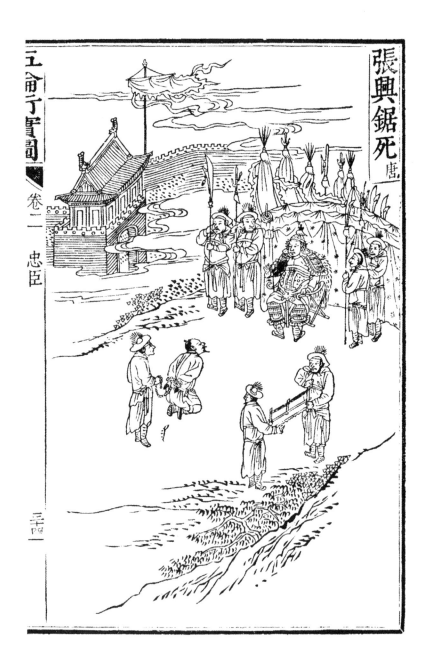

【詩】

여러 해 의로운 성 지켜 항복치 않았으나

적의 공세 점점 커지니 형세 이미 기울었네.

항복할 리 없다 스스로 말하니

이야말로 진정한 장부의 의기 아닌가.

적에게 잡힌 몸 그 목숨 경각에 있건만

군신 간의 큰 의리 분명히 밝혀주네.

톱에 잘려 죽는 몸 그 충성도 갸륵한데

역적 꾸짖기를 목숨 다하도록 그치지 않네.

【원문】

張興 束鹿人 爲饒陽裨將 祿山反攻饒陽 興嬰城固守 彌年不下 滄趙已陷 史
思明引衆傅城 外救俱絶 城陷 思明縛之馬前 好謂曰 將軍眞壯士 能與我共富
貴乎 興曰 興唐之忠臣 固無降理 今數刻之人耳 願一言而死 思明曰 云何興
曰 天子待祿山 恩如父子 羣臣莫及 不知報德 乃與兵指闕 塗炭生人 大丈夫
不能剪除兇逆 反爲其下哉 且足下所以從賊 求富貴耳 譬如燕巢于幕 豈能久
安 何如乘間取賊 轉禍爲福 長享富貴 不亦美乎 思明怒 鋸解之 罵不絶口 以
至于死

【詩】

彌年不下守孤城 倂力攻圍勢已傾

自謂固無降賊理 是知眞箇丈夫情

被執纏餘數刻生 君臣大義說分明

身膏鋸上忠肝裂 罵賊終然不絶聲

수실이 홀*¹을 빼앗다
秀實奪笏 수실탈홀

단수실(段秀實)은 당나라 견양(汧陽) 사람이다. 주자(朱泚)*²가 반란을 일으키고 생각하였다.

'수실이 오랫동안 병권(兵權)을 잃고 있었으니 반드시 당나라에 원한이 있을 것이다. 하물며 그는 본디부터 덕망이 있으니 그를 데려오면 민심을 수습할 수 있으리라.'

그리하여 주자가 군사를 보내어 청하니 수실이 집안사람들과 작별을 고한 뒤 주자에게 와서 권유하기를

"대체로 전쟁터에서 군사들을 잘 먹이지 못하는 것은 일을 맡은 사람의 과실일 뿐, 황제가 어찌 이런 일까지 알겠소. 그러니 장군은 군사들을 잘 달래어 황제를 맞도록 하시오."

주자가 이 말에 기꺼워하지 않으므로 수실은 장리(將吏)와 함께 주자를 죽일 계획을 세웠다. 그러나 이 일을 실행에 옮기기도 전에 주자가 장수 한민(韓旻)을 보내어 군사를 거느리고 가서 황제의 수레를 맞아오라 일렀다. 이것은 실제로는 봉천(奉天)*³을 습격하자는 것이었다.

수실은 "일이 급하게 되었소" 하고는 거짓으로 요령언(姚令言)의 병부(兵符)를 만들어 한민을 중도에서 불러들이고 무리들과 일을 꾸미어 말했다.

"한민이 환군해 오는 날에는 우리들 모두 죽음을 당할 것이요. 그러니 우리는 맨손으로 주자를 잡아 죽여야 하오. 그러다가 일이 성사되지 못할 때는 죽으면 그만 아니오?"

이리하여 유해빈(劉海賓) 등으로 하여금 비밀히 동지들을 모아 죽음으로써 여기에 호응하도록 했다.

한민이 돌아오자 주자는 크게 놀라 이충신(李忠臣)·원휴(源休)와 수실 등을 불러 자기가 황제 자리에 오르는 일에 대해 의논했다. 그러자 수실이

秀實奪笏
唐

자리에서 벌떡 일어나 원휴의 손에 쥐어진 상아(象牙)로 만든 홀을 빼앗은 뒤 주자의 얼굴에 침을 뱉고 크게 꾸짖었다.

"이 미친 도둑놈아! 내가 너를 죽이지 못한 것이 한스러운데 어찌 너를 따라 반역을 하겠느냐. 이 더러운 놈아!"

말을 마치고 손에 잡았던 홀로 주자의 얼굴을 힘껏 내리치니 주자의 뺨에서 피가 주르르 흘러 얼굴을 덮었다.

이때 이충신이 급히 주자를 구하여 피해 달아나게 하자, 수실은 주자의 부하들에게 큰 소리로 외쳤다.

"나는 너희처럼 배반하지 않을 것이니 나를 죽이라."

이에 무리들이 앞다투어 그를 죽였다.

【詩】

요령언의 병부 왜 거짓으로 만들었던가,
한민이 봉천을 치지 못하게 하기 위함일세.
어려운 때 천자 위한 공 적지 않은데
꽃다운 이름 천년 동안 누가 이보다 나으리.

악한 무리들 역적 편들고 나서는데
순식간에 홀 빼앗아 자기 죽는 것도 잊었네.
수실의 몸 잡히자 역적들 달려들어 그를 죽이니
나라 위해 죽은 충성 이보다 나을 사람 없네.

【원문】

段秀實洴陽人 朱泚反 以秀實 久失兵必恨憤 且素有人望遣騎召之 秀實與子弟訣而往見 泚曰 犒賜不豐 有司之過 天子安得知之 宜以此諭將士 迎乘輿泚不悅 秀實與將吏謀誅泚未發 泚遣韓旻 將兵迎駕 實襲奉天 秀實曰 事急矣乃詐爲姚令言符 令旻且還 謂同謀曰 旻還 吾屬無類矣 我當直搏泚殺之 不克則死 使劉海賓等 陰結死士爲應 旻至泚 大驚 召李忠臣 源休 及秀實等 議稱帝 秀實勃然起 奪休象笏 前唾泚面 大罵曰 狂賊 吾恨不斬汝 豈從汝反邪 以笏擊 泚中顙 流血被面 忠臣助泚 泚得脫走 秀實謂泚黨曰 我不同汝反 何不

殺我 衆爭殺之

【詩】
姚符詐作問何緣 爲遏戾軍襲奉天
扞衞于艱功不細 芳名千載孰居先

黨惡崇姦寔有徒 勃然抽笏便忘軀
形骸縱被人爭殺 徇國忠誠竟不渝

【註】
＊1 정승·판서 등 고관 사대부가 조복(朝服)을 입을 때 띠에 끼고 다니는 것. 어명을 받았
을 때는 이것에 기록해 둠. 옥·상아·대나무 따위로 만듦.
＊2 당나라의 무장. 덕종 때 태위가 되고 뒤에 경원절도사(涇原節度使)가 됨. 요령언이 반
란을 일으켰을 때 황제가 봉천으로 피신하니, 요령언이 주자를 받들어 황제라 부르고
국호를 대진(大秦), 연호를 응원(應元)이라 함. 오래지 않아 이성(李晟)에게 패하여
도망치다가 그 부하 장수에게 죽음을 당함.
＊3 주자가 반란을 일으킨 무렵 황제가 피신해 가 있던 곳의 지역명.

석연분이 씩씩하게 죽다
演芬快死 연분쾌사

석연분(石演芬)은 당나라 때 서역(西域)*¹ 사람이다. 이회광(李懷光)을 섬겨 도장(都將)에 이르고, 더욱 신임을 얻어 그의 양아들이 되었다.

이때 이회광이 삼교(三橋)에서 역적 주자(朱泚)와 화친해 장차 함께 일을 꾸미려는 기미가 보였다. 석연분은 이 사실을 고성의(郜成義)를 시켜 황제에게 아뢰도록 했다.

연분은 고성의로 하여금 황제에게 "회광에게는 적을 깨뜨릴 마음이 없사오니, 청컨대 그를 파직하고 다스리시옵소서" 하고 아뢰도록 일렀으나 고성의란 자는 이회광의 아들 이유에게 달려가 이것을 고했다.

이회광이 석연분을 불러 꾸짖어 말했다.

"네가 내 자식으로서 우리집을 망치려 하니 어찌 이럴 수가 있느냐. 네가 나를 저버렸으니 너는 마땅히 죽어야 하리라."

석연분이 대답했다.

"천자께서는 당신을 손발과 같이 깊이 믿어왔으며, 당신도 나를 심복으로 알고 있었소. 그런데 당신이 천자를 배반하니 내 어찌 당신을 저버리지 않을 수 있겠소. 또 나는 오랑캐로서 아무런 다른 마음이 없으니 오로지 한 사람 섬기는 것밖에 알지 못하오. 나는 절대로 역적이 될 수 없는 사람이오. 나에게는 오로지 죽음이 있을 뿐이오."

이회광이 크게 화를 내며 좌우를 돌아보며 호통을 친 뒤 군사들에게 연분을 찢어서 먹게 하니 많은 병사들이 수군거렸다.

"저 사람은 열사(烈士)*²이니 용맹하게 죽게 하는 것이 옳을 것이다"

이렇게 말하고 칼로 그의 목을 쳐 죽였다.

덕종(德宗)*³이 그 소식을 듣고 죽은 석연분에게 병부상서 벼슬을 내리고, 그 집에 돈 3백만 냥을 주었다. 고성의는 잡아다가 북쪽 지방에서 목을 베어

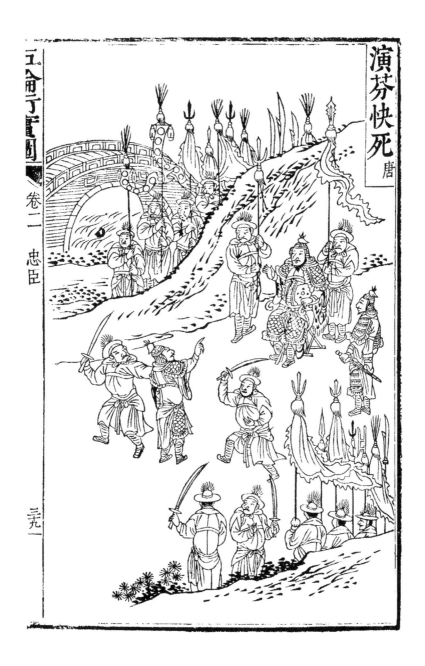

죽였다.

【詩】
회광이 일을 맡아 제 맘대로 군사 부릴 적에
역적과 내통하여 나라일 기울어졌네.
오로지 오랑캐 사람 연분만이 딴 뜻 없어
황제께 이 사실 알리려 하다 낭패당했네.

그대는 임금 저버리고 나는 그대 저버렸으니
나는 오로지 한 임금 섬겨 충성 다하는 것밖에 모르네.
목이 끊어져도 내 절개 다했거니
천년이 지나도 이 열사의 풍도 모두 흠모하리.

【원문】
石演芬本西域胡人 事李懷光 至都將 尤親信 畜爲假子 懷光軍三橋將與朱泚
連和 演芬使客部成義 到行在 言懷光無破賊意 請罷其總統 成義走告懷光子
璀 懷光召演芬 罵曰 爾爲我子 奈何欲破吾家 今日負我 宜卽死 對曰 天子以
公爲股肱 公以我爲腹心 公乃負天子 我何不負公 且我胡人 無異心 惟知事一
人 不呼我爲賊 死固吾分 懷光使士臠食之 皆曰烈士也可令快死 以刀斷其頸
德宗聞之 贈兵部尙書 賜其家錢三百萬 斬成義於朔方

【詩】
將軍摠統擅兵機 與賊連和國事非
唯有胡人無異志 冀陳行在反相違

公負君王我負公 惟知事上竭孤忠
竟遭斷頸能全節 千載爭欽烈士風

【註】
＊1 옛날 중국의 서쪽 지방, 지금의 신장웨이우얼 자치구 또는 인도 쪽 여러 나라를 가리킴.

＊2 절의를 굳게 지키는 사람.
＊3 당나라 제9대 황제.

이약수가 굽히지 않고 죽다
若水効死 약수효사

이약수(李若水)는 송나라 명주(洺州) 사람이다. 정강(靖康)*¹ 3년 휘종(徽宗)*²이 금(金)나라 진영에 이르렀다.*³ 이때 약수가 이부시랑(吏部侍郎)으로서 휘종을 모시고 갔다.

금나라 사람들이 휘종을 핍박하여 심지어 황제의 옷을 벗기고 자기들 옷을 입히려 했다. 이것을 본 약수가 휘종을 껴안고 울면서 금나라 것들은 개만도 못한 놈들이라고 꾸짖었다. 금나라 사람들이 약수를 끌어내어 마구 짓밟으니 얼굴이 까지고 기절하여 땅에 널부러졌다.

금나라 장수 점한(粘罕)이 이것을 보고 말했다.

"이시랑(李侍郎)은 훌륭한 사람이니, 죽이지 말라."

그러나 그 일이 있은 뒤로 약수가 음식을 입에 대지 않고 죽으려 하자 주변 사람들이 권하여 말했다.

"오늘만 순종하면 내일부터 부귀를 누리게 될 것이오."

약수가 탄식했다.

"하늘에는 두 해가 없는데 이 약수에게 어찌 두 임금이 있겠는가?"

그의 종까지도 약수를 위로했다.

"공(公)의 부모님은 연세가 많으십니다. 그러니 잠시 저들에게 몸을 굽히면 돌아가 부모님을 뵐 수 있을 것입니다."

약수가 이 말을 듣고 종을 크게 꾸짖었다.

"충신은 임금을 섬기는 데 죽어도 두 마음을 먹지 않는 것이니, 나는 다시 집을 돌아보지 못할 것이다. 하지만 우리 부모님이 늙으셨으니 너는 돌아가 내 죽음을 부모님께 급히 말씀드리지 말고 내 형님과 아우들로 하여금 조용히 사뢰도록 하라."

열흘쯤 지나자 점한이 약수를 불러 앞으로의 일을 의논하고자 했다. 약

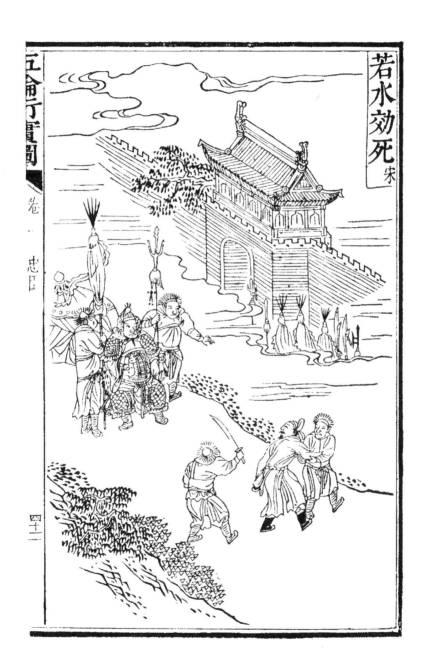

수는 금나라의 잘못을 하나하나 들춰내며 꾸짖었다. 점한은 약수를 밖으로 끌어내도록 했다. 그러나 약수는 끌려 나가면서도 점한을 돌아보며 꾸짖기를 그치지 않았다. 호위군사가 약수의 입을 찢고 입술을 짓이기니 그는 피를 뿜으면서 더욱더 크게 꾸짖었다. 감군이 칼을 빼어 약수의 목을 베고 혀를 잘라 죽였다. 약수는 죽음에 임하여 노래 하나를 지어 불렀다.

머리를 들어 하늘께 물음이여, 하늘은 끝끝내 답하지 아니하시는구나.
충신이 죽음을 당하나 이 죽음 조금도 아깝지 않네.

【詩】
오랑캐가 황제 핍박해서 옷까지 바꾸어 입힐 적에
약수 울며불며 혼자 황제의 몸 얼싸안네.
머리 들어 하늘에 물어도 아무 대답 없으니
죽기 임해 부른 노래 애닯기도 하여라.

부모 이미 늙었으니 돌아가 보살피지 않을 수 없는데
잠시 몸을 굽히는 것 무엇이 해로우랴 권하네.
비록 오늘 그들을 좇아 내일에 부귀를 얻는대도
이 높은 절개 누가 들어 옮길 수 있으리.

【원문】
李若水洺州人 靖康三年 徽宗至金營 以吏部侍郎扈從 金人逼帝易服 若水抱持而哭 詆金人爲狗 金人曳出 擊之敗面 氣結仆地 粘罕曰 必使李侍郎無恙 若水絶不食 或勉之曰 今日順從 明日富貴矣 若水嘆曰 天無二日 若水寧有二主哉 其僕亦慰解曰 公父母春秋高 若少屈 冀得一歸覲 若水叱曰 忠臣事君 有死無二 吾不復顧家矣 然吾親老 汝歸勿遽言 令兄弟徐言之可也 後旬日 粘罕召計事 若水因歷數而罵之 粘罕令擁之去 若水反顧 罵益甚 監軍者撾破其脣 噴血 罵愈切至 以刃裂頸斷舌而死 臨死歌曰 矯首問天兮 天卒不言 忠臣效死兮 死亦何怨

【詩】

胡兵逼帝易黃衣 吏部哀號獨抱持
矯首問天天不語 臨終一曲最堪悲

雙親已老勢阽危 何不將身少屈爲
縱使順從明日貴 歲寒高節孰能移

【註】

＊1 북송 제9대 황제 흠종 때의 연호로 1126~1127년 4월까지 사용함.

＊2 북송 제8대 황제. 재위 1100~25년. 도교를 숭배해 스스로 교주 도군(道君) 황제라 불
    렀으나 정치를 돌보지 않아 반란이 일어남. 1125년 금나라가 침입하자 흠종에게 양위
    하고 근왕(勤王)의 군사를 모집했으나 실패하여 북송은 멸망함.

＊3 정강 시절(1126~27)에 휘종과 흠종 등이 금나라에 포로로 잡혀간 정강의 변란을 이
    름. 이 변란의 결과로 송(북송)나라가 망했으며, 양자강(揚子江) 남쪽으로 피란을 떠
    난 흠종의 아우 고종이 임안(臨安)에서 즉위하면서 남송으로 재건됨.

유합이 목숨을 버리다
劉韐捐生 유합연생

유합(劉韐)은 송나라 숭안(崇安) 사람이다. 유합이 금나라에 사신으로 갔는데, 금나라에서 어느 절간을 숙소로 정해 머무르게 했다.

그 나라 복야(僕射)*¹ 한정(韓正)이 유합에게 말했다.

"우리나라 정승이 당신의 인격을 알고 당신에게 벼슬을 시키고자 하오."

유합이 대답했다.

"내가 어찌 잘살기를 꾀하여 두 임금을 섬길 수가 있겠는가. 그런 일은 죽어도 못하겠소."

한정이 다시 말했다.

"군중(軍中)에서는 다른 사람을 세우기로 의논이 되어 당신을 대리로 삼으려 하오. 그러니 가족을 데리고 이리로 오도록 하시오. 그대로 앉아서 죽느니 이쪽으로 와서 부귀를 누리는 것이 좋지 않소?"

그러나 유합은 하늘을 우러러 크게 부르짖었다.

"이럴 수가 있단 말이냐, 이런 법도 있단 말이냐?"

말을 마치자 유합은 원통한 마음으로 편지를 쓰기 시작했다.

"금나라 사람들은 나더러 죄가 있다고 하지 않고 도리어 나를 쓰려고 하는구나. 열녀는 두 지아비를 섬기지 않고 충신은 두 임금을 섬기지 않는데, 하물며 임금이 욕을 당하면 신하는 죽어야 옳은 것이다. 그러므로 나는 반드시 여기에서 죽고 돌아가지 않을 것이다."

유합은 붓을 내려놓고 사람을 시켜 이 편지를 자기 아들 자우에게 전하라 했다. 그는 그길로 깨끗이 목욕한 뒤 새 옷으로 갈아입었다. 그리고 술을 따라 마시고는 스스로 목을 매어 죽었다.

금나라 사람들도 그의 충성에 자못 탄복하여 그가 머무르던 절의 서쪽 언덕에 시신을 묻어주고, 창과 벽에 두루 글을 써서 유합의 시신이 묻혀 있다

는 것을 기록해 두었다.

그런 지 80일이 지나서 시신을 다시 내어 염습(殮襲)*²을 하는데 유합의 얼굴이 살아 있을 때와 똑같았다.

【詩】

유합이 사신되어 오랑캐 땅 갔다가
그곳에서 목숨 끊은 지 이미 80일이 되었네.
낯빛 그대로 변치 않은 것 까닭이 있으니
그 아름다운 충성 하늘을 감동시켰음일세.

목숨 버려 순국한 것 붉은 마음이어니
어찌 살기 꾀해 금나라를 섬기리.
적들도 그 충성 탄복하여 정성껏 묻어주니
도의 없는 오랑캐도 사람 마음 가졌음일세.

【원문】

劉韐崇安人 使金營 金人館之僧舍 其僕射韓正謂之曰 國相知君 今用君矣 韐
曰 儞生以事二姓 有死不爲也 正曰 軍中議立異姓 欲以君爲正代 得以家屬行
與其徒死 不若北去取富貴 韐仰天大呼曰 有是乎 歸書片紙曰 金人不以予爲
有罪 而以予爲可用 夫貞女不事二夫 忠臣不事二君 況主辱臣死 此予所以必
死也 使親信持歸 報其子子羽等 卽沐浴更衣 酌卮酒而縊金人歎其忠 瘞之寺
西岡上 遍題窓壁 以識其處 凡八十日乃就斂 顔色如生

【詩】

劉公奉使沒胡塵 就彼浮丘已八旬
顔色如生良有以 須知忠義格蒼旻

捐軀殉國是丹忱 豈肯儞生事彼金
賊歎忠誠埋瘞謹 固知狂虜亦人心

＊1 본디 무기를 맡아보던 관리였으나 당나라 때는 상서성(尙書省) 장관을 일컬었고, 송나라 때는 재상의 이름이었음.

＊2 죽은 사람의 몸을 씻긴 다음에 옷을 갈아입히는 일.

부찰이 꼿꼿이 서서 절하지 않다
傅察植立 부찰치립

부찰(傅察)은 송나라 맹주(孟州) 사람이다. 선화(宣和) 7년 금나라에 하정사(賀正使)*¹를 모시고 갔다. 이때 금나라가 송나라와의 약속을 어겼다. 부찰이 연산(燕山) 땅에 이르러 들으니, 금나라 장수 알리불(斡离不)*²이 벌써 송나라로 쳐들어갔다는 것이다. 이 소식을 듣고 부찰을 따라가던 사람들은 지금 몹시 위험하니 돌아가는 게 좋겠다고 권했다. 그러나 부찰이 말했다.

"내가 임금 명을 받고 나왔는데, 전해 들은 말만 믿고 송나라로 돌아간다면 이것은 임금 명을 어기는 것이니 나는 그럴 수 없다."

예상대로 부찰 일행은 많은 군사를 거느린 알리불과 마주쳤다. 알리불이 부찰을 보자 말했다.

"너희 나라가 약속을 어겨 나는 지금 군사를 일으켜 남쪽으로 가는 길이다. 이제부터 너희와는 아무런 약속도 하지 않을 것이다."

부찰이 말했다.

"두 나라가 화친하여 이렇게 사신까지 오고 가는데 어찌 약속을 어겼다고 하는가. 약속을 어긴 것은 우리가 아니고 바로 너희인데, 지금 군사를 몰고 가는 것은 대체 무슨 뜻인가."

부찰의 말에 알리불은 좌우 부하들에게 명하여 부찰이 자신에게 절을 하도록 했다. 앞에는 칼과 창이 숲처럼 벌여 서 있었다.

"죽이면 죽을 따름이지 남의 신하된 자로서 어찌 적장인 너에게 절을 한단 말이냐?"

부찰은 이렇게 말했다.

이때 알리불의 좌우 부하들이 부찰을 잡아 머리를 바닥으로 찍어 누르면서 억지로 땅에 엎드리게 했다. 하지만 부찰은 나무를 꽂은 듯이 그대로 서

서 움직이지 않았다. 도리어 의관을 반듯하게 가다듬고 끝내 굽히지 않았다.

알리불이 화가 나서 말했다.

"네가 정녕 나에게 절을 하지 않을 작정이냐."

그러고는 부하들을 시켜 그를 잡아가게 했다. 부찰은 이제 화를 면치 못할 것임을 알았으므로 그를 따르는 사람들을 돌아보며 말했다.

"나는 반드시 죽을 것이다. 하지만 내 늙으신 아버지 어머니께서 나를 사랑하시던 그 마음을 생각할 때, 내가 죽었다는 소식을 들으시면 반드시 사무치게 슬퍼하실 것이다. 그러니 너희들이 운 좋게 이 자리를 빠져나가거든, 내 말을 기록했다가 우리 부모님에게 내가 나라를 위해 죽었으니 너무 애태우지 마시라고 위로해 드리기 바란다."

옆에서 이 말을 듣고 있던 사람들은 모두 눈물을 흘렸다. 부찰은 연산에 이르러 마침내 적들에게 죽음을 당했다.

【詩】

부찰이 임금의 명으로 연산에 이르자
적들이 침입해 온단 말 듣고도 돌아가려 하지 않네.
칼날이 숲 같아도 끝내 굽히지 않으니
생명을 가벼이 알고 죽음으로 나아가도 마음 편안했네.

오랑캐들 억지로 절 시키려 수없이 덤비건만
절개 지키는 그 높은 풍도 꺾을 수 없었네.
죽음 임해 부모 걱정하니 그 한(恨) 하염없어
충·효 모두 온전하기 예부터 어려웠네.

【원문】

傅察孟州人 宣和七年爲接伴金國賀正使 時金人已渝盟 察至燕山 聞斡离不入寇 或勸其毋遂行 察曰 銜命以出 聞難而止 若君命何 遂行 遇斡离不領兵至曰 汝國失信 吾興師南向海上之盟 不可恃也 察曰 兩國講好 信使往來 項背相望 何謂失信 太子干盟而動 意何爲乎 虜左右促使拜 白刃如林 察曰死則死耳 豈有俱人臣而輒拜者 或抑捽使伏地 察愈植立衣冠顚頓 終不屈 斡离不怒

日 爾不拜我邪 麾令去 察知不免 謂其下曰 我死必矣 我父母老 素鍾念我 聞
之必大戚 若等得脫 幸記我言 以告吾親 知我死國 少解其無窮之悲也 衆皆泣
旣次燕山 遂遇害

【詩】
傅公銜命至燕山 聞敵渝盟莫肯還
白刃如林終不屈 輕生就死自安閑

虜令屈拜立如山 抗節孤高不可攀
臨死解親無限恨 兩全忠孝古來難

【註】
＊1 새해를 축하하러 가는 사신.
＊2 금나라 태조의 둘째아들 알로보(斡魯補). 중국 이름은 완안종망(完顏宗望). 도교와 불
   교를 좋아하여 보살태자(菩薩太子)라는 별명이 붙음.

양방예가 옷깃에 혈서를 쓰다
邦乂書襟 방예서금

　양방예(楊邦乂)는 송나라 길수(吉水) 사람이다. 건염(建炎)*¹ 3년, 두충(杜充)*²이 군사를 거느리고 건강(建康)에 머무르고 있을 때 금나라가 쳐들어오자 변변히 싸워보지도 못하고 항복했다. 금나라 군사가 강을 건너 도성(都城) 가까이까지 몰려오자 동향사(董餉使) 이열(李梲)과 건강지부(建康知府) 진방광(陳邦光) 등도 모두 나가 적에게 항복했다.

　금나라 장수 완안종필(完顏宗弼)이 성 안으로 들어오니 이열과 진방광이 그들의 관속(官屬)을 이끌고 금나라 장수를 맞아 넙죽 절을 했다.

　이때 통판(通判) 벼슬에 있는 양방예만이 홀로 항복하지 않고 손가락을 깨물어 피를 낸 뒤 자기 옷깃에 크게 글을 써 말했다.

　"내 죽어 차라리 송나라 귀신이 될지언정 딴 나라 신하는 되지 않겠다."

　이것을 보고 금나라 장수 종필이 그를 굴복시킬 수 없음을 알고 이튿날 사람을 보내 달래보았다.

　"항복하면 예전의 벼슬을 돌려줄 것이다."

　그러자 방예가 머리를 주춧돌에 부딪쳐 피를 흘리며 말했다.

　"세상에 어찌 그럴 수가 있느냐. 죽음도 두려워하지 않는 사람을 너는 어떻게 이(利)로써 움직이려 하느냐. 빨리 나를 죽여라."

　완안종필은 이열과 진방광과 더불어 큰 마루 위에 잔치를 차려 술을 마시면서 방예를 뜰 아래 세워 놓았다. 그러나 방예가 뜰 아래 서서 이열과 진방광을 크게 꾸짖었다.

　"이놈들아! 천자께서는 너희들에게 성을 지키라 하셨는데, 적병이 이르자 싸우지도 않고 성을 내주고는 이제 도리어 적들과 함께 잔치를 하고 즐기느냐. 그러고서도 무슨 면목으로 나를 보느냐."

　완안종필의 옆에 있던 유단련(劉團練)이란 자가 종이쪽지에 사(死)·활

(活) 두 글자를 써 가지고 방예에게 보이면서 말했다.

"죽기를 원하거든 죽을 사(死)자에 점을 찍어라."

방예는 서슴지 않고 붓을 들어 죽을 사(死)자에 점을 찍었다. 이것을 본 금나라 사람들은 모두 서로 돌아보면서 탄식했다.

이튿날 종필이 다시 방예를 끌어들였다. 그러나 방예는 종필을 보자 분함을 참지 못해 큰 소리로 꾸짖었다.

"만약 너희 여진(女眞)*3이 우리 중국을 침입한다면 하늘이 어찌 너희를 그대로 내버려 두겠느냐. 반드시 네 몸뚱이를 일만 조각을 내어 죽일 것이다. 어찌 네가 내 몸을 더럽히려 하느냐."

종필은 더 이상 참을 수가 없었다. 그는 노여움에 못 이겨 방예를 끌어다가 죽였다.

【詩】

금나라 군사 크게 몰려와 건강(健康) 위태로울 때
두충은 도망가고 진방광은 항복하여 지탱할 길 없네.
오직 양공(楊公)만이 있어 끝내 굽히지 않으니
그 뛰어나고 장한 절개 과연 남아일세.

피 뿌려 옷깃에 쓴 글 이미 그 뜻 굳었거니
차라리 송나라 귀신 될지언정 딴 나라 섬기지 않으리.
장하도다 한 번 죽어 충절 다하니
자랑스런 그 이름 억만 년을 전해 오네.

【원문】

楊邦乂吉水人 建炎三年 杜充駐箚建康 金人大至 充率麾下降 金人濟江逼城 董餉使李梲知府陳邦光皆出降 金帥完顔宗弼旣入城 梲邦光率官屬迎拜 邦乂時爲通判獨不屈 以血大書衣裾曰 寧作趙氏鬼不爲他邦臣 宗弼不能屈 翼日遣人說邦乂許以舊官 邦乂以首觸柱礎流血曰 世豈有不畏死而可以利動者 速殺我 宗弼與梲邦光宴堂上 立邦乂于庭 邦乂叱梲邦光曰 天子以若扞城 賊至不

能抗更與共宴樂 尙有面目見我乎 有劉團練者以幅紙書死活二字示邦乂曰 欲
死趣書死字 邦乂奮筆書死字 金人相顧動色已而 宗弼再引邦乂 邦乂不勝憤大
罵曰 若女眞圖中原 天寧久假汝 行磔汝萬段 安得汙我 宗弼大怒殺之

【詩】
金兵大至建康危 杜遁陳降勢不支
惟有楊公終不屈 巍然壯節是男兒

刺血書襟意自眞 寧爲趙鬼不他臣
可憐一死全忠節 藉藉聲傳億萬春

【註】
＊1 남송의 제1대 황제 고종 때 연호.
＊2 송나라 상(相) 땅 사람. 성품이 잔인하여 살육을 즐김. 건염(建炎) 시절에 상서우복야
(尙書右僕射)·동평장사(同平章事)로서 금나라에 항복함.
＊3 금나라를 말함.

악비가 등에 글자를 새기다
岳飛涅背 악비열배

악비(岳飛)는 송나라 상주(相州) 사람이다. 타고난 성품이 충성스럽고 효성이 지극했는데, 처음 오랑캐의 난리를 만나 고종 황제를 모시고 황하강(黃河江)을 건너 남쪽으로 피란할 때 아내를 집에 머무르게 해 늙은 어머니를 봉양토록 했다.

그러나 황하강 북쪽 땅이 함락되었다는 소식을 듣고 사람을 보내어 어머니를 찾아 모셔오게 했는데, 자그마치 열여덟 번 오고 간 끝에 겨우 어머니를 모시고 올 수 있었다. 하지만 이때 어머니는 이미 고령(高齡)이었다. 얼마 살지 못하고 세상을 떠나자, 장례를 마친 다음 무덤 옆에 여막을 짓고 살았다.

황제가 편지를 내려 서너 차례 사람을 보내어 부르시니, 악비가 이로부터 강개(慷慨)[1]한 뜻을 가져 마음먹었다.

"내 반드시 중국 땅을 도로 찾고 나라 원수를 갚고야 말 것이다."

전쟁을 하다가 혹시 형세가 위태로운 때를 당하면 군사들을 모아 놓고 눈물을 흘리면서 맹세하곤 했다. 임금이 계신 곳을 들으면 그쪽을 등지고 앉는 법이 없었다. 이런 마음을 가지고 싸움에 임했으므로 그는 크고 작은 싸움을 백여 번 치르면서도 한 번도 진 일이 없었다. 고종은 깃발에 정충(精忠)이라는 두 글자를 써서 내려보내 그의 충성을 표창했다.

이때 정승 진회(秦檜)[2]가 금나라와 화친을 추진하니 올출(兀朮)[3]이 비밀리에 진회에게 편지를 보내 반드시 악비를 죽이지 않으면 화의는 이루어지지 않으리라고 했다.

이리하여 진회는 드디어 악비를 죽이기로 마음먹고 만사설(萬俟卨)과 하주(何鑄) 등을 시켜서 조정에 글을 올려 악비의 잘못을 꾸며 고발하여 악비가 산양에 가 있을 때 그곳을 지키지 않고 버리고 갔으니 그 일은 아들 운(雲)

과 함께 장헌(張憲)에게 보낸 편지로 증명된다고 주장했다.

이리하여 마침내 악비와 그 아들 운이 잡혀 왔다. 악비가 입었던 저고리를 찢고 등을 내밀어 보이니 '충성을 다하여 나라에 보답한다(盡忠報國)'는 글자가 먹물로 새겨져 있었다. 그리고 크게 웃고는 "내 마음은 땅이 알고도 남으리라" 탄식했다.

악비의 옥사(獄事)는 오랫동안 결정나지 않았다. 이에 진회는 거짓으로 꾸민 조서를 옥리(獄吏)에게 보내어 악비를 죽이게 했다.

이때 홍호(洪晧)*⁴가 금나라에 머물러 있었는데 비밀리에 편지를 써서 본국에 보고했다.

"금나라 사람들이 두려워하던 것은 오로지 악비뿐이었습니다. 그들은 악비를 가리켜 아버지라 부르기도 하고, 할아버지라고 부르기도 했습니다. 금나라 추장들은 그의 죽음을 듣고 나서 술자리를 차려 놓고 서로 치하하기까지 했습니다."

【詩】

간사한 무리 나라 망치고 적과 화친하려 할 제
잃어버린 나라 되찾고야 말겠다는 사람 그 몇 명이던가.
의리 들어 원수 갚는 일 자기 책임으로 여기니
악비의 충효는 천성에서 나왔네.

충성 다해 나라에 보답하는 것 참정성이니
먹으로 등에 새긴 글자마다 또렷해.
군사를 기르고 사랑하여 기율을 세웠으니
고금에 그 누구 악비와 견주리.

【원문】

岳飛相州人 忠孝出於天性 初從駕渡河 留妻養母 河北陷沒 飛遣人求訪凡十
八往返 乃獲迎母 母喪既葬廬於墓側 御札數四强之而後起 飛立志慷慨以必取
中原滅讎虜爲己任 臨危誓衆或至流涕 聞車駕所在未嘗背之而坐 自結髮從戎
大小百餘戰 未嘗敗北 高宗賜精忠旗以嘉之 秦檜之議和也 兀朮遺之書 以爲

不殺飛 和議必不就 檜遂決計殺飛 使万俟卨何鑄等交章論劾誣飛 逗遛棄山陽
不守以飛父子 與張憲書證其事 遂捕飛及其子雲對簿 飛爲裂裳示以背涅盡忠
報國四字 因笑曰皇天后土可表此心 獄久不決 檜手書小紙 付獄尋報飛死 時
洪皓在金 蠟書馳奏 金人所畏服惟飛 至以父呼之 或呼爺爺 諸酋聞其死 爲酌
酒相賀云

【詩】

奸兇誤國欲和親 誓取中原有幾人
舉義復讎爲己任 岳王忠孝出天眞

盡忠報國出丹誠 涅背還應字字明
愛養軍兵嚴紀律 古今誰得更齊名

【註】

＊1 의분이 북받쳐 슬퍼하고 한탄함.

＊2 남송 때 정치가. 고종 때 정승이 된 뒤 금나라의 위력을 두려워하여 화친을 주장했고,
악비 등 전행하기를 주장하는 자들을 죽였음.

＊3 금나라 태조의 넷째아들. 본명 알철(斡啜). 담력과 지모가 있었으며 활을 잘 쏘았음.

＊4 송나라 때 금나라에 사신으로 가서 15년 동안이나 돌아오지 못하고 있었는데, 진회에
게 미움을 받아 지원주(知袁州)가 부임해 가는 도중에 죽음.

윤곡이 연못에 빠져 죽다
尹穀赴池 윤곡부지

윤곡(尹穀)은 송나라 담주(潭州) 사람이다. 덕우(德祐)[*1] 2년 지형주(知衡州) 원이 되었으나 미처 부임하지 못하고 집에 머무르고 있었는데, 원(元)나라 군사가 쳐들어와 담주성(潭州城)을 에워쌌다.

윤곡이 성을 지키지 못할 것을 알고 두 아들의 관례(冠禮)[*2]를 미리 행하니 사람들이 말했다.

"지금이 어느 때라고 이런 어리석은 일을 행하오?"

윤곡이 말했다.

"그대 말과 같이 지금은 사태가 급하게 되었소. 그래서 나는 두 아들에게 관대(冠帶)[*3]를 갖추어 주어 지하에 가서 조상들을 뵙도록 하려는 거요."

두 아들의 관례를 마치자 윤곡은 새 의관을 갖추고는 대궐을 향해서 두 번 절하고 아우 악수(岳秀)에게 말했다.

"너는 빨리 달아나거라. 그리하여 윤씨의 후손이 끊어지지 않게 하거라. 나는 나라의 두터운 은혜를 입었으니 마땅히 의리에 죽으리라."

그러자 악수가 말했다.

"형님이 돌아가시면 저는 어디로 가겠습니까? 저도 형님을 따라 죽게 해 주십시오."

성이 함락되자 스스로 집에 불을 지르고 온 식구가 연못에 빠져 죽었다.

【詩】
원나라 군사 남쪽으로 밀려와 형세 험악하니
송나라 힘이 다하여 적의 칼날 벗어날 수 없네.
자식 위해 일부러 관례 행하니
평생의 그 의기 정말 장했네.

머리 돌리어 북쪽으로 임금 계신 데 절하고
평생 받은 임금의 은혜 감사드리네.
형제 서로 다투며 물에 빠져 죽으니
한 집안 충의(忠義)가 천지를 움직였네.

【원문】

尹穀潭州人 德祐己亥差知衡州 待次家居 潭被元兵 城將陷知事不可爲 乃爲
二子行冠禮 人曰 今何時行此迂闊事 穀曰 正欲令兒曹 冠帶見先人於地下耳
旣畢禮 具衣冠望闕再拜 謂其弟岳秀曰 可急去 不可使尹氏無後 吾受國厚恩
義當死 岳秀曰 兄旣死 弟將安往 願俱死 城陷 自火其廬 擧家赴池死

【詩】

元兵南下肆頑兇 力竭無由脫賊鋒
爲子猶能行冠禮 平生義氣自從容

回頭北望拜君門 自叙平生受厚恩
兄弟爭相投水死 一家忠義動乾坤

【註】

*1 송나라 황제 공제 때 연호.
*2 남자가 성년에 이르면 어른이 된다는 의미로 상투를 틀고 갓을 쓰게 하던 의례.
*3 관과 띠. 성인으로서 예의를 갖추는 모습을 말한 것.

문천상이 굴복하지 않다
天祥不屈 천상불굴

　문천상(文天祥)은 송나라 길수(吉水) 사람이다. 덕우(德祐) 초년에 원(元)나라의 많은 군사들이 세 길로 쳐들어오니 황제가 전국에 조서를 내려 근왕병(勤王兵)*¹을 모집했다.

　문천상이 이 조서를 받들고 눈물을 뿌리며 고을의 씩씩한 젊은이들을 모으니 비록 오합의 무리*²이기는 했지만 그 수가 만 명이나 되었다. 이 의병(義兵)을 몰고 나서자 사람들이 비아냥거렸다.

　"이 무리들로 원나라 군사를 대적하겠다니 양 떼를 몰아 호랑이를 잡겠다는 것과 무엇이 다른가?"

　문천상이 말했다.

　"나도 이 의병들을 데리고 적 대군을 상대하지 못할 줄은 아오. 나라에서 백성을 300년 동안이나 길러 왔지만, 갑자기 급한 일이 생겼는데도 한 사람도 나라를 지키려는 사람이 없구려. 나는 이것이 무엇보다도 한스러워 스스로 힘을 헤아리기 앞서 나라에 몸 바쳐 보답하려는 것이오."

　의병은 오파령(五坡嶺)에서 무너져 흩어졌고 적에게 사로잡힌 문천상은 독약을 삼켰으나 죽지 않았다.

　문천상은 애산(崖山)으로 끌려갔는데, 원나라 장수 장홍범(張弘範)이 문천상에게 글을 써서 장세걸(張世傑)을 불러 이리로 오도록 하라고 일렀다.

　그러나 문천상이 말했다.

　"내 임금을 지키지 못한 것도 큰 죄악인데 어찌 남에게 임금을 배반하도록 권한단 말이냐."

　장홍범이 다시 그를 달랬다.

　"나라가 이미 망하고 없는데 충성을 위해 네 몸 바친들 후세에 누가 알아주겠느냐."

문천상이 말했다.

"그런 것이 아니다. 옛날 은나라가 망한 것을 알고도 백이(伯夷) 숙제(叔齊)*3는 주나라 곡식을 먹지 않았다. 남의 신하가 되어서도 스스로 그 마음만 다하면 그만이지, 어찌 후세에 알아줄 것을 논하리요."

장홍범은 더 이상 할 말이 없었다. 문천상을 연(燕) 땅으로 보내어 가두어 두었으나 여드레 동안 음식을 먹지 않았는데도 죽지 않았다.

이것을 보고 원나라 승상 발라(孛羅)가 문천상에게 물었다.

"너는 나라가 망하게 되었는데 두 임금을 세워 무슨 일을 하자는 것이냐?"

천상이 대답했다.

"임금을 세워서 하루라도 종묘를 더 보존하는 것이 신하된 사람으로서 하루의 책임을 다하는 것이다. 또 신하가 임금을 섬기는 것은 자식이 부모를 섬기는 것과 같아 부모가 병이 있어 죽게 되었다 하더라도 자식된 자로서 어찌 약을 쓰지 않을 수 있단 말인가. 나에게는 죽음이 있을 따름이니 무슨 긴 말이 필요하겠는가."

천상이 한 달이 넘도록 옥에 갇혀 있는데, 원나라 임금이 천상을 불러 물었다.

"지금 네 소원은 무엇이냐?"

천상이 말했다.

"내가 송나라의 크나큰 은혜를 입어 벼슬이 재상에 올랐으니 어찌 두 임금을 섬길 이치가 있겠소. 오로지 죽음만이 있을 뿐이니 어서 죽여주시오."

지원(至元)*4 19년에 이르러 마침내 죽음을 당하니, 형을 집행할 때 천상은 낯빛을 변하지 않고 관리에게 조용히 말했다.

"나는 이제 해야 할 일을 마쳤다. 어서 나를 죽여다오."

그러고는 남쪽 송나라 땅을 향해 두 번 절하고 조용히 숨을 거두었다. 그러고서 며칠 만에 그의 아내 구양씨(歐陽氏)가 시신을 거두었는데, 얼굴은 살아 있을 때와 같았고, 옷을 살펴보니 품속에 들어 있는 종이 한쪽에 글 한 구절이 적혀 있었다.

"공자는 내 몸을 죽여 어진 것을 이룬다 했고, 맹자는 내 생명을 버려 의리를 취한다고 했다. 그러니 오로지 그 의리를 다하고, 어진 것을 이룰 뿐이다. 옛 성현의 글을 읽을 때 거기서 배운 것이 무엇인가. 지금에나 앞날에나 부끄러움 없도다."

【詩】
나라 망하고 집 없어졌는데 여기 충신이 있어
독약 먹고 조용히 그 몸 죽으려 했네.
의리는 중히 여기고 삶은 가벼이 여겨 끝내 굽히지 않으니
그 높은 이름 천년을 홀로 빛났네.

옥에 갇혀 고생한 지 한 달이 넘어도
한 몸의 충절(忠節) 조금도 변치 않네.
옷 속에 써둔 글 그 사연 간절하니
한평생 성현의 글 배운 것 부끄럽지 않네.

【원문】
文天祥吉水人 德祐初元兵三道大入 詔天下勤王 天祥捧詔泣爲發 郡中豪傑以烏合萬人赴義 或謂曰子是行何異驅羊而搏虎 天祥曰吾亦知其 然也第國家養士三百年 一朝有急無一人入關者 吾深恨此 故不自量力而以身殉之 五坡嶺之潰 天祥旣被執 呑腦子不死 至崖山 元帥張弘範 令以書招張世傑 天祥曰 我不能扞父母 乃敎人叛父母乎 弘範曰 國亡矣 殺身爲忠 誰復書之 天祥曰 商非不亡 夷齊不食周粟 人臣各盡其心 何論書不 弘範改容 送燕 不食八日不死 丞相孛羅問曰 汝立二王 做得甚事 天祥曰 立君以存宗廟 存一日則盡臣子一日之責 人臣事君 如子事父母 父母有疾 雖甚不可爲 豈有不下藥之理 有死而已 何必多言 繫獄月餘 元主爲召入 問曰汝何願 天祥曰某受宋恩爲宰相 無事二姓理 願賜一死足矣 至元壬午賜死 臨刑殊從容謂吏卒曰 吾今日事已畢 南向 再拜乃就死 數日其妻歐陽氏收其屍 面如生檢 衣帶中有贊曰 孔曰成仁 孟曰取義 惟其義盡 所以仁至 讀聖賢書 所學何事 而今而後 庶幾無愧

【詩】
國亡家破見忠臣 仰藥從容欲殺身

重義輕生終不屈 高名千載獨離倫

繫獄艱辛至月餘 一身忠節不渝初
衣中有贊辭深切 無愧平生所學書

【註】
＊1 임금이나 왕실을 위해 충성을 다하는 군사.
＊2 갑자기 모인, 훈련을 받지 않은 병정. 까마귀 떼와 같이 질서 없이 모인 군대.
＊3 은나라 사람으로 형제 사이. 주나라 무왕이 은나라를 치려는 것을 말렸으나 듣지 않았
　　기 때문에 이들 형제는 무왕의 곡식을 먹는 일을 부끄럽게 여겨 수양산에 들어가 고사
　　리를 캐어 먹으며 숨어 살다가 굶어 죽었다 함.
＊4 원나라 순제 황제 때 연호.

사방득이 먹지 않고 굶어 죽다

枋得不食 방득불식

사방득(謝枋得)은 송나라 신주(信州) 사람이다. 원나라 군사가 요주(饒州)를 공격해 오자 사방득은 안인(安仁)에서 적을 맞아 싸웠으나 패하여, 이름을 바꾸고 당석산(唐石山)으로 들어갔다.

다시 다판우(茶坂寓)로 옮겨 이리저리 떠돌아다니는데, 베옷 입고 짚신을 신고는 날마다 동쪽을 바라보고 우니 사람들은 병들어 미친 줄 오해했다.

이때 원나라 군사가 신주까지 진격해 와서 그들은 사방득을 찾으려고 거리마다 방(榜)을 붙이고 방득의 아내 이씨(李氏)를 양주(揚州)에 가두었다. 방득은 이때 창산사(蒼山寺)에 들어가 있었는데, 창산사는 매우 깊은 산골에 있었다. 마침 대사면이 내려 방득이 나와 보니 그의 아내는 이미 죽고 없었다. 하는 수 없이 그는 건양(建陽) 역다리 부근에 임시로 묶고 있었다.

그 무렵 복건성(福建省)의 참정 위천우(魏天祐)가 그를 다시 잡아서는 북쪽으로 가자고 핍박했다. 그러나 방득은 스스로 죽기로 마음먹고 듣지 않았다.

위천우가 그를 앉혀 놓고 말했으나 방득은 대답도 하지 않았다. 위천우가 교만하게 말했다.

"봉강지신(封疆之臣)으로서 봉해진 땅인 안인에서 패했을 때 마땅히 죽었어야 할 것인데*1 어찌 죽지 않았는가?"

방득이 말했다. "정영(程嬰)과 공손저구(公孫杵臼) 가운데 한 사람은 먼저 죽고 한 사람은 나중에 죽었으며, 또 왕망(王莽)이 한나라를 찬탈하고 14년 동안 임금으로 있을 때 공승(龔勝)은 이내 죽었다. 이것으로 보면 죽음은 태산처럼 무거울 수도 있지만 터럭처럼 가벼울 수도 있으니, 사람의 일이란 죽어서 관 뚜껑을 덮은 뒤에라야 정해지는 것인데, 참정(叅政)이 어찌 내 마음을 알리오."

이로부터 방득은 20여 일 동안 음식을 먹지 않았으나 죽지 않았다. 방득은 다시 연경(燕京)*²으로 잡혀갔다. 그는 사태후(謝太后)의 빈소(殯所)와 공제(恭帝)가 잡혀가 계신 곳을 묻고 그곳을 향하여 두 번 절하고 땅에 엎드려 통곡했다.

원나라에서는 그를 다시 민충사(愍忠寺)로 옮겨 머물게 했는데, 그는 바람벽 사이에서 효녀 조아(曹娥)*³의 비문(碑文)을 보고 울며 말했다.

"나이 어린 소녀도 저러하거늘 나는 저 소녀만도 못하구나."

이때 유몽염(留夢炎)*⁴이 사람을 시켜 미음에 약을 타서 갖다가 먹기를 권하자, 방득은 펄쩍 뛰며 노하여 말했다.

"나는 죽기를 원하는데 너는 오히려 살기를 바라느냐."

방득은 미음 그릇을 땅에 던져버리고 끝내 굶어 죽었다.

【詩】

적을 꺾으려던 처음 뜻 이루지 못하자
산 속에 숨어 이름마저 바꾸었네.
몇 달 동안 나물 먹고 절개 지키니
그 높은 의기 천년이라도 길이 전하네.

원나라 군사 크고 커서 당해 낼 수 없으니
싸움에 패해 떠돌다가 건양 땅에 머물렀네.
두 임금 섬김 부끄럽고 내 한 목숨 가볍거니
그 이름 죽백(竹帛)*⁵에 남아 다시 빛나네.

【원문】

謝枋得信州人 北軍攻饒州 拒戰于安仁敗績 變姓名入唐石山 轉茶坂寓逆旅中 日麻衣躡屨東向而哭 人不識之以爲病狂也 元軍至信州 鏤榜跟捕 執妻李氏拘 揚州 枋得入蒼山寺處 崎嶇山谷 會大赦乃出 時妻已斃 寓建陽之驛橋 福建行 省參政魏天祐 逼以北行 枋得不肯 以死自誓 天祐與言 坐而不對 或嫚言無禮 天祐讓曰 封疆之臣 當死封疆安仁之敗何不死 枋得曰 程嬰 杵臼 一死於前 一死於後 王莽簒漢十四年 龔勝乃死 死有重於泰山 輕於鴻毛 蓋棺事定 參政

豈足以知此 卽不食二十餘日不死 至燕京 問謝太后欑所及瀛國所在 再拜慟哭
遷憫忠寺 見壁間曹娥碑 泣曰 小女猶爾 吾不如若哉 留夢炎使人持藥 雜米飮
以進 枋得怒曰 吾欲死 汝乃欲生耶 擲之地 終不食死

【詩】
摧鋒陷敵志無成 遁跡山林變姓名
數月茹蔬終死節 凜然千載樹風聲

元兵跌宕力難當 戰敗流離寓建陽
羞事二君輕一死 名留竹帛更輝光

【註】
＊1 춘추시대 진(晉)나라 조삭(趙朔)이 도안가(屠岸賈)에게 죽자 정영은 조삭의 아들을
지키기 위해 공손저구와 의논했다. 그리하여 공손저구가 다른 사람의 아들을 조삭의
아들이라 하여 같이 산에 숨으니, 정영이 이를 도안가에게 일러바쳐 그 아이를 저구와
함께 죽였다. 그리고 정영은 조씨의 진짜 아들을 데리고 숨어 살면서 그가 어른이 되
자 조씨 뒤를 잇게 했다. 일이 성사되자 정영은 스스로 목숨을 끊어 저구에게 사과했
다는 옛 일화.
＊2 중국 북경(北京)의 옛 이름.
＊3 한나라 때 회계(會稽)에 살던 효녀. 열네 살 때 아버지가 강에 빠져 죽자 열이레를 밤
낮으로 울며 지내다가 아버지 시체를 찾아 강물로 뛰어들었는데 다음 날 아버지 시체
를 안은 조아의 시체가 물 위로 떠올랐다고 함.
＊4 송나라에서 원나라에 항복해 가 있던 사람. 송나라 공제 때 좌승상 벼슬에 올랐음.
＊5 서적 특히 역사를 기록한 책을 이름. 종이가 발명되기 전 대쪽이나 헝겊에 글을 써서
기록한 데서 생긴 말임.

진화상이 피를 뿜다
和尙噀血 화상선혈

완안진화상(完顏陳和尙)은 금나라 왕족으로 일찍이 충효군 제공(忠孝軍提控)으로 있었다. 정대(正大) 5년에 몽고(蒙古) 군사가 대창원(大昌原)으로 쳐들어왔다. 곧바로 평장(平章) 합달(合達)이 여러 사람 앞에서 물었다.

"지금 몽고 군사가 침입해 왔으니 누가 선봉이 되어 적병을 막을 수 있겠느냐?"

이 말을 듣고 진화상이 선뜻 나섰다. 그는 명을 받자 깨끗이 목욕하고 옷을 갈아입었는데, 마치 사람이 죽어 관 속에 들어가는 듯한 모습이었다. 갑옷을 입고 말에 오르자 뒤도 돌아보지 않고 나아가 4백 명 군사로 8만 대병을 무찔러 버렸다. 군사를 부리는 데에도 법도가 있어 앉고 일어서고, 앞으로 나아가고 뒤로 물러서는 것이 모두 방식에 들어맞았다.

그는 고을을 지날 때에도 그 지방 백성들에게는 조금도 폐를 끼치지 않았으며, 싸움에 나가서는 앞장서서 적군을 무찌르니 그 빠르기가 바람이나 비와 같았다. 이리하여 싸움마다 승리로 이끄니 군사들은 모두 그를 소중히 여겼다.

삼봉 싸움에서 적에게 패하여 균주성(均州城)으로 달아났으나, 균주성마저 함락되어 병사들이 들어오자 그는 잠시 몸을 숨기어 다시 기회를 노리기로 했다. 적들의 살육과 노략질이 조금 고개를 숙이고 인심이 안정됐을 때 진화상이 스스로 나타나 말했다.

"나는 금나라 대장 진화상이다. 대창원(大昌原)·위주(衛州)·도회곡(倒回谷) 싸움에 이긴 것은 모두 이 진화상이었다. 내가 어지러운 싸움터에서 죽으면 사람들이 실상은 알지 못하고 내가 나라를 저버렸다고 할 것이다. 그러나 나는 오늘 분명히 여러 사람들이 보는 앞에서 죽으리라. 그러면 세상 사람 가운데 나를 아는 자가 반드시 있게 되리라."

和尚嘳血

王伯行實圖

金

이것을 본 적장은 그를 죽이기보다는 사로잡아 항복을 받으려고 했다. 그러나 진화상이 조금도 굽힐 기미를 보이지 않아서 적들은 그의 발목을 부러뜨리고, 입을 귀까지 찢었다. 진화상이 흐르는 피를 내뿜으며 부르짖으니 죽을 때까지 굽히지 않았다.

몽고 장수는 그의 충의를 아름답게 여겨 말젖을 부어주면서, 참 훌륭한 사나이라고 탄복했다.

이때 그의 나이 마흔한 살이었으니 금나라에서는 진남군절도사(鎭南軍節度使)를 증직(贈職)*¹하고, 그의 모습을 그려 충성을 표창했으며, 행적을 비석에 새겨 그 충절을 기념했다.

【詩】

원나라 군사 대창원으로 함부로 들어오니
군사 중에서 선봉장을 뽑아 적을 치려 했네.
4백 적은 군사로 8만 대병 무찌를 적에
앞장서서 적을 치는 용맹 그 빠르기 우레와 같네.

한줌 흙으로는 황하수를 막지 못하니
발목 잘리고 입 찢어져 오히려 적을 꾸짖네.
천하에서 그의 죽음 분명함에
충성 표해 비석 세워 세상에 전해 오네.

【원문】

完顔陳和尙 金宗室爲忠孝軍提控 正大五年 蒙古兵入大昌原 平章合達 問誰可爲前鋒 陳和尙出應命 沐浴更衣 若將就木然者 擐甲上馬不反顧 以四百騎破八千衆 御軍有方 坐作進 退皆中程式 所過州縣 秋毫無犯 每戰則先登陷陣疾若風雨 諸軍倚以爲重 三峯之敗 走均州 城破兵入 趣避隱處 殺掠稍定 乃出自言曰 我金大將陳和尙也 大昌原 衞州 倒回谷之勝皆我也 我死亂軍中 人將謂我負國家 今日明白死 天下必有知我者 時欲其降 斫足脛折之 割口吻至耳 嚔血而呼 至死不屈 蒙古將義之 酹以馬湩曰 好男子 年四十一 詔贈鎭南軍節度使 塑像褒忠廟 勒石紀其忠烈

【詩】

　元兵闌入大昌原　募應前鋒將虎賁

　四百能摧八千衆　先登奮勇似雷奔

　難將杯土障黃流　斫劃要降罵不休

　天下果知明白死　褒忠紀石表山丘

강산이 임금 시신을 거두다
絳山葬君 강산장군

완안강산(完顔絳山)은 금나라 애종(哀宗)*¹ 때 봉어(奉御) 벼슬을 지냈다. 채성(蔡城) 싸움에 패하자 애종은 그의 아들 승린(承麟)*²에게 황제 자리를 물려주고 대궐 안 유란헌(幽蘭軒)에서 목매 죽었다.

애종 황제의 죽음을 보자 점검내족(點檢內族)으로 있던 사열(斜烈)도 황제를 따라 죽기로 결심하고, 강산에게 유란헌에 불을 놓으라 유언하고는 불길 속으로 뛰어들었다.

유란헌에 불이 붙어 한참 타오르고 있을 때 성이 함락되면서 원나라 군사가 들이닥쳤다. 애제를 모시고 있던 좌우 근시(近侍)들은 모두 달아났으나 강산만은 그 자리를 떠나지 않았다.

적병들이 강산을 붙잡아 놓고 물었다.

"너는 무엇하는 놈이냐?"

강산이 말했다.

"나는 봉어로 있는 강산이다."

"지금 우리 군사에게 쫓겨 네 나라 군사들 모두가 달아났는데 너는 어찌하여 혼자 머물러 있느냐?"

"우리 황제가 여기서 죽었으니 불이 꺼지고 재가 식으면 그 유골을 거두어 묻으려 할 따름이다."

이 말을 듣고 원나라 군사들이 모두 웃었다.

"미친 놈이로구나. 너는 곧 죽게 될 것인데 어느 겨를에 네 황제 유골을 찾는단 말이냐?"

강산이 말했다.

"사람은 누구나 황제를 섬기는 법이다. 우리 황제께서 천하를 다스린 지 여남은 해가 되었다. 그러나 지금 그 공업(功業)을 마치지 못하시고 사직

(社稷)을 위해 돌아가셨다. 어찌 그 유골을 여기에 버려두어 죽은 군사들과 함께 뒹굴게 할 수 있겠느냐. 내가 우리 황제 뼈를 묻은 뒤에는 내 몸뚱이를 발기발기 찢어 죽인대도 조금도 한될 것이 없다."

원나라 군사들이 강산의 말을 듣고 그들의 장수 분잔(奔盞)에게 보고하니 분잔이 말했다.

"참 기특한 남자로구나. 제 황제 뼈를 거두도록 내버려 두어라."

이리하여 강산은 불이 타고 남은 재 속에서 유골을 거두어 떨어진 옷에 싸 가지고 여수(汝水) 곁에 묻었다.

그러고는 두 번 절하고 통곡하고 나서 물에 빠져 죽으려 하자, 원나라 군사들이 달려가 물에서 건져냈다. 그러나 그 뒤 강산이 어디로 갔는지 아는 사람은 아무도 없었다.

【詩】
나라 망하고 황제 죽자 모두 달아나는데
어찌하여 강산 홀로 황제 곁 떠나지 않았는가.
황제의 유골 차마 거리에 버릴 수 없어
그 뼈 거두어 정중히 여수(汝水) 곁에 묻었네.

좌우 군사들 급작스러워 모두 달아나는데
혼자 머물러 뼈 거두는 뜻 깊기도 하다.
원나라 군사도 그의 기특함 알아보고
그대로 용서하여 그 충성 다하게 했네.

【원문】
完顏絳山哀宗之奉御也 蔡城破 哀宗傳位承麟 卽自縊于幽蘭軒 點檢內族斜烈
將從死 遺言絳山 使焚幽蘭軒 火方熾 子城破 大兵突入 近侍左右皆走避 獨
絳山留不去 爲兵所執 問曰 汝爲誰 絳山曰 奉御絳山也 兵曰 衆皆走 而獨後
何也 曰 吾君終于是 吾俟火滅灰寒 收瘞其骨耳 兵笑曰 若狂者邪 汝命且不
能保 能瘞而君邪 絳山曰 人各事其君 吾君有天下十餘年 功業不終 身死社稷
忍使暴露遺骸 與士卒等邪 吾果瘞 吾君 後雖寸斬不恨矣 兵以告其帥奔盞 曰

此奇男子也　許之絳山乃掇其餘燼　裹以樊袋　瘞于汝水之旁　再拜號哭　將赴汝
水死　軍士救之得免　後不知所終

【詩】

國破君終衆散亡　挺身胡奈獨彷惶
遺骸不忍衰原野　掇拾懃懃瘞汝旁

左右蒼黃共避擒　獨留收骨意方深
兵人固識奇男子　終使安全得盡心

【註】

＊1 금나라 제9대 황제. 본명은 완안수서(完顔守緖). 재위 1223～24년.
＊2 금나라 마지막 제10대 황제. 본명은 완안승린(完顔承麟). 그의 재위기간은 1234년 2
　　월 9일 하루도 채 되지 않으며 중국 역사상 가장 짧은 황제 재위 기록이 되었음.

곽하마가 제 몸을 불지르다
蝦蠊自焚 하마자분

곽하마(郭蝦蠊)는 금나라 회주(會州) 사람으로, 벼슬이 조하원수(洮河元帥)에 이르렀다. 금나라가 망할 때의 일이었다. 서주(西州)가 모두 항복하고 함락되었건만 곽하마만이 홀로 외로운 성을 굳게 지키고 있었다.

그러나 곽하마는 원나라 군사가 공격해 오면 자신의 힘으로는 지탱할 수 없음을 알고 있었다. 그는 그 고을 안에 있는 금·은과 구리·쇠붙이를 모두 모아 이것으로 포(礮)*1를 만들어 공격하고, 소와 말을 잡아 군사들을 배불리 먹였다. 그리고 성 안 사람들 모두 집을 불사르게 하고는 그들을 모아 날마다 힘껏 싸우니 사상자가 많이 났다. 섶[薪]을 집 앞에 쌓아 불을 놓고 군사들을 거느리어 불 앞에서 활을 쏘아 적군을 막았다.

하지만 성이 무너지고 적군이 가득히 밀려들어 오니, 마지막까지 힘을 다하여 싸웠으나 오래지 않아 군사들 가운데 활도 없어지고 화살도 다하여 불 속으로 뛰어드는 자가 잇따랐다.

곽하마가 홀로 풀더미 위로 뛰어올라 문짝으로 몸을 가리고 화살 이삼백 개를 쏘니 맞지 않는 것이 하나도 없었다. 화살이 다하자 하마는 활과 칼을 불 속으로 던지고 몸을 날려 불길 속으로 뛰어들었다.

이 싸움에서 곽하마의 군사는 단 한 사람도 항복하지 않았다. 곽하마가 죽었을 때 그의 나이 마흔다섯이었다. 그 지방 사람들이 충의를 갸륵히 여겨 사당을 세우고 해마다 제사를 지내주었다.

【詩】
장하다, 금나라 끝무렵 조하의 장수
홀로 외로운 성 지켰으나 힘이 지탱하지 못했네.
군사들 먹일 적에 불을 놓아 몸 녹이게 하고

蝦��蟆自焚金

굽힘 없는 혈투로 죽음을 기약했네.

관청 집 뜯어 불태워 형세 이미 기울어도
몸바쳐 끝내 싸워 생명 아끼지 않았네.
성 안 군사 모두 자살하고 남은 이 하나 없으니
천년 가도 그 이름 썩지 않고 전하리라.

【원문】

郭蝦蟆會州人　爲洮河元帥　金亡　西州無不降潰　獨蝦蟆　堅守孤城　元兵攻之
蝦蟆度不能支　集州中所有金銀銅鐵　雜鑄爲礮　以擊攻者　殺牛馬以食戰士　又
自焚廬舍積聚曰　無至資兵　日與血戰　軍士死傷者衆　乃命積薪於州廨　火旣熾
率將士　於火前持滿以待　城破兵塡委以入　鏖戰旣久　士卒有弓盡矢絶者　挺身
入火中　蝦蟆獨上大草積　以門扉自蔽發二三百矢　無不中者　矢盡投弓劒于火
自焚　城中無一人肯降者　蝦蟆死時年四十五　土人爲立祠

【詩】

可憐金末洮河帥　獨守孤城力不支
餉士仍令焚積聚　終焉血戰死爲期

州廨燔薪勢已傾　奮身鏖戰共輕生
闔城自斃無遺子　千載流傳不朽名

【註】

*1 돌쇠뇌포. 포(砲)와 같으나 이것은 돌이나 쇠붙이를 쏘아내는 포임.

보안이 충성을 온전히 하다
普顏全忠 보안전충

보안불화(普顏不花)는 원나라 몽고 지방 사람으로, 참지정사(參知政事)의 높은 자리에 올랐다. 지정(至正)*¹ 18년, 황제 조서로 시어사(侍御史) 이국봉(李國鳳)과 함께 강남(江南) 지방을 돌아보던 길에 건영(建寧) 땅에 이르렀다.

이때 도적 진우량(陳友諒)이 등극명(鄧克明)을 보내어 건영 땅을 침략하자 이국봉은 몸을 피해 달아났다. 그러나 보안불화는 말했다.

"내가 황제의 명을 받고 여기에 왔는데 어디로 간단 말이냐. 맹세코 이 성과 생사를 같이할 것이다."

적을 막아 싸운 지 64일, 마침내 적의 무리를 크게 무찔렀다. 그 이듬해, 보안불화는 황제의 부름을 받고 돌아갔다가 산동선위사(山東宣慰使)를 제수받아 익도(益都)를 지키게 되었다.

하지만 이번에는 명나라 군사가 쳐들어왔다. 보안불화는 힘을 다하여 성을 막고 적과 싸웠으나 마침내 성은 함락되었고 평장(平章) 벼슬에 있던 보보(保保)는 성 밖으로 나가 항복했다. 이때 보안불화가 집에 돌아와 그 어머니께 아뢰었다.

"어머니! 이제 나라가 위태롭게 되었사오니 저는 충성과 효도 두 가지를 모두 온전히 할 수는 없게 되었습니다. 다행히 집에 두 아우가 있사오니 저를 대신하여 어머니를 모실 것입니다."

보안불화는 어머니께 절하여 하직하고 관사(官舍)로 나와 마루 위에 앉아 있었다. 한편 명나라 주장(主將)이 전부터 그가 어질다는 소문을 들어 두세 번이나 사람을 보냈으나 끝내 답하지 않으므로 군사를 시켜 그를 잡아갔다.

보안불화가 말했다.

"나는 원나라 조정에 벼슬해 이미 높은 자리에 올랐다. 이제 와서 어찌 살

기를 바라겠느냐."

불화는 끝내 그들에게 굽히지 않고 죽음을 택했다. 그의 아내 아로진(阿魯眞)이 남편이 죽었다는 소식을 듣고 어린애를 안은 채 집 앞 우물에 빠져 죽으니, 그의 딸과 첩, 그리고 손녀까지 모두 따라 우물에 빠져 죽었다. 그리고 두 아우의 아내들도 저마다 아이를 안고 우물 안으로 몸을 던지니, 나중에는 그 집 종과 첩들까지 주인을 따라 모두 우물물에 몸을 던졌다.

【詩】

친히 황명 받고 남쪽으로 나갈 적에
감히 이 몸 아껴 맡은 땅 버리겠는가.
이국봉은 어찌하여 몸을 피해 달아나는가,
나는 맹세코 이 성과 생사 같이하리.

충효 모두 온전히 하기는 어려워
벼슬에 있으니 죽는 것 내 도리에 당연하네.
갸륵하다, 처자들까지 모두 우물에 몸 던져 따라 죽으니
집안의 장한 절의(節義) 오랜 세월 길이 전하네.

【원문】

普顏不花蒙古氏 官瘃知政事 至正十八年 詔 與侍御史李國鳳 經略江南 至建寧 陳友諒 遺鄧克明來寇 國鳳遁去 普顏不 花曰 我承制來此 去將何之 誓與此城 同存亡耳 拒戰六十四日 大敗賊衆 明年召還 授山東宣慰使 守益都 [隔]大明兵壓境 普顏不花 捍城力戰 城陷 平章保保出降 普顏不花 還告其母曰 兒不能兩全忠孝 幸有二弟 當終養 拜母趨官舍 坐堂上 主將素聞其賢 召之再三 不往 旣而面縛之 普顏不花曰 我元朝進士官至極品 事已至此 何以生爲 竟不屈而死 其妻阿魯眞抱其子 投舍北井 其女 及妾 孫女 皆隨溺 二弟之妻 各抱幼子 及婢妾 溺舍南井死

【詩】
親承詔命撫南方 敢愛微軀棄土疆

國鳳何人潛遁去 誓將城堡共存亡

忠孝誠難兩得全 居官効死職當然
可憐妻子皆投井 節義家聲萬古傳

【註】
＊1 원나라 순제 때 연호. 1341~70년.

박제상이 충렬을 보이다
堤上忠烈 제상충렬

박제상(朴堤上)은 신라 시조 박혁거세의 후손으로, 신라에 벼슬하여 삽량주간(歃良州干)이 되었다.

실성왕(實聖王)*¹은 처음에 내물왕(奈勿王)*²의 아들 미사흔을 왜국에 볼모로 보내고, 다음에는 미사흔의 형 복호를 고구려에 볼모로 보냈다.

눌지왕(訥祗王)*²이 아우들을 몹시 보고 싶어하므로 말 잘하는 사람을 구해 그들을 데려오고자 하니 박제상이 스스로 나섰다. 고구려에 도착하자, 그는 왕을 달래어 볼모로 있는 신라 왕자를 돌려 보내줄 것을 교섭했다. 고구려 왕이 이를 승낙하여 복호를 데리고 고국으로 돌아오니 왕이 반가워하며 말했다.

"내 두 아우 생각하기를 두 팔과 같이 여겼는데, 이제 한쪽 팔은 얻었지만 나머지 한쪽 팔은 아직도 찾지 못하고 있으니 어찌하면 좋겠는가."

이 말을 듣자 박제상은 임금께 하직하여 자기 집에는 들어가지도 않고 그 길로 왜국으로 건너갔다. 그는 짐짓 왜왕을 속여 말했다.

"신라왕이 우리 아버지와 형을 아무 죄도 없이 죽여 나는 그 나라에서 살 수가 없기에 이리 도망온 것이오."

왜왕은 이 말을 믿었다. 박제상이 미사흔과 더불어 바닷가에 나가 배를 타고 놀았으나 왜인들은 조금도 이들을 의심하지 않았다.

배를 타고 놀다가 박제상이 미사흔에게 몰래 본국으로 돌아가시라고 권했다. 미사흔이 박제상도 같이 가자고 하자 박제상이 말했다.

"아닙니다. 만일 제가 함께 돌아간다면 왜왕이 눈치채고 뒤쫓아 올 것입니다. 그러니 제 걱정 마시고 어서 떠나십시오."

이리하여 미사흔은 박제상을 왜국에 남겨둔 채 배를 타고 떠났는데, 왜왕이 이 사실을 알고 곧바로 박제상을 잡아 가두고 그 까닭을 물었다.

"너는 무슨 일로 왕자를 몰래 돌려보냈느냐?"

"나는 신라의 신하로서 우리 임금께서 왕제(王弟)를 만나보고 싶어하셨기에 임금의 뜻을 이루어 드렸을 뿐이다."

왜왕이 이 말을 듣고 크게 노하며 말했다.

"네가 내게 목숨을 의탁하고 있으면서 어찌 신라 신하라는 말을 하느냐. 다시 그런 말을 하면 반드시 너를 죽이리라."

그러나 박제상은 조금도 굽히지 않았다. 왜왕이 사람을 시켜 박제상의 발바닥 가죽을 벗긴 뒤 갈대 줄기를 베어내어 만든 날카로운 갈대 그루터기 위로 끌고 가며 다시 물었다.

"너는 누구 신하냐?"

"나는 신라 임금 신하다."

왜왕이 다시 쇠를 시뻘겋게 불에 달구어 박제상을 그 위에 세워 놓고 물었다.

"너는 누구 신하냐?"

"나는 신라 임금 신하다."

그가 끝내 굽히지 않자 왜왕은 그를 불태워 죽였다.

박제상의 아내는 남편이 죽었다는 말을 전해 듣고 세 딸을 데리고 치술령(鵄述嶺) 높은 고개에 올라 멀리 왜국을 바라보며 울다가 죽었다.

【詩】

눌지왕 처음 왕위 올라 아우들 생각하여
말 잘하는 자 구하다가 박제상을 얻었네.
볼모로 가 있던 두 아우 모두 돌아오게 하니
신라 천년 충신 오로지 한 사람일세.

미사흔을 본국으로 보내고 혼자 왜국에 머물 때
갖은 형벌 다 당해 온몸 성한 곳 없네.
동쪽 바라보고 울던 아내 또한 죽으니
그 충렬 오늘까지 역사에 더욱 빛나네.

【원문】

朴堤上新羅始祖赫居世之後 仕爲歃良州干 先是實聖王遣奈勿王子未斯欣 質
倭 又遣未斯欣兄卜好 質高句麗 訥祇王立 思得辯士往迎之 堤上請行 至句麗
說王同歸 王喜曰 念二弟 如左右臂 今只得一臂 奈何 堤上拜辭 不入家 至倭
國 紿言王殺我父兄故逃來 倭王信之 提上與未斯欣乘舟 若游玩者 倭人不疑
堤上勸未斯欣潛還 未斯欣欲偕歸 提上曰 俱去恐謀不成 未斯欣行旣遠 倭王
囚堤上 問曰 何竊遣王子 對曰 臣是雞林臣 欲成吾君之志耳 倭王怒曰 言雞
林臣必具五刑 命剝脚下皮 刈蒹葭 使趨其上 問曰 何國臣 曰雞林臣 又使立
熱鐵上 問何國臣 曰雞林臣 倭王知不屈 燒殺之 妻率三娘上鵄述嶺望倭國哭
死

【詩】

訥祇初立念天倫 辯士旁求得此人
質弟歸來全二臂 新羅千載一忠臣

勸欣還國滯扶桑 身被淫刑最可傷
哭望東溟妻又死 至今忠烈史增光

【註】

* 1 신라 제18대 임금. 내물왕이 죽고 왕자가 어리므로 추대받아 즉위함. 내물왕의 아들
  미사흔(未斯欣)을 일본에, 복호(卜好)를 고구려에 볼모로 보내 수호하고, 명활산성에
  침입한 왜병을 물리쳤으며, 내물왕의 아들 눌지를 시기하여 고구려 사람을 시켜 죽이
  려다가 도리어 눌지에게 살해됨.
* 2 신라 제17대 임금. 고구려 광개토왕의 위력에 눌려 실성(實聖)을 볼모로 보냈음.
* 3 신라 제19대 임금. 내물왕의 아들. 실성왕이 죽이려 하자 먼저 실성왕을 죽이고 즉위
  함. 고구려에 볼모로 가 있던 복호를 데려오고, 박제상을 보내 일본에 볼모로 가 있던
  미사흔을 돌아오게 하는 데 성공했으나, 박제상은 일본에서 잡혀 죽었음.

비령자가 적진 속에 들어가다

助寧突陣 비령돌진

비령자(丕寧子)는 신라 사람인데, 고향이나 성(姓)은 알 길이 없다.

신라 선덕여왕*¹ 원년에 백제 장군 의직(義直)이 군사를 나누어 감물성(甘勿城)과 동잠성(桐岑城)을 공격해 왔다.

이에 왕은 장군 김유신(金庾信)*²에게 군사를 거느리고 나가 막게 했다. 군사는 애써 싸웠으나 전세를 잡지 못하고 지쳐 있었다. 김유신은 비령자를 돌아보면서 말했다.

"일이 급하게 되었다. 그대가 기이한 꾀를 내어 우리 모든 군사의 마음을 격동시킬 수 있겠는가?"

이 말을 듣고 비령자가 절하며 말했다.

"마땅히 죽음으로써 나라에 보답하겠습니다."

그러고는 밖으로 나와 종 합절에게 말했다.

"이제 나는 나라를 위해 죽으려니와, 내 자식 거진(擧眞)이 나이는 비록 어리지만 뜻은 웅장하다. 내가 죽는 것을 보면 반드시 따라 죽으려 할 것이다. 부자가 모두 죽으면 집에 남은 식구들은 누구를 의지하고 산단 말이냐. 너는 거진을 달래서 목숨을 보전하게 하고 내 유골을 수습하여 돌아가 거진 어미의 마음을 위로해 주도록 해라."

비령자는 말을 마치자 곧장 창을 비껴들고 말에 채찍질하면서 적진으로 쳐들어가 두어 사람을 죽이고, 싸우다가 죽었다. 이것을 바라보고 있던 거진이 칼을 빼들고 적진으로 달려 나가려 하자 합절이 말했다.

"아버님께서 이 합절에게 '도련님을 모시고 집에 돌아가 어머니 마음을 위로해 드려라' 하셨습니다. 하온데 이제 아들로서 아버지 명을 저버리고 또 어머니 사랑까지 저버리시면 되겠습니까."

합절이 말고삐를 잡고 놓지 않으니 거진이 말했다.

"자식이 아버지 죽음을 보고도 구차히 살아간다면 어찌 효자라 할 수 있겠느냐."

거진은 칼을 들어 합절의 팔을 쳐서 베고는 말을 몰아 적진으로 들어가 싸우다가 죽었다. 이것을 바라보고 있던 합절이 탄식해 말했다.

"내가 섬기던 주인들이 다 죽었는데 낸들 죽지 않고 어디로 가겠느냐."

이 말을 마치고는 역시 칼을 빼어 적진으로 쳐들어가 싸우다가 죽었다.

이에 크게 용기를 얻은 신라군이 소리치며 적진으로 밀려들어 적병 3천여 명을 죽였다. 신라왕이 이 소식을 듣고 눈물을 흘리고는 예로써 장사 지내게 하고 또 많은 물품을 내렸다.

【詩】

두 성에 적이 침입하여 그 형세 앞으로 위태로우니
창졸간에 나선 장군의 힘으로는 막을 수 없네.
분격하여 기이한 꾀 내어 무리들을 격동하니
한 몸의 그 충의 길이 떨어지지 않네.

유골 수습해 아내 위로하라 종에게 부탁하고
창 비껴들고 적진에 뛰어들어 자기 몸 돌보지 않네.
합절과 거진 잇따라 적에게 죽으니
나라에서 마땅히 예 갖추어 그 충성 표창하네.

【원문】

조寧子不知鄉邑族姓 新羅善德王元年 百濟將軍義直率兵分攻 甘勿 桐岑二城 王遣金庾信率兵拒之 苦戰氣竭 庾信顧謂조寧子曰 事急矣 子能奮激出奇 以勵衆心乎 조寧子拜 曰當以死報 出謂奴合節曰 吾爲國家死之 吾子擧眞年雖 幼有壯志必欲俱死 若父子幷命 則家人疇依 汝其與擧眞 好收吾骨歸 以慰其 母心 卽鞭馬 橫槊突陳 格殺數人而死 擧眞望之欲赴合節曰 大人令合節 奉阿 郞還家 以慰夫人 今子負父命 棄母慈 可乎 執馬轡不放 擧眞曰 見父之死而 苟存 豈孝子 卽以劒擊折合節臂 奔入敵中戰死 合節曰 所天崩矣 不死何爲 亦交鋒而死 軍士爭進 斬首三千餘級 王聞之涕淚禮葬厚賜

【詩】
二城受敵勢將危 倉卒將軍力莫支
奮激出奇能勵衆 一身忠義永無隳

囑奴收骨慰家人 突陳橫戈不顧身
合節擧眞相繼死 宜加恩禮獎忠臣

【註】
＊1 신라 제27대 임금. 진평왕의 맏딸로서, 왕위를 계승함. 재위 632～647년.
＊2 신라의 명장. 660년 당나라 장수 소정방과 함께 백제를 멸망시키고, 668년 고구려 정
　벌한 뒤 당나라 군사를 몰아내는 데 힘써 삼국 통일의 기반을 다졌음.

정추와 이존오가 상소를 올리다
鄭李上疏 정이상소

정추(鄭樞)는 고려 끝무렵 청주 사람이요, 이존오(李存吾)는 경주 사람이다. 공민왕*¹이 신돈(辛旽)*²을 지나치게 사랑하여 나랏일을 어지럽히자 정추와 이존오가 상소를 올려 간했다.

"지금 신돈이 마음대로 나랏일을 휘둘러 무엄하게도 임금이 있으나 임금으로 여기지 않는 마음을 가지고 있사옵니다. 언제나 말을 탄 채 대궐 안을 드나들며, 전하를 모실 때도 의자를 마주 대놓고 앉고자 합니다. 최항(崔沆)*³이나 임연(林衍)*⁴ 같은 사람도 차마 그러하지는 못했습니다."

왕은 노하여 정추와 이존오를 불러 그들 앞에서 두 사람을 가차없이 꾸짖었다. 이때 신돈이 왕과 탁자를 끼고 마주앉아 있었는데, 이존오가 이것을 보고 눈을 부릅뜨며 신돈을 꾸짖으니 신돈이 서둘러 의자에서 내려앉았다.

공민왕이 더욱 화내어 곧바로 이춘부(李春富)*⁵와 이색(李穡)*⁶을 불러, 뒤에서 조종한 자가 반드시 있을 것이니 이를 신문하라 명했다.

그러자 정추가 말했다.

"제가 뵈오니 전하께서 몹쓸 놈에게 정사를 맡겨 앞으로 사직이 위태롭게 되는 것을 차마 가만히 앉아 볼 수 없어 상소를 올린 것이지, 어찌 남의 지시를 받아 이런 일을 하겠습니까."

이에 신돈이 비밀히 사람을 보내 이존오를 꾀어 말했다.

"만일 그대가 경복흥(慶復興)*⁷과 원송수(元松壽)*⁸가 시켜서 한 일이라고 그들을 끌어들이기만 하면 화를 면하게 해주리라."

이존오가 신돈을 꾸짖어 말했다.

"이 몸이 간관(諫官)*⁹이 되어 나라 역적을 의논하는데 어찌 남의 지시를 받는단 말이냐."

신돈은 속으로 반드시 이자를 없애버리리라 마음먹었다. 이것을 안 이색

이 이춘부에게 말했다.

"조종(祖宗) 이래로 간관을 죽인 일은 없었소. 만일 이존오를 죽이는 날이면 이 일 때문에 영상(領相)*¹⁰의 이름이 손상될까 걱정이오."

이 말을 이춘부도 옳게 여겨 신돈에게 여러 번 부탁하여 이존오를 사형에서 한 등급 줄여서 지방으로 귀양 보내는 선에서 마무리지었다.

이존오가 귀양지에서 병을 얻어 위독하게 되었는데 사람을 시켜 부축해 일으키게 하고 말했다.

"아직도 신돈이 살아 있느냐. 그놈이 죽어야만 내가 눈을 감을 것이다."

이렇게 신돈이 죽는 것을 보아야만 죽는다고 다짐했건만 이존오는 병세가 매우 위독하여 자리에 돌아눕자마자 죽었다.

【詩】
어찌 감히 의자에 마주 앉아 임금을 대하는가
권세 잡아 정치 마음대로 하니 앞으로 나라 기울어지리.
두 사람 충성된 마음 아니었던들
그 누가 죽음 무릅쓰고 임금께 간했으리.

임금 마음 그에게 혹하여 간사한 말 믿으니
현릉(玄陵)*¹¹의 화 만들던 일과 뭐가 다르리.
노한 눈으로 꾸짖는 한 마디 참으로 무거운 형벌과 같았으니
역적 신돈도 이로부터 간담이 찢어졌으리.

【원문】
鄭樞淸州人 李存吾慶州人 恭愍王方寵辛旽 樞存吾上疏曰旽專國政 有無君心 常騎馬出入宮門 與殿下並據胡床 雖崔沆林衍亦未若此 王怒 召樞等面責 時旽與王對床 存吾目旽叱之旽惶駭不覺下床 王愈怒 命李春富李穡鞫誘者 樞曰 見上委政非人 將危社稷 不得默默豈待人誘 旽陰使人誘存吾曰 若引 慶復興元松壽 則可免 存吾叱曰 身爲諫官 第論國賊 安有爲人所指 旽必欲殺之 穡謂春富曰 祖宗以來 未嘗殺諫臣 若殺之 領相之名恐由是而不美 春富白旽得減死謫外 存吾以憂成疾 疾革使扶起曰 旽尙熾乎 旽亡吾乃亡 反席未安而卒

並據胡床敢抗衡 專權擅政國將傾
倘非二子忠誠激 冒死何人伏閣爭

王心蟲惑信姦回 可鑑玄陵養禍胎
怒目一言眞斧鉞 賊旽從此膽先摧

【註】

* 1 고려 제31대 왕. 내정(內政)·외정(外政)에 개혁적인 정치를 베풀었으나, 왕비 노국공주가 죽자 신돈에게만 나랏일을 맡겨 정치가 문란해짐.

* 2 고려 끝무렵 승려. 처음 이름은 편조(遍照). 그는 공민왕의 신임을 얻어 왕의 스승으로 정치·종교의 실권을 장악하여 개혁정치를 펼쳤으나 기존 수구세력인 권문세족과의 갈등과 공민왕의 점차적인 견제로 위기에 놓이게 되었다. 왕이 자신을 의심하고 있음을 눈치채고는 먼저 왕을 없애려 했으나 그 사실이 발각되어 유배되었다가 죽임을 당함.

* 3·* 4 모두 고려 끝무렵 권신(權臣)들로서 임금에게 버릇없이 굶.

* 5·* 6 모두 고려 끝무렵 문신. 이들은 그 무렵 왕을 보좌하는 높은 벼슬에 있었다. 이존오에게 사형이 내려지는 것을 막아 귀양을 보내게 했음.

* 7·* 8 모두 고려 공민왕 때 사람으로 신돈에게 미움을 받던 사람들.

* 9 임금의 잘못을 간하는 벼슬.

* 10 이춘부를 가리켜 한 말.

* 11 당나라 제6대 황제. 말년에 간신 이임보를 쓰고 양귀비와 사랑에 빠져서 안녹산의 난을 불러옴.

정몽주가 죽음을 당하다
夢周殞命 몽주운명

정몽주(鄭夢周)는 고려 때 영일(迎日) 사람으로, 고려가 망할 시대 문하시중으로 있었다.

처음에 최영(崔瑩)*¹이 신우(辛禑)*²에게 군사를 일으켜 요동(遼東)을 칠 것을 권한 적이 있었다. 이때 태조(太祖)*³가 요동으로 떠났다가 위화도에서 회군하여 우왕을 폐한 뒤 창왕을 세웠다.

이때 조준(趙浚)*⁴·정도전(鄭道傳)*⁵·남은(南誾)*⁶ 등이 천명과 인심이 태조에게로 돌아가고 있는 것을 알고 마음을 다해 태조를 도왔다.

정몽주는 조준·정도전·남은 등이 같은 마음으로 태조를 도와 고려 왕조를 없앨 계획을 세우는 것을 꺼려 대간(臺諫)*⁷을 통해 이들을 탄핵하여 지방으로 귀양 보내고 김귀련(金龜聯)*⁸·이반(李蟠)*⁹ 등을 그곳 귀양지로 보내 이들을 죽이려고 했다.

그러나 의안대군(宜安大君) 화(和)*¹⁰와 흥안군(興安君) 이제(李濟)*¹¹ 등이 이것을 눈치채고 태조에게 이 사실을 알렸다.

"지금 돌아가는 형편이 매우 급합니다. 이 일을 어찌하면 좋겠습니까?"

태조가 말했다.

"사람이 죽고 사는 것은 저마다 명(命)이 있는 것이니, 우리는 다만 이 명을 따르면 된다."

의안대군과 흥안군이 물러나 그 휘하의 조영규(趙英珪)*¹²에게 말했다.

"정세가 우리에게 크게 위태롭다. 너희들은 이 위기를 이겨내기 위해 힘쓰라."

조영규가 답하기를

"저희가 감히 명령에 복종하지 않을 수 있겠습니까."

그러고는 정몽주가 돌아가는 길가에 숨어 있다가 그를 철퇴로 쳐서 죽였다.

이 소식을 듣고 태조는 크게 화내어 병이 났으며 말도 못하는 지경에 이르렀다.

뒷날 태종이 즉위하자, 두 임금을 섬기지 않고 오로지 한곳에 마음을 쏟은 그 지조를 아름답게 여겨 정몽주에게 문충공(文忠公)이라는 시호를 내렸다.

【詩】

고려 끝무렵 운수 쇠퇴하고 딴 기세 일어날 때
너도 나도 새 세력에 붙어 우쭐했네.
그러나 정몽주 한 사람 조용히 죽음당하니
우리 조선에도 절의 있는 길 열어주었네.

예부터 충의란 없어지지 않는 것
보통 때 힘써 지키는 사람 없네.
더구나 모진 바람 불어올 땐 더욱 드문데
고려의 이 한 충신 훗날에도 알아주리.

【원문】

鄭夢周迎日人 爲高麗門下侍中 初崔瑩勸辛禑興師攻遼 我[隔]太祖擧義回軍
復立王氏 趙浚 鄭道傳 南誾等 知天命人心所在 欲推戴 [隔]太祖 洪武壬申
三月 [隔]太祖墮馬 夢周 忌浚道傳誾等 同心輔翼 令臺諫劾流之 遣金龜聯
李蟠就貶所將殺之 義安大君和 與安君李濟等 白 [隔]太祖 曰 勢已急矣 將
若之何 [隔]太祖曰 死生有命 但當順受而已 和 濟退謂麾下士趙英挂曰 [隔]
李氏之有功王室 人皆知之 今爲人所陷 後世誰知 麾下士其無効力者乎 英珪
曰 敢不從命 英珪等要 於路 擊殺夢周 [隔]太祖大怒 因病篤 至不能言 [隔]
太宗卽位 以專心所事 不貳其操 贈諡文忠

【詩】

麗季衰微泰運升 羣賢攀附摠飛騰
從容就死烏川子 啓我朝鮮節義興

忠義由來不可湮 平時砥勵且無人
疾風勁草尤難見 須識高麗一个臣

【註】

*1 고려 명장. 홍건적을 물리쳐 훈(勳) 1등에 뽑힘. 뒤에 요동 정벌을 계획하고 군사를 일으켜 팔도도통사(八道都統使)에 취임. 임금과 함께 평양에 가서 군사를 독려했으나 태조 이성계가 위화도에서 회군함으로써 요동 정벌이 좌절됨. 태조의 군사가 개성에 들어오자 소수의 군사로 대항하다가 패전, 체포되어 사형을 당함. 고려를 끝까지 지키려 한 용맹하고 청렴한 장군이었음.

*2 고려 제32대 임금인 우왕(禑王)을《고려사》나《동국통감》에서 부르는 이름. 이들 조선 시대 역사서에 따르면 우왕을 신돈의 시녀 반야의 소생으로 기록함. 공민왕이 신돈의 집에 갔다가 반야와 내통하여 낳은 아들이라 하여 1371년 신돈이 죽은 뒤 궁중으로 들어가 태후궁에 있다가 우(禑)라는 이름을 받고 뒤에 궁인 한씨의 소생인 것처럼 발표되었다고 기록하고 있음.

*3 조선 태조 이성계.

*4~*6 모두 태조를 보좌한 문신들. 이들은 함께 태조를 추대, 왕위에 오르게 함.

*7 사헌부와 사간원을 통틀어 이르는 말.

*8·*9 이들은 모두 고려 시대 문신으로 태조와 사이가 좋지 못했음.

*10 태조의 제8 왕자. 뒤의 이름은 이방석(李芳碩).

*11 태조의 사위. 우군절제사에 올랐다가 제1차 왕자의 난 때 이방원에게 살해됨.

*12 고려 말 조선 초기 무신. 정몽주를 죽이는 등 태조가 조선왕조를 세우는 데 공을 세웠음.

길재가 절의를 지켜 벼슬하지 않다
吉再抗節 길재항절

길재(吉再)는 고려 시대 해평(海平) 사람이다. 고려에서 벼슬을 해오다가 명나라 태조 홍무(洪武) 기사년에 벼슬을 내놓고 집으로 돌아갔다.

그 뒤 경진년에 이르러 태종이 동궁(東宮)*¹으로 있을 때 길재를 불렀다. 이에 길재가 태종에게로 나아갔다.

태종이 정종(定宗)에게 아뢰어 길재에게 봉상박사(奉常博士)를 제수하니 길재는 동궁께 사직(辭職)하기를 아뢰었다.

태종이 길재를 보고 말했다.

"그대가 말하는 것은 실로 나라의 강상(綱常)*²에 관계되는 일이오. 그대를 부른 것은 나지만 그대에게 벼슬을 준 것은 전하가 아니요? 그러니 그대가 사직하고 싶거든 마땅히 전하께 나아가 사직하도록 하오."

길재가 정종에게 글을 올려 말했다.

"신이 두 번 과거에 급제하여 고려왕조에서 문하주서(門下注書)의 벼슬을 했었습니다. 신하에게는 두 임금이 없습니다. 바라옵건대 신을 가만히 두어 고향으로 돌아가 늙은 어머니를 봉양하게 해주시옵소서. 그리하오면 신의 두 임금을 섬기지 않는 뜻을 다할 수 있을 것입니다."

이튿날 정종 임금이 경연(經筵)에 나와 지경연사(知經筵事) 권근(權近)*³에게 물었다.

"길재가 절개를 지키어 벼슬하지 않으려 하니, 이런 경우에 옛사람들은 어떻게 대우했소?"

권근이 대답했다.

"옛날에 엄자릉(嚴子陵)*⁴이 벼슬을 받지 않자 한나라 광무제는 그 뜻을 좇아 놓아 보냈사오니, 지금 길재도 돌아가기를 원한다면 제 마음대로 내버려 두는 것이 나을 것입니다."

吉再抗節 高麗

정종은 권근의 말에 따라 길재를 더 이상 부르지 않았다.

세종은 즉위하자 태종의 명을 받들어 그 아들에게 벼슬을 내리고, 세종 8년 병오년 길재에게 좌사간대부 벼슬을 죽은 뒤 주었다.

【詩】

고려조 기운 이미 재가 되어버리고
새 임금 나타나 큰 운수 틔었네.
그러나 옛 임금 사모하여 그 절개 온전히 지키고자
표연히 돌아가 자릉대(子陵臺)에 누웠네.

정정한 높은 절개 서리보다 더 차가워
그대로 자취 감추고 수양산(首陽山)*⁵에 가 굶어 죽으려 하네.
태평성대에 그 의열(義烈)을 표창하니
억만 년 흘러도 이 땅의 강상 이로써 지켰네.

【원문】

吉再海平人仕高麗 洪武己巳 棄官歸家 至庚辰 [隔]太宗在東宮召之 再至 啓于 [隔]定宗 授奉常博士 再啓 [隔]東宮 辭職 [隔]太宗教曰 子之所言 實關綱常 但召之者吾 而官之者 [隔]殿下也 宜辭於 [隔]殿下 再乃上書曰 再擢第辛朝 爲 門下注書 臣無二主 乞方歸田里 終養老母 以遂臣不事二姓之志 明日 [隔]定宗御經筵 問知經筵事權近曰 吉再抗節不仕 未審古人何以處之 近對曰 嚴光不屈 光武從之 再若求去 不如使之 自盡其心之爲愈也 乃許歸 仍復其家 [隔]世宗卽位承 [隔]太宗命 官其子 八年丙午 贈左司諫大夫

【詩】

崧山王氣已成灰 眞主龍興泰運開
尚戀舊君全一節 飄然歸臥子陵臺

亭亭高節凜秋霜 直欲追蹤餓首陽
聖代褒崇彰義烈 三韓億載樹綱常

【註】

*1 태자나 세자 또는 태자궁이나 세자궁을 달리 이르던 말. 거처하는 곳이 궁궐 동쪽에 있던 데서 비롯됨.

*2 유교의 기본 덕목 삼강(三綱)과 오상(五常)을 아울러 이름. 삼강은 유교의 세 가지 기본 강령으로 군위신강(君爲臣綱)·부위자강(父爲子綱)·부위부강(夫爲婦綱)을, 오상은 사람이 지켜야 할 다섯 가지 도리로 인(仁)·의(義)·예(禮)·지(智)·신(信)을 말함.

*3 조선 초기 문신. 호는 양촌(陽村). 태종 1년에 좌명공신 1등으로 길창부원군에 봉해짐. 성리학자이면서도 문학을 존중하여 경학(經學)과 문학의 양면을 조화시킴.

*4 후한 시대 여요(餘姚) 사람. 이름은 광(光). 자릉(子陵)은 그의 자. 광무제가 황제에 올라 간의대부(諫議大夫)라는 벼슬을 주고 그를 불렀으나 끝내 부임하지 않고 산속에 숨어 밭을 갈고 살다가 죽음.

*5 중국 산서성(山西省) 영제현(永濟縣) 남쪽에 있는 산. 백이와 숙제가 이 산에서 절의를 지켜 굶어 죽었다 해서 인용한 것.

김원계가 홀로 적진에 뛰어들다
原桂陷陣 원계함진

김원계(金原桂)는 조선 시대 사람으로, 이성만호(泥城萬戶)[*1]로 있었다.

태조 6년에 왜적이 선주(宣州)[*2]를 침입해 오자 김원계가 군사를 거느리고 전쟁터로 나아가 후원하니 왜적은 크게 패하여 포위망을 풀고 달아나게 되었다.

김원계는 이 기세를 타고 적을 급히 쫓다가 반대로 적에게 포위당했으나 용맹스럽게 싸우다가 결국 죽고 말았다. 김원계의 공을 알고 간관(諫官)이 글을 올려 임금께 아뢰었다.

"김원계는 본디 날래고 용맹이 있으니 외로운 군사로써 적의 포위망을 풀어 거의 함락되려던 성을 지켰습니다. 그러고 나서 적진으로 돌격해 나아가다가 도리어 함정에 빠져 화살이 다하고 몹시 지쳐서 마침내 적에게 해를 당하고 말았습니다. 그러나 자기 한 몸으로써 만민의 생명을 구했사오니, 그 열렬한 공로는 죽어서도 없어지지 않을 것입니다. 바라옵건대 죽은 그에게 벼슬을 내리고 그 고향에 사당(祠堂)을 세워주시며, 또 그 자손들을 벼슬길에 올려 쓰시어 그의 충성스런 영혼을 위로하여 주시옵소서."

임금은 이 상소를 보고 대간(臺諫)에서 원하는 대로 허락했다.

【詩】
왜적이 틈을 엿보고 간사한 마음 가져
군사 일으켜 선성(宣城)을 침입할 적에 빠르기 바람과 같네.
원계의 그 용맹 장하기도 해라,
적의 포위 뚫어 물리쳐 큰 공 세웠네.

군사 몰아 위태로운 성 구제하니

어려운 때 당하여 어찌 이 목숨 아끼리.
그 의기 뚜렷하고 그 충성 해와 같으니
조정에서도 벼슬 내리고 그 집 표창했네.

【원문】
金原桂爲泥城萬戶 洪武丁丑 倭賊寇宣州 率兵赴援 倭賊戰敗解圍去 原桂乘
勝逐之 突入虜中 遂爲賊所害 諫官上言 原桂素有驍勇之才 提孤軍 解重圍
全城於幾陷 追亡逐北 突衝陷陳 矢盡力窮 竟以不振 以一身之死 易萬民之命
其功烈烈 死且不朽 乞令攸司 贈官 且於本處 立祠 叙錄子孫 獎慰忠魂 敎可

【詩】
倭奴窺伺肆頑兇 來寇宣城疾若風
鐵甲將軍心膽壯 解圍摧敵樹邊功

長驅遠鬪救危城 臨難何曾愛此生
義氣凜然忠貫日 聖朝追贈重褒旌

【註】
＊1 만호(萬戶)란 조선 시대 각 도(道)의 여러 진(鎭)에 두었던 종4품 무관 벼슬.
＊2 지금의 평안북도 선천군. 《고려사(高麗史)》에 따르면 고려 후기 이곳에 선주방어사(宣
洲防禦使)가 있었던 기록이 보임.

오륜행실도

권3

열녀

백희가 불에 타 죽다
伯姬逮火 백희체화

백희(伯姬)는 노(魯)나라 선공(宣公)의 딸이다. 송(宋)나라 공공(共公)과 혼인했으나 일찍이 남편을 잃었다. 어느 날 밤 집에 불이 나자 백희를 모시던 사람들이 달려와 말했다.

"부인께서는 잠시 불을 피하십시오."

백희가 말했다.

"부인된 도리로서 보모(保姆)*¹와 부모(傅姆)*²가 없으면 밤에 집의 마루를 내려가지 않는 법이다. 보모와 부모가 오기를 기다려서 같이 나가도록 하겠다."

사람들이 황급히 보모를 데리고 왔으나 부모는 어디 갔는지 보이지 않아 데려오지 못했다. 사람들이 또 말하기를

"부인께서는 잠시 불을 피하십시오."

그러자 백희가 또 대답하길

"부인된 도리로 부모가 오지 않았는데, 밤에 집의 마루를 내려가선 안 된다. 의리를 어기고 사는 것은 차라리 의리를 지키다가 죽는 것만 못하다."

끝내 백희는 불길에 휘말려 타 죽고 말았다.

【詩】

궁중에 불붙어 불꽃 휘황하여
그 연기 하늘에 닿았는데 때는 밤중일세.
좌우에서 아무리 피하라 한들
부인 어찌 쉬이 여자 예절 허물리.

백희 예절 지켜 자기 몸 불태우니

부인 도리 굳고 곧아 어느 누가 그를 따르리.
성현의 붓으로 그 어진 절의(節義) 크게 써서 전하니
아름다운 이름 지금까지 길이 빛나네.

【원문】

伯姬 魯宣公之女 嫁於宋共公 公卒 嘗遇夜失火 左右曰夫人 少避火 伯姬曰
婦人之義 保傅不俱 夜不下堂 待保傅來也 保母至矣 傅母未至也 左右又曰
夫人少避火 伯姬曰 婦人之義 傅母不至 夜不可下堂 越義而生 不如守義而死
遂逮於火而死

【詩】

宮中失火正熺熺 煙燄連天半夜時
左右縱言宜少避 夫人豈肯婦儀虧

共姬守禮任捐軀 婦道堅貞孰與儔
聖筆特書賢節義 聲名煥赫至今留

【註】

＊1·＊2 둘 다 어린이나 여자를 돌봐주는 여자. 고대 중국 지도교육을 맡은 관직 이름으로
썼음. 궁중에서 왕세자나 공주를 가르치고 보육하던 여자.

여종이 예절을 알다
女宗知禮 여종지례

여종(女宗)은 송(宋)나라 포소(飽蘇)의 아내이다. 포소가 위(衛)나라에 가서 벼슬한 지 3년이니 그동안 다른 아내를 얻어 살고 있었다.

그러나 여종은 더욱 정성을 다해 시어머니를 모셨다. 지아비에게 문안 올리는 사람을 보낼 때면 시앗*¹에게도 물건을 후하게 보내 객지생활을 위로했다.

이것을 보고 여종의 맏동서가 말했다.

"일찍이 딴 곳으로 갈 일이지 그 무슨 짓인가?"

"형님은 그게 무슨 말씀이십니까?"

"남편이 이미 좋아하는 여자가 있는데 자네는 무엇을 바라고 여기 머물러 있는 것인가?"

"여자란 한번 혼인하면 다시 고치지 못합니다. 비록 남편이 죽어도 딴 곳으로 시집가지 못하는 법입니다. 길쌈하여 실을 자아 베를 짜서 의복을 마련하고, 술과 음식을 장만해서 시부모를 섬기는 데 마음을 오로지하면 곧은 것이 되고, 시부모의 뜻을 잘 좇으면 순종하는 것이 됩니다. 그런데 어찌 남편의 사랑을 독차지하지 못한다고 해서 절개를 바꿀 수가 있겠습니까.

또 여자에게는 칠거지악(七去之惡)*²이 있지만 남편은 한 가지도 버릴 의리가 없는 것입니다. 여자를 내치는 일곱 가지 일 가운데 질투하는 죄가 가장 큽니다. 음란하고, 도둑질하고, 말이 많고, 교만하고, 자식이 없고, 고약한 병이 있는 것 등은 모두 그다음 조건입니다. 그러하온데 동서께서는 이런 죄를 범하지 말도록 가르쳐 주시지는 않고 도리어 저더러 가장 큰 죄인 질투를 해서 남편을 버리라고 하십니까?"

이렇게 말하고, 여종은 그 뒤로도 더욱 정성껏 시어머니를 섬겼다.

이 소문을 송나라 임금이 듣고서, 곧 여종의 집에 정문(旌門)을 내리고

女宗知禮　列國　宋

이름하여 여종이라고 불렀다.

【詩】
남편이 외지에서 딴 아내 얻어 사니
정리에는 틈이 있지만 어찌 이것을 마음에 담아두랴.
시어머니 섬기는 마음 게을리하지 않고 더욱 정성 다하니
천고에 꽃다운 이름 누가 그를 따르리.

아내들의 질투란 것 으레 있는 일이건만
선물까지 챙겨 보내는 마음 지극한 정성에서 나왔네.
여종이란 이름 내리니 참으로 아름다운 일,
여자의 절개 밝게 비추어 표창하였네.

【원문】
女宗 鮑蘇之妻 蘇仕衞三年而娶外妻 女宗 養姑愈敬 因往來者 請問其夫 賂
遺外妻甚厚 女宗姒謂曰 可以去矣 女宗曰 何故 姒曰 夫人旣有所好 子何留
乎 女宗曰 婦人 一醮不改 夫死不嫁 執麻枲 治絲繭 織紝組紃 以供衣服 澈
漠酒醴 羞饋食以事舅姑 以專一爲貞 以善從爲順 豈以專夫室之愛爲善哉 且
婦人有七見去 夫無一去義 七去之道 妬正爲首 淫僻竊盜 長舌 驕侮 無子 惡
病 皆在其後 吾姒 不敎以居室之禮 而反欲使吾爲見棄之行 將安所用 事姑愈
謹 宋公聞之 表其閭 號曰女宗

【詩】
君子當年娶外妻 恩情雖隔豈含悽
養姑不懈誠彌切 千古芳名孰與齊

閨門嫉妬是常情 賂遺還能出至誠
稱號女宗非溢美 開陳婦禮甚分明

＊1 남편의 첩.

＊2 아내를 내쫓을 수 있는 이유가 되었던 일곱 가지 사유.

기량식의 아내가 남편을 안고 울다
殖妻哭夫 식처곡부

춘추시대 제(齊)나라 장공(莊公)*¹이 거(莒) 땅을 공격할 때 일이다. 이 싸움에서 싸우다가 제나라 기량식(杞梁殖)이 죽었다. 장공이 싸움을 끝내고 돌아오는 길에 기량식의 아내를 만나 사람을 시켜 길에서 그 남편 죽음을 조문하게 하니 기량식의 아내가 말했다.

"이제 저의 남편 식(殖)이 죄를 지었사온데 왕께서는 어찌 욕되이 저에게 조문을 하십니까? 그렇지 않고 제 남편에게 죄가 없다고 하면 저의 집이 가까운 곳에 있사온데 어찌 하필 길거리에서 조문을 받게 하십니까?"

이 말을 듣고 장공이 그 집으로 가서 식의 아내에게 조문하고 갔다. 기량식의 아내는 자식이 없었고, 안팎으로 오속(五屬)*²의 가까운 친척도 없어 의지하고 살 사람이 아무도 없었다.

그녀가 남편 시신을 성 아래에 뉘고 통곡하니, 길 가던 사람들이 모두 걸음을 멈추고 서서 눈물을 흘렸다. 이렇게 날마다 울기를 열흘을 계속하니 성이 저절로 허물어졌다.

그녀가 남편을 장사 지내고 나서 말했다.

"이제 나는 어디로 갈 것인가. 여자란 마땅히 의지하는 사람이 있게 마련이다. 아버지가 계실 때는 아버지에게 의지하고, 남편이 있으면 남편에게 의지하고, 자식이 있으면 자식에게 의지하는 것이다. 지금 나는 위로 아버지가 계시지 않고, 다음에 남편도 있지 않으며, 끝으로 자식도 없다. 안으로 의지할 사람도 없으니 내 정성 누구에게 바칠 것이며, 밖으로도 의지할 곳이 없으니 내 절개 누구에게 보인단 말이냐. 그렇다고 내가 어찌 바꾸어 딴 남편을 섬길 수 있겠느냐. 차라리 죽음이 있을 뿐이로구나."

이렇게 탄식하다가 마침내 치수(淄水)에 몸을 던져 죽고 말았다.

殖妻哭夫 列國 齊

【詩】

남편 돌아오지 못하니 가장 슬픈 일,
길에서 조상 받다니 그런 예절 있겠는가.
성 아래 시신 뉘고 종일토록 우노라니
나라 사람들 모두 눈물 아니 흘리겠는가.

어디다 의지하여 내 정성 보이리,
딴 남편 섬길 마음 없거니 이 삶이 애달프구나.
치수에 몸 던져 한 번 죽음 가벼이 여기니
그 물소리 지금도 슬픈 소리 자아내네.

【원문】

齊莊公襲莒 杞梁殖戰而死 莊公歸 遇其妻 使使者弔之於路杞梁妻曰 今殖有
罪 君何辱命焉 若令殖免於罪 則賤妾有先人之敝廬在 下妾不得與郊弔 於是
莊公 乃弔諸其室而去 杞梁之妻無子 內外皆無五屬之親 旣無所歸 乃枕其夫
之屍於城下而哭 內誠動人 道路過者 莫不爲之揮涕 十日而城爲之崩旣葬曰
吾何歸矣 夫婦人 必有所依者 父在則依父 夫在則依夫 子在則依子 今吾上則
無父 中則無夫 下則無子 內無所依以見吾誠 外無所依以見吾節 吾豈能更二
哉 亦死而已 遂赴淄水而死

【詩】

良人不返最堪哀 郊弔焉能偶受廻
城下枕屍終善哭 國人揮涕豈徒哉

依歸何所見吾誠 更二無心愛此生
遂赴淄流輕一死 至今嗚咽帶愁聲

【註】

＊1 춘추시대 제나라 임금. 영공(靈公)의 아들. 이름은 광(光). 장(莊)은 시호.

＊2 다섯 가지 전통적 상례 복제인 오복(五服)에 해당하는 친척들. 오복은 참최(斬衰)·재
최(齋衰)·대공(大功)·소공(小功)·시마(緦麻)의 친척을 말함.

송나라 여인이 남편을 버리지 않다
宋女不改 송녀불개

채(蔡)나라*¹ 어느 사람의 아내는 송(宋)나라 여인이었다. 그녀가 시집가서 보니 남편은 고치지 못할 병에 걸려 있었다. 이것을 알게 된 친정어머니가 그녀를 딴 곳으로 개가시키려 하자 그녀가 말했다.

"남편의 불행은 곧 저의 불행입니다. 어찌 딴 곳으로 간단 말입니까. 한번 남편을 맞으면 죽을 때까지 고치지 않는 것입니다. 불행히 병을 얻은 것뿐, 달리 무슨 큰 연고가 있는 것도 아닙니다. 게다가 남편 또한 저를 버리지 않는데 어찌 딴 데로 갈 수가 있단 말입니까."

그녀는 이렇게 말하고 끝내 어머니의 말을 듣지 않았다.

【詩】
나뭇가지 얽혀 있고 밤은 점점 깊어가는데
별들은 초롱초롱 저 하늘에 빛나네.
남편은 불행하여 고치지 못할 병 걸렸으니
저 하늘 어찌하여 이내 마음 빼앗으려 하는가.

남녀 간 단꿈 꾸는 것, 이게 바로 인정인데
하물며 어머니는 다시 시집가라 하시네.
그러나 한번 시집간 몸 다시 고쳐 갈 수 없는 것
역사에 오래도록 그 이름 높이 전하리.

【원문】
蔡人妻 宋人之女也 旣嫁而夫有惡疾 其母將改嫁之 女曰 夫之不幸 乃妾之不
幸也 奈何去之 適人之道 一與之醮 終身不改 不幸遇惡疾 彼無大故 又不遣

妾 何以得去 終不聽

【詩】
束楚綢繆夜向深 三星燦燦彼蒼臨
良人不幸今罹疾 天只如何欲奪心

翻雲覆雨是人情 況乃慈親計已成
一醮獨能終不改 靑編萬古有高名

【註】
＊1 주(周)나라 무왕(武王)의 아우 숙도(叔度)에게 봉해 준 나라. 지금의 하남성(河南省)
　　에 있었음. 초나라에게 망했음.

고행이 코를 베다
高行割鼻 고행할비

고행(高行)은 춘추시대 양(梁)나라 어진 부인이다. 일찍이 홀로 되었으나 새로 시집가지 않고 절개를 지키며 살았다.

양나라의 귀한 집 자제들이 다투어 그녀를 아내로 맞으려 했으나 아무도 뜻을 이루지 못했다. 양나라 임금이 이를 듣고 정승을 보내 고행에게 예물을 전하며 첩이 되어 달라고 청하자 고행이 말했다.

"저는 여자의 도리로서 한번 남편을 맞으면 다시 고치지 않는다 배웠습니다. 그리하여 곧은 절개와 신의를 온전히 하는 것이라 들었습니다. 죽은 남편을 잊고 살아 있는 딴 사람에게 또 시집간다면 이것은 신의가 없는 것이 됩니다. 귀한 것을 사모하여 천한 것을 잊어버린다면 이것은 곧지 못한 것입니다. 의리를 버리고 자기 한 몸 이익만을 좇는 것은 사람이 할 바가 아닙니다."

말을 마치고 거울 앞으로 가더니 칼을 꺼내 코를 베어버리고 말하길

"제가 제 몸을 벌했을 뿐 목숨을 끊지 못한 것은 어린 자식들이 홀로 남게 되는 것을 차마 볼 수 없어서입니다. 임금이 저를 얻으려 함은 오로지 제 얼굴 때문이 아니겠습니까? 이제 얼굴이 이렇게 되었으니 저를 놓아주십시오."

정승이 고행의 말과 행동을 보고 들은 대로 아뢰니, 임금이 그 의리를 크게 여기고 그 행실을 높이 평가하여 그의 집 세금을 면제해주고 그의 이름을 높여 고행이라고 지어주었다.

【詩】
귀인들 다투어 맞아 가려 애써도 소용없고
천승(千乘)*¹의 임금이 모셔가려 해도 가지 않네.

이것이 여자의 절개요 신의이니
어찌 죽은 사람 잊고 산 사람 쫓으리.

칼로 코 베어 스스로 얼굴을 상하게 하니
어린 자식 더욱 외로울까 차마 죽지는 못하노라.
정승이 이대로 보고하니 마침내 왕도 단념하고
면세하고 이름 내려 그 절개 표창했네.

【원문】
高行 梁之賢婦 早寡不嫁 梁貴人 爭欲娶之 不能得 梁王聞之 使相聘焉 高行
曰 妾聞婦人之義 一往而不改 以全貞信之節 忘死而趨生 是不信也 慕貴而忘
賤 是不貞也 棄義而從利無以爲人 乃援鏡持刀以割其鼻曰 妾已刑矣 所以不
死者 不忍幼弱之重孤也 王之求妾者 以其色也 今刑餘之人 殆可釋矣 於是相
以報 王大其義 高其行 乃復其身 尊其號曰高行

【詩】
貴人求娶謾紛爭 千乘侯王聘未行
自道婦人貞信耳 豈容忘死却趨生

持刀割鼻作刑餘 幼稚重孤可忍諸
相以報來終自釋 梁王錫號亦猗歟

【註】
＊1 전쟁용 수레 천 대를 갖출 힘이 있는 나라라는 뜻으로, 제후가 다스리는 나라를 이름.

절녀가 대신 죽다
節女代死 절녀대사

절녀(節女)는 한(漢)나라 장안(長安) 사람이다. 그녀 남편에게는 원수가 있었는데, 그자는 남편을 죽이려고 온갖 짓을 다했다.

그의 아내가 매우 어질고 효성이 있으며 의리가 있다는 말을 듣고, 그녀의 아비를 위협해서 아비가 절녀로 하여금 남편을 죽이게 하려고 했다. 절녀의 아버지가 넌지시 그 딸에게 말하자 딸이 생각했다.

'이 말을 듣지 않으면 아버지를 죽일 것이니 이는 효성스럽지 못한 일이며, 이 말을 들으면 내 남편을 죽이는 것이니 이는 의리가 아니다. 효성스럽지 못하고 의리가 없는 바에야 살아 있다고 한들 어떻게 세상에 얼굴을 들 수 있겠는가. 차라리 내 몸이 대신 죽으면 될 것이다.'

절녀는 이렇게 마음먹고 말했다.

"내일 아침에 우리집 누각 위에 올라와 보라. 거기에 새로 목욕하고 동쪽으로 머리를 두고 누워 있는 사람이 있을 것이다. 그 사람이 내 남편이니 당신 손으로 죽이도록 하라. 내가 미리 문을 열어 놓고 기다리겠다."

이렇게 약속을 하고 집으로 돌아왔다. 남편에게는 아무런 일도 없는 듯 대하여 다른 곳에 누워 자도록 하고, 자신은 목욕을 하고 남편 옷으로 갈아입은 뒤 누각 위에 누워 있었다.

밤이 되자 원수가 달려왔다. 누각 위에 올라가 보니 과연 동쪽을 향해 누워 있는 사람이 있었기에 머리를 베어 가지고 밝은 데서 보니 그 아내 절녀의 머리였다.

원수는 분하게 여겼으나 절녀의 의리에 감탄하여 마침내 남편을 죽이고자 했던 생각을 버렸다.

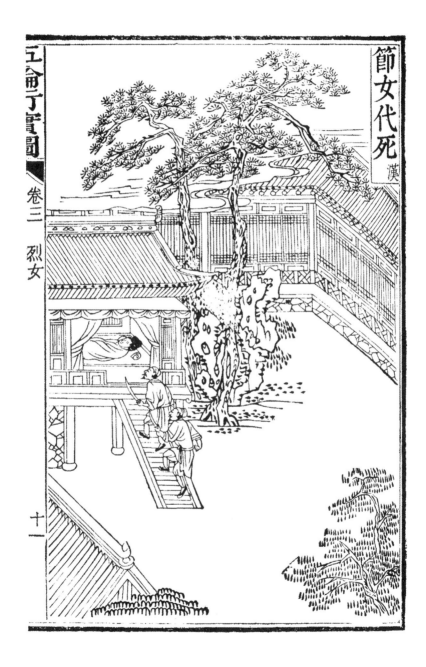

【詩】

내 들으니 절녀가 남편 대신 자기 몸 죽여
원수가 감동해서 용서하게 했다네.
두 가지 일 아무리 생각해도 한 가지도 할 수 없어
평생 효도와 의리 지켜 자기 몸 던졌네.

한밤에 새로 목욕하고 죽기 기다리는 마음
머지않아 흰 칼날 자기 목을 자를 것인데.
이로써 남편 원수로부터 풀려나 살게 해주니
청사에 빛나는 이름 바람 소리처럼 전하네.

【원문】

京師節女 長安人 其夫有仇人 欲報其夫而無道 聞其妻之仁孝 有義 乃劫其妻
之父 使要其女爲中讒 父呼其女告之 女念不聽則殺父不孝 聽則殺夫不義 不
孝不義 雖生不可以行於世 欲以身當之 乃且許諾曰 朝日 在樓上 新沐東首臥
則是矣 妾請開戶待之 還家乃告其夫使臥他所 自沐居樓上東首開戶而臥 夜半
仇家果至 斷頭持去 明而視之 乃其妻之頭也 仇人痛之 以爲有義 遂釋不殺其
夫

【詩】

吾聞節女代夫牀 能使仇家不敢傷
計較兩端輕與重 平生孝義一身當

中宵新沐獨含情 白刃加身庶自明
縱釋良人置生地 留芳靑史樹風聲

목강이 전처 아들을 사랑하다
穆姜撫子 목강무자

한(漢)나라 진문구(陳文矩) 후처의 자(字)는 목강(穆姜)이다. 시집와서 보니 전처가 낳은 아들이 넷이나 있었다. 목강도 아들 둘을 낳았다.

남편 문구가 안중(安衆) 땅 원님으로 부임했다가 근무지에서 죽으니, 전처 소생의 네 아들은 목강이 저희들의 친어미가 아니라 해서 몹시 미워하고 일마다 훼방 놓는 짓이 날로 더욱 심했다. 그래도 목강은 이들을 자기가 낳은 아들과 똑같이 극진히 사랑하여 먹는 것 입는 것을 모두 몸소 돌봄에 조금도 소홀히 하지 않았다.

그러던 어느 날 전처 아들 흥(興)이 병들어 몹시 위독했다. 목강이 몸소 약을 달여 먹이고 미음을 끓여 먹이니 은혜로운 인정이 더욱 두텁고 깊었다. 흥이 병이 낫자 세 아우를 불러 말했다.

"새어머니가 우리를 깊이 사랑하시는데도 우리는 은혜를 모르고 어머니로 섬기지 않았으니 우리들 죄가 너무나 크구나."

그는 삼 형제를 거느리고 남정(南鄭)에 있는 감옥으로 찾아가 새어머니의 은덕을 낱낱이 보고하고 스스로 형벌을 받기를 청했다.

고을 원님은 이 말을 듣자 이를 나라에 보고하여 그 어미를 표창하고 세금을 면제해 주었다. 그 뒤 목강은 네 아들을 잘 가르쳐 훌륭한 선비로 키웠다.

【詩】
일찍이 남편 죽자 아들 일 더욱 걱정하여
전처 소생 양육하기를 친자식보다 더 잘했네.
가르침 더욱 분명해 어미 도리 다하니
마침내 아들들도 뉘우쳐 어진 선비 되었네.

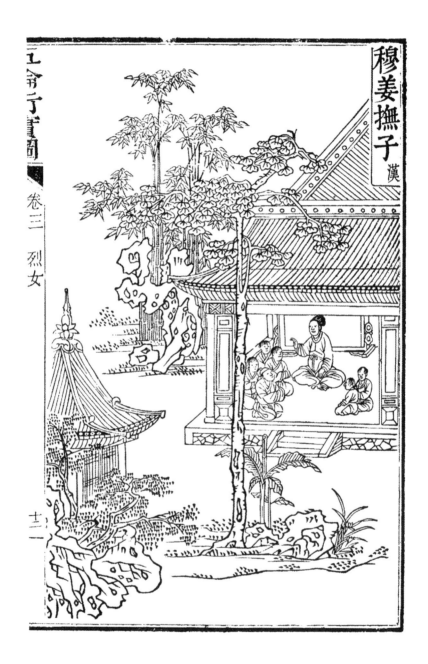

전처 아들 어리석어 새어머니를 원수같이 보니
어찌 그 어미가 뻐꾸기처럼 자식 사랑하는 줄 알리.
마침내 저들의 죄 깨닫고 감옥에 가 아뢰니
사람 마음 본디부터 악하지 않음 알겠네.

【원문】

陳文矩妻 字穆姜 有二男 而前妻四子 文矩 爲安衆令 喪於 官 四子 以母非
所生 憎毀日積 而穆姜撫字益隆 衣食資供 皆兼倍所生 前妻子興 遇疾困篤
母親調藥膳 恩情篤密 興疾瘳 呼三弟謂曰 繼母慈仁 吾兄弟不識恩養 雖母道
益隆 我曹過惡 深矣 遂將三弟 詣南鄭獄 陳母德狀已過 乞就刑辟 縣言之於
郡 表異其母 蠲除家徭 遣散四子 許以脩革 自後訓導愈明 並爲良士

【詩】

移天已喪在惸惸 撫育諸孤倍所生
訓導愈明隆母道 終敎悔悟有賢名

義子頑愚視若讎 那知慈母似鳲鳩
終然悔過爭歸獄 始信人心本不渝

정의가 스스로 목을 찔러 죽다
貞義刎死 정의문사

한(漢)나라 사람 악양자(樂羊子)의 아내는 누구 딸인지 알 길이 없다. 양자가 어느 날 길을 가다가 금덩어리 하나를 주워 가지고 집에 돌아가 아내에게 주니, 아내가 말했다.

"제가 알기로 뜻있는 선비는 도천(盜泉)*¹의 물을 마시지 않으며, 청렴한 사람은 불쌍하다고 혀를 차며 주는 음식은 먹지 않는다고 합니다. 그런데 하물며 길바닥에 흘린 물건을 주워다가 내 물건으로 삼아서 그 행동을 더럽힌단 말입니까?"

양자가 이 말을 듣고 몹시 부끄러워하며 그 길로 금덩어리를 들고 나와 들 가운데 버렸다. 악양자는 이로부터 스승을 찾아 글을 배워 7년 동안 집에 돌아가지 않았다. 살림이 넉넉하지 못한 동안에도 그의 아내는 몸소 부지런히 시어머니를 받들어 모셨고, 또 먼 길에도 남편에게 옷과 음식을 보내주었다.

어느 날 이웃집 닭이 잘못하여 양자의 집에 들어온 것을 시어머니가 몰래 잡아서 먹으려 했다. 양자의 아내가 이것을 보고 울면서 드시지 말라고 애원하니, 시어머니가 이상하게 여겨 그 까닭을 묻자 며느리가 그 연고를 말했다.

"집이 가난해서 밥상에 남의 집 고기가 올라오니 이것은 저의 불효 때문입니다."

며느리가 사정하니 시어머니는 부끄러워 그 고기를 먹지 않고 내다 버렸다.

그 일이 있고서 얼마 뒤 일이다. 도둑이 그 아내를 범하려고 먼저 그 시어미를 위협하자 이것을 본 며느리가 칼을 들고 쫓아나와 도둑 앞에 서니 도둑이 그녀에게 말했다.

"네가 칼을 버리고 내 말에 따르면 온 가족이 무사할 것이요, 그렇지 않으

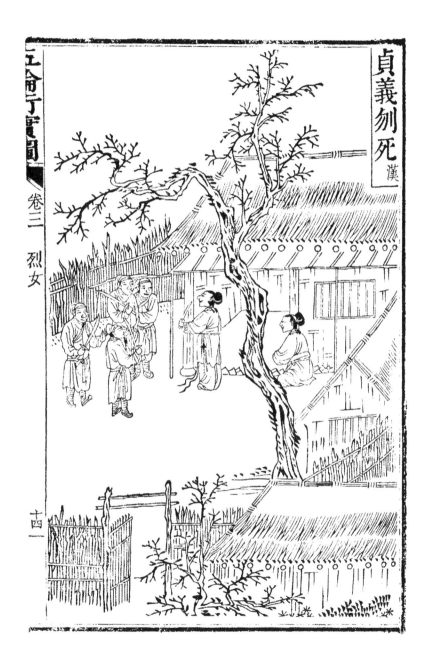

면 너와 네 시어미를 죽일 것이다."

이 말을 듣고 그녀가 하늘을 올려다보며 탄식하고는 칼을 들어 스스로 목을 찔러 죽음에 이르니 도둑은 감동하여 그 시어머니를 놓아주었다.

태수가 이 이야기를 듣고 도둑을 잡아 죽이고, 양자의 아내에게 많은 비단을 내려 예를 갖추어 후하게 장사 지내주며, 정의(貞義)라는 이름을 내렸다.

【詩】

길에서 금덩어리 얻은 것 옛사람이 부끄러워
남의 닭 잡아먹다니 가난한 집안 슬프네.
시어미 잘못 깨닫고 남편은 학문에 눈뜨니
이렇듯 조용히 간하는 것 부인된 도리일세.

집 안에 도둑 들어 먼저 시어미 위협하고
내 말 좇으면 온 식구 모두 온전하다네.
칼 들고 스스로 목을 찔러 도둑의 간담 서늘케 하니
그 의리와 굳은 절개 그림으로 오래도록 남길 만하네.

【원문】

樂羊子妻 不知何氏女 羊子嘗行路 得遺金一餅 還以與妻 妻曰 妾聞志士不飮
盜泉之水 廉者不受嗟來之食 況拾遺求利 以汙其行乎 羊子大慙 乃捐金於野
而遠尋師學 七年不返 妻常躬勤養姑 又遠饋羊子 嘗有他舍雞謬入園中 姑盜
殺而食之 妻對雞不餐而泣 姑怪問其故 妻曰 自傷居貧 使食有他肉 姑竟棄之
後盜有欲犯妻者 乃先劫其姑 妻聞 操刀而出 盜曰 釋汝刀 從我可全 不從我
則殺汝姑 妻仰天而歎 舉刀刎頸而死 盜亦不殺其姑 太守聞之 捕殺盜 而賜妻
縑帛 以禮葬之 號曰貞義

【詩】

路拾黃金恥古人 竊烹隣畜泣家貧
姑能遷善郎勤學 幾諫從容婦德新

有盜來侵首劫姑 謂言從已可全軀
擧刀刎頸摧肝膽 義烈貞姿照畫圖

【註】

* 1 샘 이름. 산동성(山東省) 사수현(泗水縣)에 있음. 공자는 그 이름이 좋지 않다 하여
이 샘물을 마시지 않았다 함.

예종이 동탁을 꾸짖다
禮宗罵卓 예종매탁

　예종(禮宗)은 한(漢)나라 사람 황보규(皇甫規)의 아내이다. 그러나 누구의 딸인지는 알 수 없다. 황보규는 일찍이 병으로 죽었으나 그의 아내 예종은 아직도 나이가 젊었고 얼굴이 예쁘기로 소문 나 있었다.

　그때 동탁(董卓)*1이 상국(相國)으로 있었는데 그는 예종의 얼굴이 예쁘다는 말을 듣고 수레 백 대와 말 스무 필에 많은 노비와 돈과 비단을 보내 그녀를 맞으려 했다. 그녀는 보통 차림의 옷으로 동탁의 집 문 앞에 엎드려 사양하며 애원했다.

　그러나 동탁은 호위하고 있는 군사들을 시켜 칼을 빼어 들고 예종을 둘러싸게 하고 호통쳤다.

　"내 위엄 있는 명령이 온 천하를 휩쓸고 있는데 너까짓 계집 하나를 이기지 못할 듯싶으냐?"

　동탁의 협박에 그녀는 욕을 면하지 못할 것을 알고 엎드렸던 몸을 일으켜 꼿꼿이 서서 똑바로 동탁을 쳐다보면서 꾸짖었다.

　"너는 본디 오랑캐 종자로서 온 천하에 해독을 끼치고도 모자라서 나까지 핍박하는 게냐? 우리 아버지는 맑은 덕망이 세상에 널리 알려졌고, 또 내 남편 황보씨는 문무(文武)를 겸한 인재로서 한나라 충신이었다. 그런데 너는 어버이답지 않게 군사들로 하여금 남의 부인에게 무례한 짓을 하게 하느냐?"

　몹시 화난 동탁이 뜰 가운데 수레를 한 채 끌어오게 하여 그 수레에 그녀의 목을 잡아매고 사람들을 시켜 어지럽게 매를 치게 했다.

　예종이 매를 때리는 자에게 말했다.

　"이 매가 왜 이렇게 힘이 없느냐. 좀 더 힘껏 쳐서 나를 빨리 죽게 해라."

　예종은 이렇게 말하고 마침내 수레 밑에서 숨을 거두었다.

이런 일이 있은 뒤 사람들은 그녀 모습을 그려두고 이름을 예종이라고 했다.

【詩】
맑은 덕 대대로 전하고 그의 절개 또한 순결하니
어찌 흉한 무리에게 그 몸 더럽히리.
제아무리 위엄이 사해를 모두 휩쓴다 해도
한 부인만은 맘대로 되지 않으리.

뜰 앞에 벌어 선 칼끝 조금도 두려워하지 않고
조용히 서서 동탁을 꾸짖었네.
그 몸 죽어 맑은 절개 온전히 하니
후세에 오래도록 그 모습 그려두고 예종이라 불렀네.

【원문】
禮宗 皇甫規妻 不知何氏女 規卒 妻年猶盛而容色美 董卓爲相國 承其名 聘以軿輜百乘馬二十四 奴婢錢帛充路 妻乃輕服詣卓門 跪自陳請 辭甚酸愴 卓使侍者拔刀圍之 而謂曰 孤之威敎 欲令四海風靡 何有不行於一婦人乎 妻知不免 乃立罵卓曰 君羌胡之種 毒害天下猶未足耶 妾之先人 淸德奕世 皇甫氏文武上才 爲漢忠臣 君親非其趣使走吏乎 敢欲行非禮於爾君夫人也 卓乃引車庭中 以其頭懸軛 鞭撲交下 妻謂持杖者曰 何不重乎 速盡爲惠 遂死車下 後人圖畫 號曰禮宗

【詩】
淸德傳家節自純 肯從兇豎浼吾身
縱然四海皆風靡 威令難施一婦人

不畏庭前列劍鋒 陳辭立罵儘從容
甘心一死全淸節 後世圖形號禮宗

*1 후한 시대 정치가로, 영제(靈帝)가 죽은 뒤 소제(小帝)를 폐하고 헌제(獻帝)를 황제로
 세움. 또 하태후(何太后)를 죽임. 뒤에 자신의 부하 여포에게 죽음을 당함.

원강이 남편의 칼을 벗겨주다
媛姜解梏 원강해곡

한(漢)나라 성도(盛道)의 아내는 조씨(趙氏), 이름은 원강(媛姜)이다. 건안(建安)*1 5년에 난리가 나자 성도가 무리를 모아 군사를 일으켰으나 일이 잘못되어 그 아내와 함께 옥에 갇혀 죽음을 당하게 되었다.

밤중이 되어 인적이 끊어지니 원강은 남편에게 말했다.

"법이란 반드시 정당한 형벌이 있게 마련이니 우리는 살아 나갈 가망이 없을 듯싶습니다. 그러니 당신은 어서 달아나 집안을 보전하십시오. 저는 여기 남아서 그대를 대신하여 벌을 받겠습니다."

그러나 성도는 차마 떠날 수가 없어 망설였다. 원강은 자기 손으로 남편의 목에 씌어진 칼(枷)을 벗겼다. 그리고 당장 먹을 양식과 노자를 준비하여 쥐어주고 다섯 살 난 아들 상(翔)을 데리고 달아나게 했다. 원강은 성도 대신 칼을 쓰고 밤을 새워 법도를 잃지 않고 옥리(獄吏)가 오기를 기다렸다.

원강은 남편이 멀리 달아난 뒤 사실대로 옥리에게 알리고 처형되었다. 그러던 중 나라에서 대사면이 내려져 그 아비와 아들은 집으로 돌아올 수 있었다. 성도는 아내 원강의 의리에 감동하여 죽을 때까지 다른 아내를 맞지 않았다.

【詩】
숙인(淑人) 조씨의 자는 원강
남편 대신 목숨 바치니 애처롭기도 하여라.
아비와 아들 모두 온전하게 문호 세우니
평생토록 아내 의리 못 잊어 장가가지 않았네.

성도는 어찌하여 군사 일으키려 했는가,

온 식구 모두 잡혀 죽게 되었네.
어진 원강 대신 벌받아 종가 제사 지키니
그 영롱한 이름 오래도록 역사에 남아 있네.

【원문】

盛道妻趙氏 字媛姜 建安五年 益部亂 道聚衆起兵 事敗 夫妻執繫當死 媛姜
夜中告道曰 法有常刑 必無生望 君可速潛逃建立門戶 妾自留獄代君塞咎 道
依違未從 媛姜 便解道桎梏爲齎糧貨 子翔年五歲 使道攜持而走 媛姜 代道持
夜 應對不失 度道已遠 乃以實告 吏應時見殺 道父子 會赦得歸 道感其義 終
身不娶

【詩】

淑人趙氏字媛姜 塞咎捐生最可傷
父子俱全門戶立 終身不娶義難忘

盛道胡爲欲弄兵 渾家繫獄勢難生
賢媛代戮存宗祀 竹帛千秋有令名

【註】
＊1 후한 시대 헌제 때 연호.

영녀가 귀를 자르다
令女截耳 영녀절이

위(魏)나라 조상(曹爽)*¹의 사촌 아우 문숙(文叔)의 아내는 하후문녕(夏侯文寧)의 딸로서 이름은 영녀(令女)였다.

결혼한 지 얼마 안 되어 남편 문숙이 죽고 복상을 마치자, 그녀는 나이도 젊은 데다가 자식도 없어 친정에서 다시 시집보내려 할 것이 두려워 스스로 머리카락을 잘라 재가하지 않을 뜻을 보였다.

과연 친정에서는 영녀를 다시 시집보내려 하므로 영녀는 또다시 칼을 들어 양쪽 귀를 잘라버리고는 남편의 사촌인 조상의 집에 의지해 살았다. 그러나 사마의(司馬懿)가 조상이 모반했다며 아뢰어 그는 삼족(三族)*²이 모두 잡혀가 죽게 되는 변을 당했다.

문녕은 친정으로 피신해 온 자기 딸이 젊은 나이에 절개를 지키는 것을 가엾게 여겼다. 그리고 이제 조씨(曹氏) 집안이 멸망하여 의지할 곳이 없게 되었으니, 혹 개가할 뜻이 있을까 생각하여 다른 사람을 시켜 영녀의 마음을 움직여 보도록 하니, 그가 울면서 거짓으로 허락하여 집안사람들을 모두 믿게 했다.

그리고 자신을 지키던 사람이 잠시 느슨해진 틈을 타서 가만히 침실로 들어가 칼로 코를 베고 이불을 뒤집어쓴 채 자리에 누워버렸다.

어머니가 영녀를 불러도 대답이 없으므로 이상하게 생각하여 이불을 들춰보니 이부자리가 온통 피바다였다. 온 집안이 발칵 뒤집혀 영녀에게 몰려드니 그 비참함은 이루 말로 할 수 없었다.

어떤 사람이 말했다.

"사람이 이 세상에 사는 것은 마치 가벼운 티끌이 연약한 풀잎에 붙어 있는 것과 같소. 그런데 어찌하여 그렇듯 괴로움을 겪으시오. 그리고 지금 그대 남편의 집은 온통 오랑캐에게 멸망해 버렸는데, 누구를 위하고자 하는 거

요?"

영녀가 말했다.

"들으니 어진 사람은 자기 집안의 흥망성쇠에 따라 절개를 고치지 않으며, 의리가 있는 사람은 남편이 살았거나 죽었거나 마음을 바꾸지 않는다 합니다. 그런데 나로 말하면 조씨가 호화스럽게 살 때 끝까지 그에게 의지해 살기로 마음먹었는데, 지금 그 집이 쇠퇴하고 망했다 해서 차마 그 결심을 버릴 수 있겠습니까. 그것은 짐승 짓이니, 어찌 내가 그런 짓을 할 수 있겠습니까."

【詩】
머리털 자른 것 참된 정성 나타낸 것이니
부모는 어찌하여 그 성심 빼앗으려 했는가.
남몰래 코 자르고 이불 쓰고 누웠을 때
이부자리 피 흥건하니 그 누가 놀라지 않으리.

남편의 집 모두 망하니 다시 누구에게 의지하리
이런 때 예사로운 마음으론 흔들리기 마련이네.
영녀는 잘살고 못사는 것으로 마음 바꾸지 않으니
그 결심 끝까지 지켜 훼손하지 않았네.

【원문】
曹爽從弟文叔妻 夏侯文寧之女 名令女 文叔蚤死 服闋 自以年少無子 恐家必嫁已 乃斷髮爲信 後家果欲嫁之 令女 復以 刀截兩耳 居止常依爽 及爽被誅 曹氏盡死 文寧 憐其少執義 又曹氏無遺類 冀其意阻 乃微使人風之 令女泣曰 吾亦惟之 許之是也 家以爲信 防之少懈 令女 竊入寢室 以刀斷鼻 蒙被而臥 母呼不應 發被視之 血流滿床席 擧家驚惶 往視之莫不酸鼻 或謂曰 人生世間 如輕塵棲弱草耳 何辛苦乃爾 且夫家夷滅已盡 欲誰爲哉 令女曰 聞仁者不以盛衰改節 義者不以存 亡易心 曹氏盛時 尚欲保終 況今衰亡 何忍棄之 禽獸之行 吾何爲乎

【詩】
斷髮無他露至誠　爺孃何欲奪其情
伺間劋刵仍蒙被　血滿床頭孰不驚

夫家夷滅復依誰　此是常情所忽時
令女不將衰與盛　始終如一行無虧

【註】
＊1 중국 삼국시대 위나라 사람으로, 명제 때 사마의와 함께 황제 유언을 받아 어린 임금
　을 보좌함. 뒤에 그는 제왕(齊王) 방(芳)의 밑에서 무안후(武安侯)가 되어 촉나라를
　공격했으나 전세가 불리했고, 사마의가 그를 모반한다고 황제에게 아뢰어 삼족이 모두
　몰살당함.
＊2 부모·형제·처자. 또는 친계·모계·처계를 말함.

왕씨에게 제비도 감동하다
王氏感燕 왕씨감연

왕씨(王氏)는 송나라 패성(霸城) 땅 왕정(王整)의 누이이다. 위경유(衛敬瑜)에게 시집갔으나 왕씨 나이 열여섯 살 때 경유가 병으로 세상을 떠났다.

시부모와 친정 부모가 다시 시집가기를 권하므로 이에 양쪽 귀를 잘라 담아두고 죽어도 개가하지 않을 것을 맹세하니 부모들도 더는 권하지 못했다.

그녀는 죽은 남편을 위하여 무덤 앞에 몸소 나무 수백 그루를 심었는데, 그 가운데 잣나무 한 그루가 갑자기 연리지(連理枝)*¹가 되더니 한 해가 지난 뒤 또다시 나뉘어지는 것을 보고 시 한 수를 지어 읊었다.

무덤 앞 한 그루 잣나무
뿌리 얽히고 가지 또한 어우러졌네.
내 마음 능히 나무를 감동시켰던 것이니
성이 무너지는 것을 어찌 기이하다 하리.

왕씨 집 처마 끝 제비가 집을 지어 쌍쌍이 오가다가 어느 날 경유가 죽자 갑자기 제비 한 마리는 어디론가 날아가 버리고 한 마리만이 외로이 살고 있었다. 왕씨는 그 제비가 외로이 홀로 살고 있는 것을 슬프게 여겨 제비가 강남으로 돌아갈 무렵 제비 발목에 실을 매어 표시를 해주었다.

이듬해 과연 그 제비가 다시 날아왔는데, 매어준 실 끝이 아직 발목에 매어 있었다. 왕씨는 또 시 한 수를 지어 읊었다.

지난해 짝 없이 홀로 가더니
올봄에도 너 혼자서 날아왔구나.
옛 주인 그 은혜 깊고 무거워

王氏感燕

차마 쌍으로 날아올 수 없었네.

옹주자사(雍州刺史) 서창후(西昌侯) 조(藻)가 그의 아름다운 절개를 갸륵히 여겨 누각을 세우고 문 이름을 '정의 위부의 집(貞義衛婦之門)'이라고 하고, 또 누각에도 글을 써서 그 절개를 표창했다.

【詩】
젊은 나이에 남편 잃으니 차마 견디기 어려운 일,
부모 모두 시집보내려 해도 그녀의 뜻 굳건하네.
머리털 잘라 끝내 절개 고치지 않으니
그 늠름한 높은 풍도 견줄 이 없네.

암제비 홀로 열녀 방 앞에 집을 짓고
혼자 갔다 혼자 오기 몇 해를 같이했네.
주인 이미 죽었으니 내 누구 의지하리,
슬피 울고 먹지 않다가 그 무덤 곁에서 죽었네.

【원문】
王氏霸城王整之姊 嫁爲衛敬瑜妻 年十六而敬瑜亡 父母舅姑 咸欲嫁之 乃截
耳置盤中爲誓乃止 遂手爲亡壻種樹數百株墓前 柏樹忽成連理一年 許還復分
散女乃爲詩曰 墓前一株柏 根連復並枝 妾心能感木 頹城何足奇 所住戶有鷰
巢常雙飛來去 後忽 孤飛女感其偏棲 乃以縷繫脚爲誌 後歲此鷰復更來猶帶前
縷 女復爲詩曰 昔年無耦去 今春猶獨歸 故人恩旣重 不忍復雙飛 雍州刺史西
昌侯藻嘉其美節 乃起樓於門題曰 貞義衛婦之閭 又表於臺

【詩】
年少夫亡最可憐 爺孃欲嫁節彌堅
跣行剪髮終無改 凜冽高風罕比肩

雌燕依棲節婦堂 孤飛往復數年强

主人已逝竟誰托 不食哀鳴死冢傍

【註】
＊1 한 나무의 가지가 다른 나무의 가지와 맞닿아 결이 통하여 하나로 되는 것. 화목한 부
　부 또는 남녀 사이를 이르는 말로도 씀.

최씨가 살에 맞다
崔氏見射 최씨견사

수(隋)나라 조원해(趙元楷)의 아내 최씨(崔氏)는 아주 예절이 발랐다. 우문화급(宇文化及)*¹이 반란을 일으켰을 때, 원해는 아내를 데리고 황하강 북쪽으로 갔다가 다시 장안으로 오는 길에 부구(滏口)에 이르러 도둑 떼를 만났다. 원해는 겨우 몸을 빼내 달아났지만 최씨는 도둑에게 붙잡혔다.

도둑 두목이 최씨를 아내로 삼으려 하자 최씨가 말했다.

"나는 사대부의 딸이고 정승의 며느리이다. 오늘에 이르러 일이 잘못되었으니 오로지 죽음이 있을 따름이지 어찌 도둑놈 계집이 될까 보냐."

이 말을 듣고 도둑 떼가 몹시 성을 내어 최씨 옷을 발기발기 찢어버리고는 침상 위에 붙들어 눕혀 놓고 강제로 욕을 보이려 했다. 최씨는 겁탈을 당할까 두려워 거짓으로 따르는 척 말했다.

"이제 내 힘이 다했으니 그대들의 처분을 받을 수밖에 없소."

도둑이 그 말을 믿고 몸을 풀어주자 최씨는 몸을 날려 도둑이 가진 칼을 빼앗아 쥐고 나무에 등을 댄 채 우뚝 서서 말했다.

"너희가 나를 죽이려 한다면 내 이 자리에 서서 죽으려니와, 만일 나를 욕보이려 한다면 내 너희들을 이 칼로 찌를 것이니 죽고자 하는 사람은 이리 가까이 오라."

도둑의 두목이 크게 화를 내며 최씨를 죽이라 명령하니 화살을 어지러이 날아와 최씨는 숨을 거두었다.

【詩】
난리 피해 다니는 길 어지러운데
부구로 가는 도중 도둑 떼 만났네.
백 가지로 욕보이려 해도 끝내 굽히지 않으니

그 늠름한 높은 절개 매섭고 위엄 있네.

힘으론 못 당하니 거짓말로 속일 수밖에
죽는 것 쉽게 여겨 조금도 후회 없네.
저만큼 큰 나무 한 그루 있어
해마다 쓸쓸히 서 있으니 보는 사람 슬프게 하네.

【원문】

趙元楷妻崔氏 甚有禮度 宇文化及之反 元楷隨至河北 將歸長安 至滏口 遇盜
僅以身免崔爲賊所拘 請以爲妻 崔曰 我士大夫女 爲僕射子妻 今日破亡 自可
卽死 終不爲賊婦 羣賊毁裂其衣 縛於牀簀之上 將陵之 崔懼爲所辱 詐之曰
今力已屈 當受處分 賊遂釋之 妻因取賊刀 倚樹而立曰 欲殺我 任加刀鋸 若
覓死 可來相逼 賊大怒 亂射殺之

【詩】

流離避賊勢蒼皇 滏口途中遇犬羊
陵辱百端終不屈 凜然高節逼秋霜

權辭只爲力難支 視死如歸不可追
惟有當時一株樹 年年蕭瑟使人悲

【註】

＊1 수나라 때 사람으로 성품이 몹시 음흉했음. 수나라 황제 양제를 따라 강도(江都)에 있
다가 황제를 죽인 뒤 진왕(秦王) 호(浩)를 세우고 자기는 대승상(大丞相)이 되었다.
뒤에 또 호를 죽이고 허(許)라는 나라를 세움. 그러나 당나라 건덕 첫무렵 두건덕에게
죽음.

숙영이 머리카락을 자르다
淑英斷髮 숙영단발

당나라 이덕무(李德武)의 아내 배씨(裵氏)의 자는 숙영(淑英)으로, 안읍공(安邑公) 배구(裵矩)의 딸이다. 어려서부터 효행으로 인근 마을에 떠들썩하게 소문이 났다.

이덕무가 죄를 지어 영남(嶺南)으로 귀양 가게 되니, 이때 숙영은 시집온 지 겨우 1년밖에 되지 않았을 때였다. 숙영의 아버지 배구는 황제에게 글을 올려 숙영을 이혼시키려 했다.

이덕무가 떠나기 앞서 아내에게 말했다.

"나는 이제 집을 떠나면 살아 돌아올 수가 없을 것이오. 그러면 그대는 반드시 다른 사람을 좇게 될 것이오. 우리 이 자리에서 영원히 헤어집시다."

숙영이 대답하기를

"지아비는 곧 하늘이니 어찌 하늘을 배반하겠습니까. 죽어도 다른 뜻을 품지 않겠습니다."

그러면서 귀를 베어 맹세하려 하자, 옆에 있던 보모(保姆)가 칼을 빼앗아 억지로 말렸다. 이덕무가 귀양길을 떠나자 숙영은 정월 초하루와 매월 초하루와 보름마다 시집 어른들에게 문안을 드리고 공손한 태도로 살며 얼굴에 화장을 하지 않았다.

열녀전을 읽다가 개가하지 않은 지어미에 대한 구절이 나오면 그는 옆 사람에게 말했다.

"두 집 뜰을 밟지 않는다는 것은 부인으로서 마땅히 해야 할 일인데 무엇이 특별하다고 여기에 올려놓았단 말이오?"

그로부터 10년이 지났으나 이덕무는 돌아오지 않았다. 배구가 기어이 딸을 다시 시집보내려 하자 숙영이 머리카락을 자르고 밥을 먹지 않으므로 배구도 딸의 뜻을 꺾지 못했다.

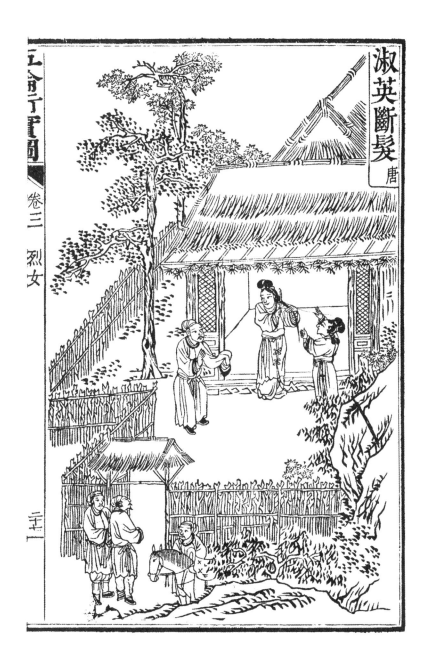

이런 줄 모르고 이덕무는 귀양지에서 새로 아내 주씨(朱氏)를 맞았다. 대사면이 내려져 고향으로 돌아가는 도중 아내 숙영이 수절함을 듣고 이덕무는 후처를 돌려보내고 숙영과 다시 부부가 되어 지난날처럼 살았다.

【詩】
시집온 지 1년 동안 단란한 가정 이루었더니
남편이 죄에 연루되어 영남으로 귀양갈 때
영원히 헤어지자는 한 마디 참으로 간절하니
차라리 죽을지언정 딴 데로는 가지 않겠소.

머리 깎고 마음 굳혀 빈 방을 지키는데
덕무는 어이해서 다른 아내 맞았는가.
죄 풀려 돌아오다 아내의 절개 듣고
서로 다시 화락하니 처음과 같네.

【원문】
李德武妻裵氏 字淑英 安邑公矩之女 以孝聞鄕黨 德武在隋 坐事徙嶺南 時嫁
方踰歲 矩表離婚 德武謂裵曰 我方貶無還理 君必儷他族 于此長訣矣 答曰
夫天也 可背乎 願死無他 欲割耳誓 保姆持不許 夫姻婭 歲時朔望 裵致禮惟
謹 居不御薰澤 讀列女傳 見述不更嫁者 謂人曰 不踐二庭 婦人之常 何異 而
載之書 後十年德武未還 矩決嫁之 斷髮不食 矩知不能奪聽之 德武 更娶爾朱
氏 遇赦還 中道聞其完節 乃遣後妻 爲夫婦如初

【詩】
嫁方踰歲樂初酣 坐事移天配嶺南
長訣一言眞激切 不歸他族死猶甘

剪髮焦心守一閨 胡爲德武納他妻
赦還中道聞完節 相好如初復與齊

위씨가 손가락을 자르다
魏氏斬指 위씨참지

당나라 번언침(樊彦琛)의 아내 위씨(魏氏)는 양주(揚州) 사람이다. 번언침이 병을 앓자 위씨가 말했다.

"그대의 병이 이토록 위독한데 제가 어찌 그대 혼자 죽게 하겠습니까?"

언침이 말했다.

"태어나고 죽는 것은 하늘 뜻이오. 그대는 어린 자식들을 길러서 우리 집안을 일으켜 주오. 지금 나를 따라 같이 죽는다는 것은 내가 바라는 일도 아니려니와 아무 소용도 없는 짓이오."

이런 부탁을 남기고 번언침이 죽었다. 그런데 이때 서경업(徐敬業)*¹의 난이 일어나 고을이 함락되었다. 서경업의 장수 가운데 하나가 위씨가 음악에 조예가 있다는 말을 듣고, 쟁(箏)*²을 타보라고 하니 위씨가 말했다.

"슬프구나. 남편을 따라 죽지 못한 것도 내 죄인데, 이제 나에게 음악으로 핍박하니 이것은 모두 내가 잘못해서 받는 화로구나."

그리고 칼을 빼어 자기 손가락을 잘라버렸다. 이때 군사 하나가 위씨를 위협해 아내로 삼으려 했다. 위씨가 끈질기게 버티고 따르지 않으니 목에 시퍼런 칼날을 대고 "나를 따르면 죽이지 않으리라" 하니 위씨가 크게 꾸짖어 말했다.

"이 개 같은 도둑놈아! 욕보이려 하지 말고 빨리 나를 죽여라. 네 말을 들을 내가 아니다."

위씨는 이렇게 적을 꾸짖다가 결국 해를 입어 죽었다.

【詩】
혼인할 때는 해로(偕老)하기 기약했더니
남편이 먼저 갈 때 왜 따라가지 못했던가.
어린 자식 길러 집안 일으키라는 부탁

魏氏斬指 唐

그 말 거역 못해 이렇게 혼자 슬퍼했다네.

또다시 불행 닥쳐 난리 속에 휘말리니
쟁을 타서 이 몸 더럽히라네.
손가락 자르고 버티다가 마침내 해를 입으니
그 이름 오랜 세월 높은 정절 드날렸네.

【원문】

樊彦琛妻魏氏 揚州人 彦琛病 魏曰 公病且篤 不忍公獨死 彦琛曰 死生常道
也 幸養諸孤使成立 相從而死 非吾取也 彦琛卒 値徐敬業難 陷兵中 聞其知
音令鼓箏 魏曰 夫亡不死 而逼 我管絃 禍由我發 引刀斬其指 軍伍欲彊妻之
固拒不從 乃刃 擬頸曰 從我者不死 魏厲聲曰 狗盜乃欲辱人 速死吾志也 遂
見害

【詩】

合巹曾成偕老期 良人乘化盍相隨
佩銘幸養諸孤語 弔影當時獨自悲

遭時不幸陷兵中 逼使彈箏欲玷躬
斬指抗辭終遇害 留名千古播貞風

【註】

*1 당나라 때 적(勣)의 손자. 여러 번 전쟁에 나가 용맹스럽다는 이름이 남았다. 뒷날 무
   후(武后)가 중종(中宗)을 폐하고 당나라 종친을 모두 죽이는 것을 보고서 당지기(唐之
   奇)·낙빈왕(駱賓王) 등과 함께 무씨(武氏)를 치다가 실패하여 죽음. 서경업의 난은 그
   가 무씨를 칠 때 이야기임.
*2 줄을 튕겨서 소리를 내는 현악기로서 거문고보다 조금 작음. 《수서(隋書)》〈악지(樂
   志)〉에 따르면 쟁은 줄이 열셋이고, 몽염(蒙恬)이 만든 것이라고 함.

이씨가 남편의 시신을 지다
李氏負骸 이씨부해

이씨(李氏)는 오대(五代)*¹ 시대 왕응(王凝)의 아내이다. 왕응은 일찍이 괵주사호참군(虢州司戶參軍)으로 있다가 병에 걸려 근무지에서 죽었다. 그의 집은 본디 가난했고 아들 하나가 있었으나 아직 어렸다.

이씨가 아들의 손을 이끌고 남편 시신을 거두어 등에 지고 돌아오고 있었다. 개봉부(開封府)에 이르렀을 때 날이 저무니 여관에 들어 머물 수밖에 없었다. 여관 주인은 부인이 혼자서 어린아이를 데리고 있는 것이 의심쩍어 하룻밤 묵기를 허락하지 않았다.

이씨가 하늘을 쳐다보고는, 날이 이미 저물었으니 묵어가게 해줄 것을 애원했으나 여관 주인은 듣지 않고 이씨 부인의 팔을 끌어 문밖으로 내쫓았다. 이씨가 하늘을 우러러 깊이 탄식했다.

"내 아내 된 몸으로 절개를 지키지 못하고 이 손을 남에게 잡혔구나. 하지만 이 손 하나 때문에 내 몸뚱이를 모두 욕되게 할 수는 없다."

그러고는 도끼를 들어 스스로 그 팔뚝을 찍어버렸다. 길을 가다가 이것을 본 사람들 모두 탄복하여 눈물을 흘리지 않는 이가 없었다.

이 소식이 개봉부윤에게 알려지니 부윤(府尹)이 그 사실을 조정에 아뢰었다. 조정에서는 이씨 부인에게 약을 내려 팔을 치료하게 하여 후히 구제해주고, 여관 주인은 잡아다가 모질게 매를 때렸다.

【詩】
지아비 갑작스레 근무지에서 죽자
어린 아들 데리고 남편 시신 거두는 애달픔이여!
날은 저물었는데 여관에서 재워주지 않아
분하여 목놓아 우니 눈물 옷깃을 적시네.

절개 지키는 것 팔 자르기보다 더 어려운 일이었을까,
지나던 사람들 모두 모여 눈물 흘리네.
그즈음 개봉부에서 조정에 이 사실 알리니
은혜로운 임금의 명령 높이 올려 듣고 보게 하였네.

【원문】

李氏王凝妻 凝家靑齊之間 爲虢州司戶參軍 以疾卒于官 家素貧 一子尙幼 李
携其子 負其遺骸以歸 東過開封 止旅舍 主人見其婦人獨携一子而疑之 不許
其宿 李顧天已暮 不肯去 主人牽其臂而出之 李仰天長慟曰 我爲婦人 不能守
節 而此手爲人執邪 不可以一手幷汚吾身 卽引斧自斷其臂 路人見者 環聚而
嗟之 或爲之彈指 或爲之泣下 開封尹聞之 白其事于朝官爲賜藥封瘡 厚恤李
氏 而笞其主人

【詩】

參軍一日卒於官 携幼持骸道路難
旅舍日曛遭辱斥 奮然長慟涕汎瀾

執節無如斷臂難 行人環視指爭彈
當時賴有開封奏 恩命翻爲聲聳觀

【註】

*1 중국에서, 당나라가 망한 뒤부터 송나라가 건국되기 이전까지 중원에서 흥망한 다섯
왕조. 후량(後梁)·후당(後唐)·후진(後晉)·후한(後漢)·후주(後周)를 말함.

조씨가 수레에 목매어 죽다
趙氏縊輿 조씨액여

조씨(趙氏)는 송(宋)나라 패주(貝州) 사람이다. 왕측(王則)*¹이 반란을 일으켰을 때 일이다. 왕측은 조씨 얼굴이 아름답다는 말을 듣고 사람을 시켜 협박하여 그녀를 아내로 맞이하려 했다.

조씨는 날마다 울면서 꾸짖어 죽여달라고 했다. 하지만 왕측은 조씨의 아리따운 용모를 아꼈으므로 죽이지 않고 많은 부하들을 시켜 스스로 죽지 못하도록 밤낮으로 지키게 했다.

조씨는 아무리 생각해도 빠져나갈 길이 없음을 깨닫고 거짓으로 말했다.

"그대가 기어이 나를 아내로 삼고자 한다면 마땅히 좋은 날을 골라 예절을 갖추고 데려가도록 하오."

왕측은 이에 따르기로 하고 조씨를 호위하여 집으로 돌려보냈다.

그러나 조씨의 가족들도 그가 자살하면 온 집안이 왕측에게 화를 면할 수 없을 것을 두려워하여 사람을 시켜 조씨를 지켜보게 했다. 과연 며칠 안 되어 왕측은 후한 폐백과 호화스러운 수레를 보내 조씨를 맞으러 왔다. 조씨는 가족들에게 영결 인사를 했다.

"나는 오늘 가면 다시 살아 돌아오지 못할 것이니 그리 아십시오."

식구들이 그 까닭을 물으니 대답했다.

"어찌 도적에게 이렇듯 욕 보고 살 수가 있겠으며 또 살아야 할 까닭이 있겠습니까?"

집안 사람들이 말했다.

"하지만 집에 있는 식구들의 살길을 위해서 참을 수 없겠느냐."

이에 조씨가 대답하기를

"그런 걱정은 하지 마십시오. 제가 알아서 하겠습니다."

그러고는 눈물을 흘리며 마침내 수레에 올랐다. 관아에 이르러 수레의 발

趙氏縊輿 朱

〔簾〕을 걷고 보니 조씨는 이미 수레 안에서 목을 맨 채 죽어 있었다.

이것을 보고 그 무렵 상서둔전원외랑(尙書屯田員外郎) 장인(張寅)이 지은 조녀시(趙女詩)가 있다.

【詩】
미색에는 화(禍)가 따르는 것
도둑이 혼례 갖추어 억지로 맞아 가네.
가마에 올라 울면서 집안 사람과 영결하는 말
더럽히고 욕됨이 이 같으니 구차히 살지 않겠소.

죽음에 임해 흔들림 없기 참으로 어려운 것
그 높은 의리 태산보다 더 중하네.
아름다운 인물이 화 입은 빌미라고 하지 말라,
향기로운 그 이름 청사에 머무르네.

【원문】
趙氏 貝州人 王則反 聞趙有殊色 使人劫致之 欲納爲妻 趙日號哭 慢罵求死
賊愛其色不殺 多使人守之 趙知不脫 乃紿曰 必欲妻我 宜擇日以禮聘 賊從之
使歸其家 家人懼其自殞 得禍于賊 益使人守視 賊具聘幣 盛輿從來迎 趙與家
人訣曰 吾不復歸此矣 問其故 答曰 豈有爲賊汚辱至此 而尙有生理乎 家人曰
汝忍不爲家族計 趙曰 第無患 遂涕泣登輿而去 至州廨 擧簾視之 已自縊輿中
死矣 尙書屯田員外郎張寅 有趙女詩

【詩】
美色從來禍所嬰 賊修婚禮强來迎
登輿泣與家人訣 汚辱如斯不苟生

就死從容世所難 屹然高義重於山
莫言殊色爲身祟 留得香名汗竹間

【註】

*1 송나라 선의군(宣毅軍)에 소속 소교(小校)가 되었음. 인종 황제 끝무렵 무리를 모아 패주를 점령하고 스스로 동평군왕(東平郡王)이라 이름하고 나라를 세워 안양(安陽)이라고 불렀음. 그러나 66일 만에 토벌당함. 여기에서 왕측이 반란을 일으켰다는 것은 패주를 점령했을 때를 말함.

서씨가 도적을 꾸짖다가 죽다
徐氏罵死 서씨매사

서씨(徐氏)는 송나라 화주(和州) 사람으로, 굉중(閎中)의 딸이다. 그 고을 장필(張弼)의 아내가 되었다.

건염(建炎) 3년에 금나라 사람이 유양(維揚)을 쳐들어오자, 송나라 군대는 마치 바람에 풀이 쓸리듯 무너져 달아나는데 많은 사람들이 포로가 되거나 도둑 떼가 되었다. 도둑 떼에게 잡힌 서씨를 도둑들이 욕보이려 하자 서씨가 눈을 부릅뜨고 꾸짖었다.

"조정에서 너희들을 길러 온 것은 오늘같이 급할 때 쓰자는 것이 아니었겠느냐. 지금 적들이 쳐들어왔는데 너희들은 나가서 적을 막지 못하고 도리어 좋은 때라고 하여 도둑질을 한단 말이냐? 나는 한스럽게도 한낱 여자에 지나지 않아 칼을 들고 너희 무리의 머리를 베지 못하는 것이 분하다. 그렇지만 너희들에게 욕을 당하면서까지 구차히 살 까닭이 있느냐? 어서 나를 죽여라!"

이 말을 듣고 적들이 몹시 부끄러워했으나, 한편 분이 치밀어 칼로 서씨를 찔러 죽이고 강물 속에 던지고서 달아나 버렸다.

【詩】
송나라 군대 흩어져 달아나며 서로 죽일 적에
서씨도 난리 피하다가 도적에게 잡혔네.
그즈음 홀로 곧은 절개 지키지 않았던들
그 아름다운 이름 지금 새 그림 위에 올랐을 것
적 꾸짖는 그 말 진정에서 나왔거니
관군의 장졸들 제 홀로 무슨 마음인가.
지금까지 강물은 목메어 우는데

지나가는 행인들도 원통해하네.

【원문】

徐氏 和州人 閨中女 適同郡張弼 建炎三年 金人犯維揚 官軍望風奔潰 多肆虜掠 執徐欲汙之 徐瞋目大罵曰 朝廷蓄汝輩 以備緩急 今敵犯行在 旣不能赴難 又乘時爲盜 我恨一女子 不能引劍斷汝頭 以快衆憤 肯爲汝辱 以苟活耶 第速殺我 賊慚恚 以刃刺殺之 投江中而去

【詩】

官軍奔潰自相屠 徐氏蒼皇被執拘
不獨當時全淑行 美名今日上新圖

大罵言辭出至忱 官軍將卒獨何心
至今江水鳴嗚咽 多少行人痛憤深

이씨가 옥에서 목을 매어 죽다
李氏縊獄 이씨액옥

송나라 때 사방득(謝枋得)*¹의 아내는 이씨(李氏)요, 안인(安仁) 사람이다. 이씨는 얼굴이 매우 아름답고 총명했으며, 여자를 가르치는 옛글을 모두 읽어 통달했다. 사방득에게 시집오자 시부모를 섬겼고, 제사를 받들고 손님을 대접하는 데에 모두 예의범절이 있었다.

사방득이 병사를 일으켜 안인을 지키다가 적에게 패하여 민중(閩中)으로 들어갔다. 이때 무만호(武萬戶)가 방득의 호걸스러움을 보고 변을 일으킬 것을 두려워하여 상금을 내걸어 뒤쫓고 집안 식구까지 잡아가려고 하자 이씨는 두 어린 아들을 데리고 귀계산(貴溪山)에 들어가 가시덤불 속에 숨어 풀뿌리를 캐 먹으며 지냈다.

지원(至元) 14년 겨울, 원나라 군사가 이씨의 뒤를 밟아 산속까지 쫓아와 명령을 내렸다.

"이 산속에 숨어 있는 사방득의 아내 이씨를 잡지 못하면 이 고을을 모조리 쳐부숴 버리겠다."

이씨가 이 소식을 듣고 말했다.

"어찌 나 한 사람 때문에 이 고을 사람 모두에게 누를 끼치겠느냐. 내가 나가면 일은 끝난다."

드디어 산 밑으로 내려가 잡혔다. 이듬해 이씨는 건강(建康)으로 옮겨졌다. 이때 사람들이 이씨에게 말했다.

"내일은 당신 재산과 살림을 몰수하고, 당신을 관아 노비로 삼을 것이오."

이 말을 듣고 이씨가 두 아들 등을 어루만지면서 우니, 사람들이 이 모습을 보고 다시 이씨에게 말했다.

"비록 재산을 몰수하고 당신을 데려간다 해도 앞으로 높은 관리 부인이 될 것인데 어찌 울고 있소?"

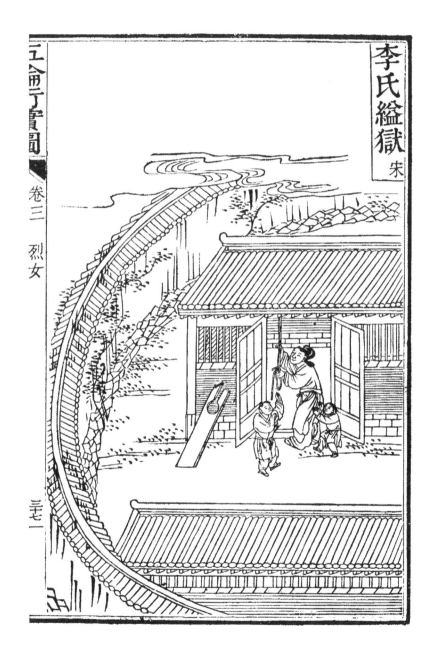

이씨가 "내가 어찌 두 남편을 섬긴단 말이오?" 하고는 두 아들을 돌아보며 말했다.

"다행히 살아서 돌아가거든 너희들은 할머님을 정성껏 섬겨라. 나는 끝내 모시지 못할 것 같다."

이날 밤 이씨는 치마끈으로 스스로 목을 매어 옥중에서 죽었다.

【詩】

남편이 군사에 패해 민중으로 도망할 제
산속에 몸을 숨겨 괴로이 목숨 지켰네.
들으니 내 고장 모두 무찔러 버린다니
차라리 내가 잡혀 재앙 면하게 하리.

옥사에 갇힌 지 두 해 내 목숨 끊고자
울면서 두 아들에게 할머니 잘 모시라 일렀네.
그 굳은 절개 틀림없이 남다르니
마땅히 그 품행 표창해 새 그림 그리리.

【원문】

謝枋得之妻李氏 安仁人 色美而慧 通女訓諸書 嫁枋得 事舅姑 奉祭 待賓 皆有禮 枋得起兵守安仁 兵敗 逃入閩中 武萬戶以枋得豪傑 恐其扇變 購捕之 跟及其家人 李携二子 匿貴溪山荊棘中 採草木而食 至元十四年冬元兵蹤跡至山中 令曰 苟不獲李 屠而墟 李聞之曰 豈可以我故累人 吾出事塞矣 遂就俘 明年 徙囚建康 或指李言曰 明當沒入矣 李聞之 撫二子而泣 左右曰 雖沒入 將不失爲官人妻 何泣也 李曰 吾豈可嫁二夫耶 顧謂二子曰 若幸生還 善事吾姑 吾不得終養矣是夕 解裙帶自經獄中死

【詩】

良人兵敗走閩中 匿跡山林固守窮
聞說里閭將累及 翻然就獲自當躬

拘囚二載欲捐軀　泣訣諸兒善事姑

志節凜然堪勵俗　也宜褒獎繪新圖

【註】

＊1 송나라 때 익양(弋陽) 출신. 자는 군직(君直). 호는 첩산(疊山). 사람됨이 호탕하고
　　바른말을 잘함. 민병(民兵)을 단결시켜 요신(饒信)을 막았고, 가사도(賈似道)에게 미
　　움을 받아 흥국현(興國縣)으로 귀양 갔다가 돌아와 강동제형(江東提刑)으로서 원나라
　　군사와 싸우다가 패하여 당석산에 숨기도 함. 원나라 군사에게 잡혀갔으나 끝내 굽히
　　지 않고 굶어 죽음. 그의 어머니 계씨(桂氏)는 대의(大義)에 밝은 여인으로, 그의 아
　　내 이씨는 절개를 지킨 여인으로 유명함.

옹씨가 남편과 함께 죽다
雍氏同死 옹씨동사

송나라 때 옹씨(雍氏)는 지주(池州) 군수 조묘발(趙卯發)의 아내이다. 이 때 원나라 군사가 지주를 치자 조묘발은 막아내지 못할 것을 알고 옹씨에게 말했다.

"아무래도 이 성은 적의 공격을 막아내지 못할 듯싶소. 그러나 나는 이 성을 지키는 신하로서 성을 버리고 달아날 수 없으니 당신은 먼저 피하시오."

그러나 옹씨가 말했다.

"그대는 임금의 명을 받은 관리의 몸이고 저는 그 명을 받은 신하의 아내가 아닙니까? 그대가 충신이라면 저라고 충신의 아내가 되지 말라는 법은 없겠지요. 차라리 그대를 좇아 지하까지 따라가겠습니다."

묘발이 웃으며 말했다.

"이것이 어찌 여자로서 할 수 있는 일이겠소."

옹씨가 말했다.

"원컨대 낭군보다 한 걸음 먼저 죽게 해주십시오."

그러자 묘발이 웃으며 이를 말렸다.

이튿날이 되었다. 묘발은 자기의 재산을 헐어 아우와 조카, 그리고 노비들에게 모두 나누어 주었다. 적의 공격이 더욱 거세진 것이다.

묘발이 아침 일찍 일어나 책상 위에 이렇게 적었다.

"임금은 차마 배반하지 못하는 것이요, 성은 감히 항복시킬 수 없는 것이다. 우리 부부는 함께 죽어 그 절의를 쌍으로 나타내리라."

그런 뒤 옹씨와 더불어 새 옷으로 갈아입고 종용당(從容堂)에서 함께 목을 매었다. 종용당은 묘발이 처음에 이 집을 세우고서 붙인 이름이다.

난리가 일어나 적의 공격이 심해지자 그는 이 집을 가리키며 말했다.

"나는 반드시 이 종용당에서 죽을 것이다."

이튿날 원나라 장수 백안(伯顏)*¹이 군사를 거느리고 성 안으로 들어와 묘발 부부 죽음을 아깝게 여겨 깊이 탄식하고는, 관을 마련하여 염습하고 부부를 합장(合葬)하게 한 뒤 그 묘를 찾아 몸소 제사 지내고 갔다.

【詩】
원병이 남쪽으로 내려와 성이 함락될 때
도망가 살았으면 아내는 살았을 터.
그 남편에 그 아내 같은 날 목매어 죽으니
지하에까지 함께 가는, 참다운 정절일세.

지주 군수 묘발과 그 아내 옹씨
그 절의 짝이 되어 빛났으니 세상 드문 일일세.
송나라 사람들 송나라 위해 죽었으니
종용당 위에 종용한 귀신 되었네.

【원문】
雍氏池州通判趙卯發妻 元兵徇池州 卯發 知事不濟 謂雍氏曰 城將破 吾守臣
不當去 汝先出走 雍曰 君爲命官 我爲命婦 君爲忠臣 我獨不能爲忠臣之婦乎
寧相從於地下 卯發笑曰 此豈婦人女子所能也 雍曰 吾請先君死 卯發笑止之
明日 乃散其家貲 與弟姪僕婢 悉遣之 及師薄城 卯發晨起書几上曰 君不忍叛
城不敢降 夫婦同死 節義成雙 遂與雍氏盛服 同縊 從容堂 卯發始爲此堂名以
從容 及兵劇指所題扁曰吾必死於是 明日伯顏 領兵入城 深歎惜之 命具棺衾
合葬 祭其墓而去

【詩】
元兵南下陷州城 去住分明繫死生
命婦命官同日縊 相從地下是眞情

池州倅趙與妻雍 節義成雙罕躡蹤
大宋人爲大宋鬼 從容堂上自從容

＊1 몽고 팔린무(八隣武) 출신으로 원나라 첫무렵 세조 때 벼슬에 올라 송나라를 쳐서 공
　로를 세웠으며, 나중에 회남왕(淮南王)에 책봉됨. 여기에서는 백안이 송나라로 쳐들어
　왔을 때 일을 말함.

왕정부의 맑고 깨끗한 풍도
貞婦淸風 정부청풍

왕정부(王貞婦)는 송나라 임해(臨海) 사람의 아내이다. 덕우(德祐)*1 2년 겨울에 원나라 군사가 절동(浙東)으로 쳐들어왔다. 이 난리에 왕정부의 시부모와 남편이 모두 잡혀갔고 오래지 않아 모두 적병에게 죽었다.

적군 대장이 왕정부를 보고 그녀의 매우 아름다운 얼굴에 반하여 그녀를 아내로 맞이하고자 음흉한 생각을 품었다. 정부가 울며불며 몸부림치고 몇 번이나 자결하려 했으나 번번이 적병에게 들켜 뜻을 이루지 못했다. 밤에도 명령을 내려 그들이 포로로 잡은 여인들을 시켜 어찌나 엄하게 지키는지 도무지 자결할 틈이 없었다. 정부가 꾀를 내어 적군 대장에게 말했다.

"내가 남의 아내가 되었을 때는 내 몸을 마칠 때까지 그 남편을 진심으로 섬기려 했습니다. 그러던 것이 지금 우리 시부모까지 남편과 함께 죽었으니 그들을 위해서 상복을 입어드리지 못한다면 이것은 하늘을 모름이 아니겠습니까? 하늘을 모르는 사람을 앞으로 어디에 쓴단 말입니까? 청컨대 내가 시부모와 남편을 위해서 상복을 입은 다음에 그때 가서는 명에 따를 것이며, 만일 내 말을 들어주지 않으면 나는 여기서 죽고 말겠습니다."

적군 대장은 허락하지 않으면 왕정부가 죽는다고 할까 두려워 그 말을 들어주었다. 그러나 그를 지키는 것은 전보다 더욱 엄중히 했다.

그 이듬해 봄이 되어 회군할 때 적군 대장은 왕정부를 데리고 가다가 승현(嵊縣) 청풍령(靑楓嶺) 아래 임절학(臨絕壑)이라는 골짜기에 이르렀다.

정부를 데리고 가며 지키던 사람들이 잠시 한눈을 팔자 정부는 이때를 틈타 손가락을 깨물고 피를 내어 바위 위에 글을 쓰고는 남쪽을 바라보며 통곡하다가 낭떠러지 아래로 스스로 몸을 던져 죽었다.

글자를 적은 피는 모두 바위틈으로 스며들어 돌이 되었는데, 날이 흐리거나 비가 올 때면 그 핏기운이 위로 솟아 처음 썼을 때의 빛이 그대로 나타났다.

貞婦清風
宋

五倫行實圖

卷三 烈女

罕二

원나라 지치(至治)*² 시절에 이르러 왕정부를 표창하기 위하여 군수가 고개 위에 돌로 사당을 세우고 이름을 청풍령으로 고쳤다.

【詩】
원나라 군사 절동에 들어왔을 때
불행히 시부모와 남편 모두 적군에게 죽었네.
자기 얼굴 아름다워 화 면하기 어렵기에
백 가지 꾀로 거짓말하여 복(服)을 마쳤네.

청풍령에 이르니 험하고 위태로운 곳
피로 돌에 글을 쓰니 오직 하늘이나 알리.
남쪽 향해 통곡하고 절벽 아래 몸 던져 죽으니
고개 스쳐가는 맑은 바람 만고를 불어오네.

【원문】
王貞婦 夫家臨海人 德祐二年冬 元兵入浙東 與其舅姑夫 皆被執 旣而舅姑與夫皆死 主將 見婦晳美 欲內之 婦號慟欲自殺 爲奪挽不得死 夜令俘囚婦人雜守之 婦陽謂主將曰 以吾爲 妻妾者 欲令終身善事也 吾舅姑與夫死而不爲之衰 是不天也 不天之人 將焉用之 願請爲服期 卽惟命 苟不聽我 我終死耳 主將 恐其誠死許之 然防守益嚴 明年春 師還 挈行至嵊縣靑楓嶺下 臨絶壑 婦待守者少懈 囓指出血 書字山石上 南望慟哭 自投崖下而死 後其血皆漬入石間 盡化爲石 天且陰雨 卽墳起如始書時 元至治中 旌爲貞婦 郡守 立石祠嶺上 易名曰淸風嶺

【詩】
不幸元兵入浙東 舅姑夫壻陷軍中
自將晳美知難免 百計陽言請服終

行至靑楓險且危 血書山石獨天知
一從慟哭投崖死 嶺上淸風萬古吹

＊ 1 송나라 공종 황제 때 연호.
＊ 2 원나라 영종 황제 때 연호.

양씨가 남편을 살리고 죽음을 당하다
梁氏被殺 양씨피살

양씨(梁氏)는 송나라 임천(臨川) 사람이다. 왕씨에게 시집온 지 몇 달 지나지 않아 원나라 군사가 그 고을로 쳐들어오니, 양씨가 남편에게 약속을 했다.

"제가 만일 적병에게 잡히면 의리에 죽을지언정 결단코 적에게 욕은 당하지 않을 것입니다."

얼마 안 되어 이들 부부 모두 적병에게 잡혔다. 이때 적의 장수가 강제로 양씨를 협박하여 자기 아내로 삼으려 하자 양씨가 거짓으로 말했다.

"누구나 남편에게는 부부 사이의 정리가 있습니다. 그런데 어찌 남편이 있는 데서 다른 남편을 섬길 수 있겠습니까. 그러니 내 남편을 집으로 돌려보내 주십시오. 그렇게 하면 그대의 말을 듣겠습니다."

적장이 이 말을 곧이듣고 그 남편에게 돈과 비단을 주어 돌려보내는데, 활과 화살 하나까지 주면서 해치려는 군사가 있으면 활을 당겨 쏘아 죽이라 했다. 왕씨가 길을 떠나 10여 리쯤 갔을 때 부인은 적장을 막으며 큰 소리로 꾸짖었다.

"이 머리를 깨쳐 죽일 놈 같으니! 내가 남편과 맹세한 바가 있으니 천지의 귀신이 모두 이를 알고 있다. 여기까지 와서 이 몸이 죽으면 죽었지 어찌 네 말을 듣겠느냐?"

말을 마치고 적장을 마구 때리다가 결국 죽음을 당했다.

【詩】
양씨 시집온 지 몇 달 안 되었는데
원나라 군사 침입하여 막을 길 없네.
어차피 남편과 함께 살 길 없음을 알고

죽음을 맹세하니 저 하늘이 내려다볼 터.

집 살림 모두 적에게 빼앗겼건만
조용한 말로 남편 살릴 꾀 생각해 냈네.
죽음으로 절개 지키니 누가 그를 범하리,
늠름하고 정결한 자태 오늘까지 생각케 하네.

【원문】

梁氏 臨川人 歸王氏纔數月 會元兵至 與夫約曰 吾遇兵必死 義不受汙辱 頃
之 夫婦被掠 有軍千戶 強使從已 婦紿曰 夫在 坑儷之情 有所不忍 乞歸之而
後可 千戶 以所得金帛與其夫而歸之 幷與一矢以却後兵 約行十餘里 千戶卽
之 婦拒且罵曰 斫頭奴 吾與夫誓 天地鬼神寔臨之 此身寧死 不可得也 因奮
搏之 乃被殺

【詩】

梁氏于歸數月餘 元兵孔熾若乘虛
自知未遂偕生計 誓死蒼天實鑑予

家室俱爲虜所擒 緩辭元是活夫心
忘生抗節誰能犯 磊落貞姿想至今

명수가 스스로 관을 갖추다
明秀具棺 명수구관

금나라 포찰씨(蒲察氏)의 자는 명수(明秀)이며, 완안장락(完顏長樂)의 아내이다.

금나라 제9대 애종(哀宗)이 귀덕(歸德)으로 옮길 때 완안장락을 시켜 모든 장병을 거느리고 임금을 따르게 했다. 장락에게는 어린 아들이 하나 있었는데 전처 시씨(柴氏)의 소생이었다. 그러나 명수는 마치 자기가 낳은 자식처럼 사랑으로 길렀다.

그 무렵 최립(崔立)이 변란을 일으켜 모든 관리의 아내들을 모조리 몰아다가 얼굴이 고운 사람을 가려내어 욕을 보였다. 포찰은 이 소문을 듣고 종에게 어린 아들을 길러달라 부탁하고 돈과 재물을 많이 주었다. 그리고 몸소 의복과 관과 제물(祭物)을 갖추어 놓고 집안사람들과 작별하며 말했다.

"지금 최립이 무도하여 남의 아내를 강제로 끌어간다는데 그들의 군사가 이제 성 밑에 다다랐으니 내가 지금 어디로 달아난단 말이오. 차라리 한 번 죽음으로써 내 남편을 저버리지 않을 뿐이오. 부디 나의 어린 자식을 잘 길러 내 남편의 뒤를 잇게 해주오."

말을 마치고 명수는 스스로 목을 매어 죽었다. 이때 그의 나이 겨우 스물일곱 살이었다. 죽으면서도 명수는 두려워하는 빛이 없었다.

【詩】
남편은 임금 따라 돌아올 기약 없고,
전처 자식 나이 어려 어리석고 철없으나
기르기를 진실로 내 자식과 똑같이 하니
평생토록 어머니의 도리 조금도 어그러지지 않았네.

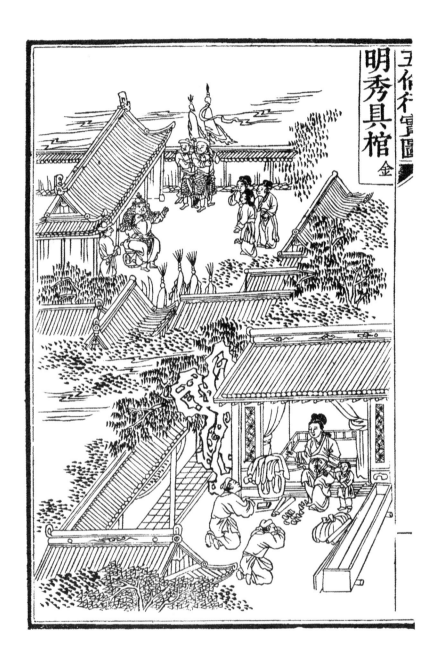

明秀具棺 金

난리 피해 몸을 온전히 할 도리 없으니
어린 자식 돈 주어서 종들에게 부탁하네.
스스로 장사 지낼 채비 갖추어 조용히 죽으니
천년 지나도 열녀 풍도 다투어 흠모하네.

【원문】

蒲察氏 字明秀 完顔長樂之妻也 哀宗遷歸德 以長樂爲總領 將兵扈從 長樂一
子在幼 出妻柴氏所生也 明秀撫育如已出 崔立之變 驅從官妻子 人自閤之 蒲
察聞之 以幼子付婢僕 且與之金幣 親具衣棺祭物 與家人訣曰 崔立不道 强人
妻女 兵在城下 吾何所逃 惟一死不負吾夫耳 汝等惟善養幼子 遂自縊而死 欣
然若不以死爲難者 年二十七

【詩】

良人扈從返無期 義子零丁幼且癡
撫育眞能如已出 生平母道儘無虧

逃難全身計已窮 幼兒金幣付家僮
自治喪具從容死 千載爭欽烈婦風

의부가 얼음 위에 눕다
義婦臥冰 의부와빙

장의부(張義婦)는 원나라 제남(濟南) 사람이다. 같은 마을 사람 이오(李伍)에게 시집갔으나, 남편 이오가 조카 영(零)과 함께 복녕(福寧)으로 국경을 지키는 군사로 갔다가 얼마 안 되어 그곳에서 죽었다.

그러나 장의부는 남편을 여읜 뒤로도 시부모를 극진히 섬겼다. 심지어 시부모와 친정 부모가 병들자 무릇 네 번이나 넓적다리 살을 베어 병을 낫게 하니 보살핌에 소홀함이 없었다.

시부모가 죽자 초상과 장례를 한 치도 예절에 어긋나지 않도록 했다. 거상을 마치고 나자 그가 탄식해 말했다.

"내 남편이 천 리 밖에서 죽었는데도 지금까지 시신을 모셔다 장례를 치르지 못했으니, 그것은 시부모와 친정 부모를 모시느라 겨를이 없었기 때문이었다. 그러나 지금은 시부모도 친정 부모도 모두 돌아가셨는데 남편의 해골을 먼 곳에 내버려 둘 수가 있단 말이냐. 어찌 죽음을 아끼리오."

그러고는 이내 쌓여 있는 얼음 위에 누워 맹세했다.

"하느님, 만일 저로 하여금 남편의 뼈를 찾게 해주시려거든 아무리 추위가 매섭더라도 죽지 않게 살펴주십시오."

얼음 위에 한 달이 넘게 누워 있었으나 의부는 죽지 않았다. 이에 그녀는 그 일을 옷 위에 적어 그 옷을 입고 길을 나섰는데, 떠난 지 40일 만에 복녕에 이르렀다. 조카 영을 보자 정의부는 남편의 무덤이 있는 곳을 물었다. 그러나 조카가 말하길 그곳은 가시덤불이 사방으로 둘러싸여 있어서 도저히 알아낼 길이 없다는 것이었다.

장씨가 길게 탄식하고 하늘에 부르짖어 크게 통곡하다가 기절했는데, 갑자기 남편 영혼이 어린아이에게 내려 자기가 죽게 된 대강 이야기를 전하고 자기 뼈가 있는 곳을 알려주니, 장씨는 깨어나서 그 말대로 찾아가 남

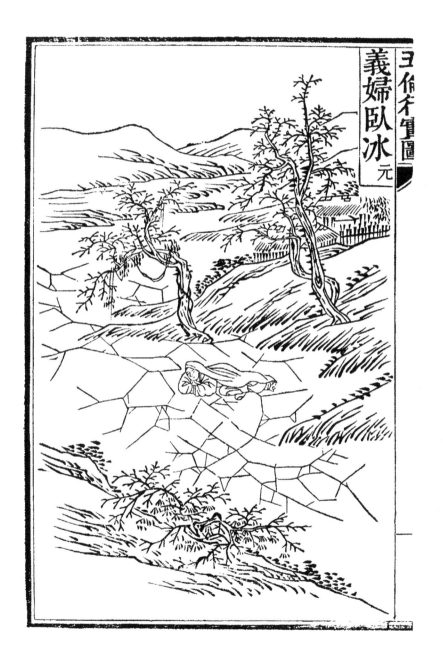

義婦臥冰 元

편 이오의 유골을 찾았다. 그녀는 뼈 하나를 집어 들고 다시 하늘에 빌었다.

"이 뼈가 정말 제 남편의 것임을 믿게 하시려면 입속에 넣었을 때 얼음같이 차고 갖풀처럼 끈끈하게 해주시옵소서."

그러자 정말 그렇게 되었다. 조정에서 그 의리를 갸륵히 여겨 뒷날 정문(旌門)을 내려 표창하고 세금을 면제해 주었다.

【詩】

시부모의 병환 약으로는 고칠 길 없을 때
네 번이나 칼을 들어 다리 살을 베어 살렸네.
어찌 다만 살아서만 소홀함이 없었으랴,
초상과 제사도 예절에 어긋남이 없었네.

천 리 밖 남편 시신 오래도록 거두지 못해
얼음에 누워 맹세하고 먼 길 떠나 찾았네.
그 지성 능히 남편 영혼 움직여
마침내 시신 찾아 고향 언덕에 장사 지냈네.

【원문】

張義婦 濟南人 歸里人李伍 伍與從子零 戍福寧 未幾死戍所張 養舅姑甚至 父母舅姑病 凡四刲股肉 救不瘥 及死 喪葬無 遺禮 旣而歎曰 妾夫死數千里 外 不能歸葬者 以舅姑父母在 無所仰故也 今父母舅姑已死 而夫骨暴棄遠土 妾敢愛死乎 乃臥積冰上 誓曰 天若許妾取夫骨 雖寒甚 當得不死 踰月 竟不 死 乃大書其事于衣以行 行四十日至福寧 見零 問夫葬地 則 榛莾四塞 不可 識 張哀慟欲絕 夫忽降于童 告張死時事 且指骨所在處 張 如言發得之 持骨 祝曰 爾信妾夫耶 入口當如冰雪 黏如膠 已而果然 官義之 上府 旌門復家

【詩】

公姑父母病難醫 四把霜刀剡玉肌
豈獨養生能不懈 更治喪祭禮無虧

千里夫屍久未收 臥冰爲誓遂行求
至誠能致精靈感 果得遺骸葬古丘

동씨의 얼굴 가죽이 벗겨지다
童氏皮面 동씨피면

원나라 유사연(兪士淵)의 아내 동씨(童氏)는 엄주(嚴州) 사람이다. 시어머니 성질이 괴팍하여 며느리를 지나치게 박대했다. 그러나 동씨는 오로지 공순한 마음씨로 시어머니를 섬기고 그 뜻을 조금도 거스르는 일이 없었다.

지정(至正)*¹ 13년 위평(威平)을 적에게 함락당하자 관군이 다시 이곳을 쳐서 회복했으나 이내 관군들은 싸움에 이긴 것을 빌미로 민가를 돌아다니며 약탈을 일삼았다.

이 도둑 떼가 유사연의 집에 들이닥쳤다. 동씨는 자신의 몸을 던져 시어머니를 막았다. 도둑 떼가 위협하자 동씨는 조금도 굴하지 않고 도리어 도둑 무리를 큰 소리로 꾸짖었다.

그러자 졸개 하나가 칼을 빼어 동씨의 왼쪽 팔뚝을 내리쳤다. 그래도 동씨가 굽히지 않으니 또 한 졸개가 오른쪽 팔뚝을 베어버렸다. 동씨가 굴하지 않고 그 자리에 서서 꾸짖기를 그치지 않으니, 도둑 떼가 동씨의 얼굴 가죽을 칼로 벗겨 놓고 가버렸다.

동씨는 이튿날 죽었다.

【詩】
천성이 곧고 굳어 아내의 도리를 이루니
시어미 섬겨 공순함 진정에서 나왔네.
약탈 일삼는 도둑 떼 아무도 막지 못할 때
이 위태로움 능히 막아 자기 목숨 아끼지 않네.

군사들 칼 들고 어지러이 들어올 때
도둑 꾸짖으니 그 말 폐부(肺腑)에서 나왔네.

팔뚝 잘리고도 끝내 굽히지 않으니
이 말 듣는 자 누구나 머리털 쭈뼛 서네.

俞士淵妻童氏　嚴州人　姑性嚴　待之寡恩　童　柔順以事之　無少拂其意者　至正
十三年　賊陷威平　官軍復之　已乃縱兵剽掠　至士淵家　童以身蔽姑　衆欲汙之
童　大罵不屈　一卒以刀擊其左臂　愈不屈　又一卒斷其右臂　罵猶不絶　衆乃皮其
面而去　明日乃死

【詩】
天性堅貞婦道成　事姑承順發深情
官軍剽掠無人遏　能捍艱危不愛生

衆兵交刃入門闌　罵賊危言出肺肝
斷臂猶能終不屈　每令聞者髮衝冠

【註】
＊1 원나라 순제 황제 때 연호.

왕씨가 목매 죽다
王氏經死 왕씨경사

　　원나라 혜사현(惠士玄)의 아내 왕씨(王氏)는 대도(大都) 사람이다. 혜사현이 병이 들어 위중하자 왕씨가 말했다.

　　"내가 들은 바로는 환자 똥이 맛이 쓰면 병에 차도가 있는 것이라 한다."

　　그러고는 혜사현의 똥맛을 보니 달았다.

　　왕씨의 낯빛이 걱정으로 흐려지자 사현이 아내에게 부탁 말을 했다.

　　"나는 병으로 끝내 일어나지 못할 것 같소. 부디 전처 자식을 잘 길러 내 뒤를 잇게 해주오. 그리고 다시 결혼하시오."

　　이 말을 듣자 왕씨가 울면서 말했다.

　　"낭군은 어찌해서 그런 사위스런 말을 하십니까? 불행히 낭군이 일어나시지 못한다면 아내 된 의리로서 마땅히 죽을 일이지, 다시 무슨 말이 있겠습니까? 다행히 낭군에게는 형수가 계시니 이 아이는 의지할 곳이 반드시 있을 것입니다."

　　이러고서 며칠 만에 사현이 죽자 왕씨가 무덤 옆에 살면서 빗질도 하지 않고 얼굴도 씻지 않으니 슬퍼함이 예에 넘쳤다.

　　전처 아들만은 늘 옆에 데리고서 음식과 옷을 보살피고 추울 때나 더울 때나 지성으로 길렀으나, 여막살이 1년 만에 이 아들마저 세상을 떠났다. 그러자 왕씨는 땅을 치고 통곡하며 말했다.

　　"이제 나는 세상에 더 바랄 것이 없구나."

　　그러고는 여러 번 칼을 쥐고 스스로 목을 베려 했다. 이에 집안 식구들이 놀라 달려들어 구하여 왕씨는 죽음을 면했다.

　　그럭저럭 남편의 3년상을 마치는 날이 되자 혜사현의 옛 친구들이 모두 술을 가지고 와서 제사를 지냈다. 무덤에서 제사를 마치고 손님들이 술을 마시는 동안 왕씨는 스스로 나뭇가지에 목을 매어 죽고 말았다.

王氏經死
王氏經死 元

【詩】

병세 더욱 어려워 이미 깊으니
똥을 맛본 아내 마음 더욱 흐렸네.
여러 해 목숨 유지하니 딴 뜻 아니라
남편이 아들 부탁한 말 저버리지 않으려 함일세.

남편 죽자 여막 짓고 날마다 슬피 울었는데
하나 남은 아들마저 죽었으니 이제 더 바랄 것 없네.
3년상 마치던 날 문득 스스로 목숨 끊으니
남편 친구들 술 마실 일 없어지고 말았네.

【원문】

惠士玄妻王氏 大都人 士玄病革 王曰 吾聞病者糞苦則愈 乃嘗其糞頗甘 王色
愈憂 士玄囑王曰 我病必不起 前妾所生子 汝善保護之 待此子稍長 即從汝自
嫁矣 王泣曰 君何爲出此言邪 設有不諱 妾義當死 尙復有他說乎 君幸有兄嫂
此兒必不失所 居數日士玄卒 王居墓側 蓬首垢面 哀毁逾禮 常以妾子 置左右
飮食寒煖 惟恐不至 歲餘 妾子亦死 乃哭曰 無復望矣 屢引刀自殺 家人驚救
得免 至終喪 親舊皆携酒禮祭士玄于墓祭畢 衆欲行酒 王已經死於樹矣

【詩】

病勢纏緜已向深 糞甜憂思更欽欽
延生閱歲無他意 不負良人囑子心

夫死廬墳正致哀 遺孤亦逝已焉哉
終喪便爾自經死 親舊無由行酒杯

주씨가 욕볼 것을 두려워하다
朱氏懼辱 주씨구욕

　　원나라 황중기(黃仲起)의 아내 주씨(朱氏)는 항주(杭州) 사람이다. 순종 황제 지정(至正) 16년에 장사성(張士誠)*¹이 난을 일으켜 항주로 쳐들어오자 그 딸이 황급히 달려와 어머니에게 말했다.

　　"적들이 몰려왔다 하오니, 저는 어머니와 이별하고 죽겠습니다."

　　갑자기 도적들이 몰려들어 마을 여인들을 모조리 붙잡아 주씨 집으로 와서 주씨 모녀에게 맡기면서 말했다.

　　"날이 저물면 돌아올 것이니 너는 나를 위해 이 계집들을 잘 지키고 있어라."

　　주씨는 이 말을 듣자 욕을 볼까 두려워 딸과 함께 목매 죽었다. 첩 풍씨가 주씨 모녀의 죽음을 보고 통곡하다가 말했다.

　　"이제 나는 누구를 위해 산단 말이냐. 살아 있다가는 적에게 욕을 당할 일밖에 없다."

　　그러고는 또한 목매 죽었다.

　　이뿐이 아니었다. 황중기의 제수 채씨(蔡氏)도 어린 아들 현동(玄童)을 안고 유모 탕씨(湯氏)와 함께 목매 죽었다.

　　날이 저물자 도적 떼가 돌아와서 방마다 시신만이 가득한 것을 보고는 그 집 재물을 모두 훔쳐 달아났다.

【詩】
　　흉악한 무리 무도하게 항주에 침입할 적에
　　날 저무니 당황하여 온갖 근심에 싸였네.
　　자기 목숨 아끼지 않아 의리 지키어 죽기 바라니
　　맑은 모습 늠름히 오래도록 빛나리.

위태로움 당하면 누군들 편안한 것 바라지 않으리
모녀 한꺼번에 죽으니 너무도 안타까워
다른 식구들 잇따라 자결하니
가문의 높은 의리 역사에 빛나네.

【원문】

黃仲起妻朱氏 杭州人 至正十六年 張士誠寇杭州 其女臨安奴 倉皇言曰 賊至
矣 我別母 求一死也 俄而賊驅諸婦 至其家 且指朱氏母子曰 爲我看守 日暮
我當至也 朱聞之 懼受辱 遂與 女俱縊死 妾馮氏見其母子已死 嘆曰 我生何
爲 徒受辱耳 亦自縊死 繼而仲起弟妻蔡氏 抱幼子玄童 與乳母湯氏 皆自縊
及暮賊至 見諸屍滿室 遂盡掠其家財而去

【詩】

兇徒暴橫寇杭州 日暮倉皇抱百憂
守義輕生求一死 淸標凜烈照千秋

臨危孰不欲安全 母子俱亡最可憐
俄頃數人相繼死 一家高義耀靑篇

【註】

*1 원나라 끝무렵 군사를 일으켜 스스로 성왕(誠王) 또는 오왕(吳王)이라 부르고 국호를
   대주(大周)라고 했음. 그가 점령한 곳은 남쪽은 소흥(紹興), 북쪽으로는 서주(徐州),
   서쪽은 여영(汝穎), 동쪽으로는 바다에 이르러 땅이 약 2000리, 군사가 몇십만이나 되
   었음. 그러나 뒷날 명나라 장수 서달에게 잡혀 죽었음.

취가가 남편 대신 삶아 먹히다
翠哥就烹 취가취팽

원나라 이중의(李仲義)의 아내 유씨(劉氏)의 이름은 취가(翠哥)요, 방산(房山) 사람이다. 지정(至正) 20년 그 고을에 크게 흉년이 드니, 평장(平章)으로 있던 유합랄불화(劉哈剌不花)[*1]의 군사들이 먹을 것이 없어 이중의를 잡아다가 삶아 먹으려 했다.

이중의의 아우 마아(馬兒)가 달려와서 이중의 아내 유씨에게 이 소식을 알렸다. 유씨는 이 말을 듣고 남편을 구하려고 황급히 그곳으로 달려가 땅에 엎드려 울면서 병사들에게 빌었다.

"여기 잡혀온 사람은 바로 제 남편입니다. 비오니 불쌍히 여기시어 제 남편을 살려주십시오. 우리집에는 간장 한 독과 쌀 한 말 닷 되가 있습니다. 땅속에 묻어두었으니 그것을 다 가져가시고 제 남편은 놓아주십시오."

그러나 군사들이 듣지 않으므로 유씨가 말했다.

"제 남편은 몸이 작고 야위어서 먹을 것도 없을 것입니다. 제가 들으니, 여자이며 살빛이 검고 살진 사람이 고기 맛도 좋다고 합니다. 그런데 제 몸이 살지고 살빛 또한 검으니, 원컨대 제 남편을 죽이는 대신에 저를 삶아 먹도록 하십시오."

군사들은 남편을 놓아주고 유씨를 삶았다.

【詩】
원나라 끝무렵 흉년 들어 도둑 일더니
사람들 서로 잡아먹으려 다투는데
남편만 놓아주면 나 죽는 건 상관치 않아
북받치는 슬픔으로 자신의 몸 삶아 먹게 했네.

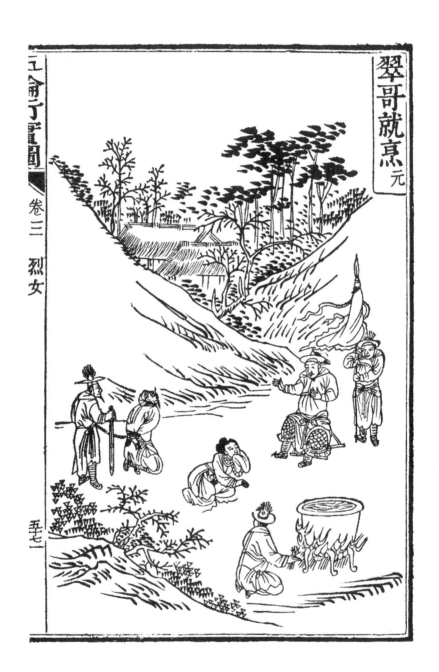

翠哥就烹元

卷三 烈女

五七

남편 대신해서 자기 목숨 바치니
간사한 적들 기어이 그녀의 살 삶아 먹었네.
높은 의리 사람 감동시켜 사람마다 본받으니
그 풍도 백 세대 지나도 사람마다 탄식케 하네.

【원문】

李仲義妻劉氏 名翠哥 房山人 至正二十年 縣大饑 平章劉哈剌不花兵乏食 執
仲義欲烹之 仲義弟馬兒 走報劉氏 劉遽往救之 涕泣伏地告於兵曰 所執者 是
吾夫也 乞矜憐之貸其生 吾家有醬一甕米一斗五升窖于地中 可掘取之 以代吾
夫 兵不從 劉曰 吾夫瘦小不可食 吾聞婦人肥黑者味美 吾肥且黑 願就烹 以
代夫死 兵遂釋其夫而烹劉氏

【詩】

元季年饑人起兵 人將相食競紛爭
釋夫心切生堪捨 慷慨持身自就烹

代夫身命卽捐軀 遂使奸兇噬我膚
高義感人人自服 聞風百世盡嗟吁

【註】

*1 원나라 사람으로 호방하고 의협심이 있었음. 지정 시절에 영호(潁亳)의 적을 쳐서 진
불화(秦不花)의 연리(緣吏)가 되어 벼슬이 하남행성평장정사(河南行省平章政事)에 이
름.

영씨 딸이 절개를 지키다
霽女貞節 영녀정절

　명나라 영씨(霽氏)의 딸은 유진아(劉眞兒)와 약혼했으나 시집도 가기 전에 진아가 죽으니 이때 그녀 나이 열여섯 살이었다.

　영씨의 딸이 진아가 죽었다는 기별을 듣고 슬피 울다가 부모에게 말했다.

　"옛말에 이르기를 열녀는 두 지아비를 섬기지 않는다고 했습니다. 제가 비록 유씨와 결혼식은 치르지 않았으나 중매가 이루어져 폐백까지 받았사오니 부모 명령은 이미 정해진 것입니다. 이제 불행히 유씨가 죽으니 그 부모들은 모두 늙고 의탁할 곳이 없을 터인데 제가 어찌 그들을 버리고 딴 집에 가서 살 수 있겠습니까? 바라옵건대 유씨 집에 가서 시부모를 받들어 모시도록 허락해 주십시오."

　부모는 처음에는 이를 받아들이지 않았으나 딸의 청이 너무 간절하고 굳으므로 마침내 이를 허락했다. 영씨 딸은 유씨 집에 이르자 빈소에 나가 곡하고 장례와 제사 올리는 절차를 모두 예절에 어긋나지 않게 했다.

　부인의 도리를 지켜 매우 공손했고, 길쌈으로 살림을 꾸려 가며, 시부모를 정성으로 섬겼다. 이렇게 하기를 52년, 이 일이 조정에 전해지니 정문을 내려 표창하고 그 집을 징질(貞節)이라 했다.

【詩】

이미 중매와 폐백 이루어져 혼인날 기다리는데
불행히 혼인 전에 남편 죽었네.
어찌 차마 그 집을 등질까, 그 말 아주 간절터니
끝내 초상과 제사 모두 예법 따라 치렀네.

50여 년 시부모 섬겨 올 적에

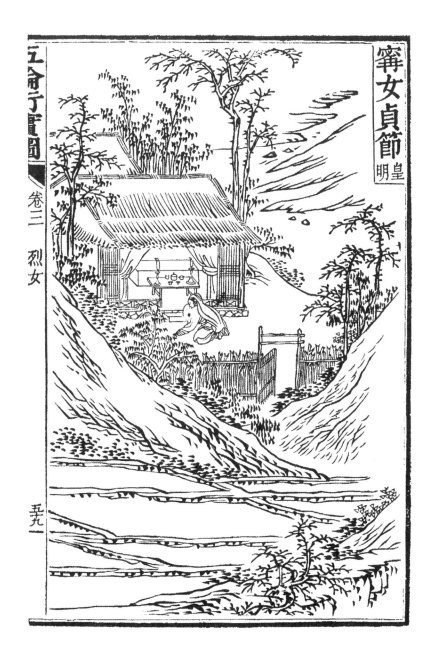

평생 동안 그 절개 끝내 어기지 않았네.
조정에서 그의 효행 표창해 정문 내리니
천년 가도 그 곧은 이름 당할 이 없네.

【원문】

審氏女 許嫁劉眞兒 未嫁而眞兒死 審氏年十六 聞訃哭甚哀 旣而謂父母曰 古
云烈女不更二夫 吾雖未與之醮 然媒妁聘幣 父母之命 皆已定矣 今不幸而死
其父母老無所依 吾豈忍背之 操他人家箕箒耶 遂請往夫家 侍養舅姑 父母初
未之許 審請 益堅 卒許之 審至其家 哭臨葬祭無違禮 執婦道甚恭 織紝以 供
甘旨 如是者凡五十二年 事聞 詔旌表其門曰貞節

【詩】

已成媒聘有歸期 不幸夫亡未醮時
何忍背之辭甚切 始終喪祭禮無虧

五十餘年奉舅姑 平生志節竟無渝
盛朝旌表褒嘉至 千載貞名孰與俱

도미의 아내가 함께 달아나다
彌妻偕逃 미처해도

백제 시대 도미(都彌)의 아내는 얼굴이 아름답고 절개가 곧았다. 이 소문을 개루왕(蓋婁王)*¹이 듣고 도미에게 말했다.

"여자란 아무리 정절이 곧다 하더라도 깊숙하고 어두우며 아무도 없는 곳에서 좋은 말로 꾀면 그 마음이 움직이지 않는 자가 없느니라."

도미가 말했다.

"신의 아내만은 비록 죽어도 두 마음을 먹지 않을 것입니다."

개루왕이 이를 시험해 보고자 도미를 궁중에 머무르게 하고는, 신하 한 사람을 왕처럼 꾸며 옷을 입히고 말을 타게 한 다음, 밤중에 도미 집으로 가게 해서 그 부인에게 말했다.

"내 일찍이 네가 아름답다는 말을 듣고 오늘 네 남편 도미와 내기 장기를 두어 너를 얻었으니, 내일부터 나인으로 삼으리라."

이렇게 말하고 이어 도미의 아내를 방으로 끌고 들어가려 하니 부인이 말했다.

"왕은 본디 망령된 말씀을 하시지 않는 법이온데 소인이 어찌 그 말씀에 따르지 않겠습니까. 바라옵건대 방으로 먼저 들어가시옵소서. 소인은 옷을 갈아입고 오겠습니다."

이렇게 말하고 물러나와서는 계집종 하나를 시켜 자기 모습으로 꾸며서 왕에게 들여보냈다.

나중에 도미의 아내에게 속은 것을 알게 된 왕은 몹시 노하여, 도미에게 없는 죄를 뒤집어씌워 두 눈을 뽑고 작은 배에 태워 강물에 띄워버렸다. 왕이 다시 도미 아내를 끌어들여 강제로 겁탈하려 하자 그의 아내가 말했다.

"이제는 남편을 잃었으니 저 혼자 어떻게 살아갈 수가 있겠습니까? 하물며 왕께서 이렇게 부르시니 어찌 그 명령 거스르겠습니까? 하오나 오늘은

彌妻偕逃

百濟

마침 몸에 연고*² 가 있사오니 잠시 물러나시어 다른 날을 기다리시옵소서."

왕이 이 말을 믿고 허락했다. 도미의 아내는 궁중에서 달아나 강가에 이르렀으나 건널 수가 없어서 하늘에 부르짖으며 통곡하니 갑자기 빈 배 한 척이 물결 따라 내려왔다.

도미의 아내는 그 배를 타고 천성도(泉城島)에 다다랐는데, 그곳에서 아직 죽지 않고 살아 있는 남편 도미를 만났다.

도미 부부는 풀뿌리를 캐어 먹으면서 근근이 목숨만 유지했으며, 마침내 함께 고구려에 다다라 떠돌이처럼 살다가 그곳에서 죽었다.

【詩】
두 눈 뽑아 큰 강에 띄워버리니
한 나라 왕의 위엄 어찌 그런가.
내 남편과 나는 진정 하늘이 정해 준 연분
아무리 궁녀 삼으려 해도 나는 듣지 않으리.

거짓말로 속이고 도망하여 궁중을 빠져나와
울면서 물가에 주저앉았네.
천지신명이 모두 도미를 도우니
천성도 섬에서 남편 다시 만났네.

【원문】
都彌妻 美麗亦有節行 蓋妻王聞之 語都彌曰 婦人雖貞 在幽 昏無人之處 誘以巧言則不動心者鮮矣 都彌曰 若臣妻 雖死無貳 王欲試之 留都彌以事 使一近臣 假王衣服馬從 夜抵其家 謂其婦曰 我聞爾好 與都彌博得之 來日入爾爲宮人 遂將亂之 婦曰 王無妄語 吾敢不順 請大王先入室 吾更衣乃進退而飾一婢薦之 王後知見欺 怒甚 誣都彌以罪 曬其兩眸子 置小船泛之河上 遂引其婦 强欲淫之 婦曰 今良人已失 獨身不能自持 況爲王御 豈敢相違 今有所避 請俟他日 王信而許之 婦便逃至江口 不能渡 呼天慟哭 忽見孤舟隨波而至 乘到泉城島 遇其夫未死 掘啖草根 遂與同至高勾麗 終於羈旅

【詩】

敢曜雙眸放大河 國君威柄奈如何
我儀我特眞天合 縱備宮人矢靡他

詭言逃走出重闈 泣涕漣洏傍水濱
天地神明皆佑助 泉城島上見良人

【註】

*1 백제 제4대 임금. 132년 북한산성을 쌓았으며, 165년 신라에서 모반하다가 실패한 아
  찬(阿湌)·길선(吉宣)이 백제에 망명을 요구해 오자 이를 받아들였음.
*2 여성들이 한 달에 한 번 치르는 달거리(월경)를 말함.

최씨가 왜구를 성내어 꾸짖다
崔氏奮罵 최씨분매

최씨(崔氏)는 고려 시대 영암(靈巖) 선비 인우(仁祐)의 딸이다. 진주호장 (晉州戶長) 정만(鄭滿)의 아내가 되어 아들 딸 4남매를 낳았는데 막내는 아직 젖먹이였다.

홍무(洪武) 기미년*¹에 왜적이 진주를 치니 고을 사람들 모두 난리를 피해 달아났다. 도적들은 마을에까지 함부로 들어왔는데, 이때 정만은 일이 있어 서울에 가고 없었다.

최씨는 나이가 서른 살 밖에 되지 않았고 얼굴 또한 아름다웠다. 그는 여러 자식들을 데리고 산속으로 달아났으나 적들은 산속에도 널려 있어 최씨를 보자 칼을 목에 대고 위협하여 욕보이려 했다. 최씨가 나무를 안고 맞서며 화내어 꾸짖었다.

"이 죽일 놈들아, 내 너희들에게 능욕을 당하고 살아남느니 차라리 절의를 지켜서 죽으리라."

꾸짖기를 그치지 않자, 적들은 끝내 최씨를 칼로 쳐 죽여 나무 밑에 버리고 두 자식을 데리고 갔다.

그때 셋째아들 습(習)의 나이가 겨우 여섯 살이라 어머니 시신을 붙들고 뒹굴며 통곡했고, 아무것도 모르는 갓난아기는 기어가 어머니의 젖을 빨다가 젖에서 나오는 피를 먹고 얼마 안 되어 죽었다.

이런 일이 있은 지 10년이 지난 기사년에 도관찰사(都觀察使) 장하(張夏)가 이 사실을 조정에 보고하여 정문을 내리고, 그 아들 습에게 세금을 면제해 주도록 했다.

【詩】
남편은 일이 있어 서울 가고 없는데

崔氏奮罵 高麗

卷三 烈女

왜적이 침입하여 고을이 함락됐네.
적에게 더럽혀 사느니보다는 의(義)에 죽으니
마음속 결심은 이미 뚜렷했네.

적의 형세 요란하여 온 고을 모두 놀라니
어린 자식 데리고 가다 적에게 잡혔네.
가엾어라, 나무 안고 죽음당하니
바람결에 어렴풋이 적 꾸짖던 소리 들리는듯.

【원문】

崔氏 靈最士人仁祐女也 適晉州戶長鄭滿 生子女四人 其季在襁褓 洪武己未
倭賊寇晉 闔境奔竄 時滿因事如京 賊攔入里閭 崔年方三十餘 且有姿色 抱携
諸子走避山中 賊四出驅掠 遇崔露刃以脅 崔抱樹而拒 奮罵曰 死等爾 與其汚
賊而生 寧死義 罵不絶口 賊遂害之 斃於樹下 賊擄二子以去 第三兒習 甫六
歲 啼號屍側 襁褓兒猶匍匐就乳 血淋漓入口 尋亦 斃焉 後十年己巳 都觀察
使張夏以聞 乃命旌門 蠲習吏役

【詩】

良人上計赴王京 倭寇搶攘陷邑城
汚賊幸生寧死義 中心取舍已分明

賊勢縱橫闔郡驚 携兒被擄若爲情
可憐抱樹捐生處 風響依稀罵賊聲

【註】

＊1 홍무 기미년은 명나라 태조 12년이며, 고려 우왕 5년임.

열부가 강물에 뛰어들다
烈婦入江 열부입강

배씨(裵氏)는 고려 시대 경산(京山) 사람이다. 진사 중선(中善)의 딸이
며, 자라서 낭장(郞將)*¹ 이동교(李東郊)에게 시집을 가 집안을 잘 다스렸
다.

홍무(洪武) 경신년*²에 왜적이 경산까지 쳐들어와 온 고을이 떠들썩한데
나서서 적을 막는 자가 아무도 없었다. 이때 이동교는 왜적을 막으러 합포
(合浦)에 가 있어 아직 집에 돌아오지 않았다.

왜적이 배씨가 사는 마을로 밀려들어 오자 배씨는 젖먹이 아들을 안고 달
아나 강가에 이르렀는데, 왜적이 뒤쫓아왔다. 물이 불어 강은 건널 수가 없
었다. 이에 배씨가 욕을 면치 못할 것을 알고 젖먹이 자식을 강둑 위에 놓아
두고 강물로 뛰어들려 하니, 적병들이 활을 힘껏 당겨 배씨를 쏘는 척하며
말했다.

"내게로 오면 죽음을 면할 것이다."

그러나 배씨는 돌아다보고 큰 소리로 꾸짖었다.

"왜 빨리 나를 죽이지 않느냐. 내가 어찌 도적놈에게 몸을 더럽히겠느냐."

성이 난 적병은 활을 쏘아 배씨의 어깨를 맞히고 연거푸 쏘아 맞히니 배씨
는 강물 속에서 죽고 말았다. 그 뒤에 체찰사(體察使) 조준(趙浚)*³이 이 일
을 조정에 알리고 표창하여 그 집에 정문을 내렸다.

【詩】
섬나라 오랑캐 몰려오니 누가 그들을 당하리
온 고을 창황하여 제각기 도망하네.
어린 자식 강 언덕에서 혼자 우니 차마 어찌 볼까
스스로 빠져나가기 어려움을 알고 푸른 물결에 몸 던졌네.

왜놈이란 본디 그 성질 어질지 못한데
열녀의 참된 절의 누가 알았으리.
물결 소리 천년 가도 오히려 목메어 우는데
지금도 이를 슬퍼하지 않는 사람 없구나.

【원문】

裵氏 京山人 進士中善女也 旣笄 適郞將李東郊 善治內事 洪武庚申 倭賊逼
京山 闔境擾攘 無敢禦者 東郊 時赴合浦帥幕 未還 賊騎突入裵所居里 裵 抱
乳子走 賊追之及江 江水 方漲 度不能脫 置乳子岸上 走入江 賊持滿注矢擬
之曰 而來免死 裵顧罵賊曰 何不速殺我 我豈汚賊者邪 賊射之中肩 再發再中
遂沒於江中 體覆使趙浚 上其事 旌表里門

【詩】

島夷來逼孰能當 闔境蒼皇走且僵
忍見乳兒呱岸上 自知難脫赴滄浪

倭寇由來性不仁 那知烈婦行眞純
灘聲千載猶悲咽 到此無人不愴神

【註】

＊1 나라 군사를 훈련하는 직책을 맡은 벼슬.

＊2 홍무 경신년은 명나라 태조 13년이며, 고려 우왕 6년임.

＊3 고려 말 조선 초기 문신. 1382년 최영(崔瑩) 휘하 체찰사가 되어 왜적을 토벌했고, 태
조 이성계의 신진세력에 협조하여 많은 공을 세웠음. 열녀 배씨 일을 조정에 보고한
것은 최영 아래 체찰사로 있을 때 일임.

임씨가 다리를 잘려 죽다
林氏斷足 임씨단족

임씨(林氏)는 조선 시대 완산부(完山府) 선비 임거(林柜)의 딸이다. 낙안(樂安) 군수 최극부(崔克孚)에게로 시집을 갔는데 왜적이 완산부로 쳐들어와 임씨가 그들에게 붙잡혔다.

왜군들은 그녀를 욕보이려 했으나 임씨가 굳게 맞서자 팔뚝을 칼로 내리치고 한쪽 발까지 베어버렸다. 임씨는 그래도 굽히지 않고 적을 꾸짖다가 죽음을 맞았다.

【詩】
임씨는 완산의 예의 있는 집 부인
왜적이 쳐들어와 온 고을 시끄러울 때
저들의 흰 칼날 어찌 그녀 욕보이리,
죽어도 그 마음 굳어 변치 않으리.

정렬 높은 풍도 온 세상 놀라게 하는데
위태로움 당해도 목숨 버려 살기 바라지 않았네.
한 몸 갈 곳 이같이 분명히 할 수 있을까,
의리 중하게 여기니 자연 죽는 일 가벼우리.

【원문】
林氏 完山府儒士柜之女也 適知樂安郡事崔克孚 倭寇本府 林被執 賊欲汙之 林固拒 賊斷一臂 又斷一足 猶不屈 被害

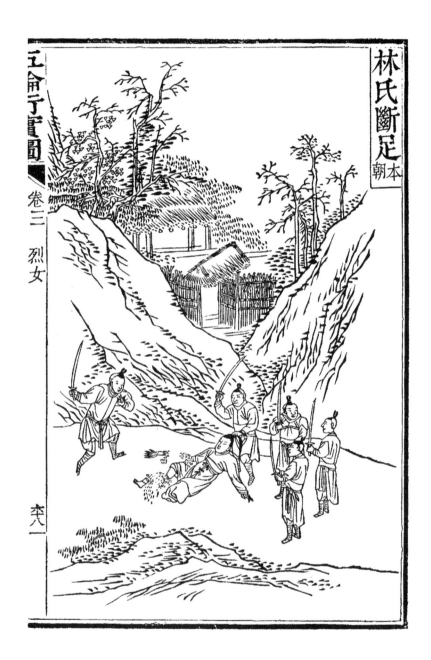

【詩】
林氏完山禮義家　倭奴突入肆兵戈
兇渠白刃焉能浼　之死心堅矢靡他

貞烈高風擧世驚　臨危捨命不偸生
一身取舍分明甚　義重方知死亦輕

김씨가 호랑이를 때려잡다
金氏撲虎 김씨박호

김씨(金氏)는 조선 시대 안동(安東) 사람이다. 유천계(兪天桂)에게 시집 갔는데, 조선 태종 원년에 무관 천계가 국경을 지키러 나가면서 아내에게 말했다.

"오늘이 길일이라 하는데, 길일에 길을 떠나 밖에 나가 자고 오면 좋다고 하오. 나는 오늘 밖에 나가 자고 오겠소."

그러자 아내 김씨가 말하기를

"그렇다면 저도 낭군을 따라 밖에 나가 자렵니다."

그러고는 방으로 들어가 양식과 옷가지를 꾸리고 있었다. 그런데 갑자기 사람들이 놀라 외치는 소리가 들려왔다. 집 안에 있는 종들 모두 목을 움츠렸으나 김씨는 몸을 일으켜 앞장서 나가니, 이미 호랑이가 남편을 물고 달아나고 있었다.

김씨가 활을 쥐고 큰 소리로 외치더니 앞으로 달려가 왼손으로는 남편을 잡고 오른손으로는 호랑이를 마구 때리며, 거의 예순 걸음을 쫓아가자 호랑이가 남편을 놓고 물러났다. 이때 김씨가 호랑이를 꾸짖었다.

"이미 내 남편을 물어 놓고서 또 나까지 물려고 하느냐?"

그러자 호랑이가 이내 도망가 버렸다. 김씨가 기절한 남편을 업고 집으로 돌아오니 날이 샐 무렵에야 겨우 남편이 깨어났다.

그날 밤 호랑이가 또다시 집 앞에 나타나 느닷없이 크게 울부짖었다. 김씨는 몽둥이를 들고 문밖으로 나가 호랑이를 꾸짖었다.

"내가 알기로는 너는 짐승 가운데 영물(靈物)이라고 하는데, 어찌 이렇듯 사람을 괴롭히느냐?"

이에 호랑이가 집 옆에 있는 배나무를 물어뜯고는 가버렸다. 그 배나무는 이내 말라죽었다.

金氏撲虎 本朝

조용히 방에 들어가 남편 행장 차리는데
국경 지키러 나갈 남편 집 밖에서 자려 할 때
갑자기 호랑이에게 물려갔으나
손으로 때려 쫓으니 아무 데도 상한 데 없네.

큰 소리 지르며 거듭 나타나 모두 놀랐으나
몽둥이 들고 밖으로 나가 정녕히 타일렀네.
그러자 나무만 물어뜯어 끝내 해가 없으니
호랑이 영물인 줄 비로소 알겠네.

【원문】

金氏 安東人 適散員兪天桂 洪武辛巳 天桂當行戍 謂其妻曰 今日吉 吾將出
宿於外 其妻曰 吾亦出宿矣 遂入室裝糧 夜半 忽有人驚呼聲 婢僕皆縮頸 金
挺身出 虎已攫夫去 金把木弓 叫呼而前 左手執夫 右手撲虎 幾至六十步許
虎委之而止 金曰 爾旣攫我夫 欲幷取我邪 虎乃去 夫氣絕 金負而歸家 黎明
夫甦 其夜虎又至 唐突大吼 金又開門荷杖語虎曰 爾亦含靈之物 何若是之甚
乎 虎囓舍傍梨樹而去 樹乃枯

【詩】

慇懃入室爲裝糧 出戍良人宿舍傍
夜半忽爲虓虎攫 追奔手撲俾無傷

大吼重來最可驚 開門荷杖語丁寧
縱然囓樹終無害 始信毛蟲亦性靈

김씨가 남편과 함께 묻히다
金氏同窆 김씨동폄

김씨는 조선 시대 풍산(豊山) 사람이다. 시집간 지 얼마 되지 않아 남편 이강(李橿)이 말에서 떨어져 죽었다. 김씨는 큰 소리로 울면서 가슴을 치고 뛰며 슬퍼했으며, 시신을 안고 몸부림치며 울면서 한 달이 넘도록 음식을 먹지 않았다.

이에 친정 부모가 조용히 달래며 말했다.

"아무리 섧더라도 무엇을 좀 먹어야 할 게 아니냐. 먹어 가면서 운다고 해서 무엇이 의리에 해롭겠느냐."

김씨가 말했다.

"제가 먹지 않는 것은 슬픔을 이기지 못해서가 아니라 먹고 싶은 생각이 없어서입니다. 아마 무슨 병인 듯싶습니다."

이런 지 53일 만에 죽으니, 그녀 나이 스무 살이었다. 부모가 가엾게 여겨 이강과 한무덤에 묻어주었다.

【詩】
남편이 말에서 떨어져 갑자기 죽자
가슴을 치고 뛰며 종일토록 시체를 안고 우네.
몇십 일 먹지 않고 물만 마시다가
마침내 목숨 마치니 누가 슬퍼하지 않으리.

착한 성품에는 예부터 사단(四端)*1이 있는 법
사람들 이것 행하기 가장 어렵네.
풍산 땅 한 여인 남편 따라 죽을 줄 아니
같은 무덤 묻혀 천년을 함께하리.

【원문】

金氏 豐山人 其夫李橝墜馬死 金號咷擗踊抱屍 經三日夜 及殯 益自哀慟 踰
月不食 惟啜水而已 父母喩之曰 食而哭 於義何害 金曰 非哀而不食 自不思
食耳 應是疾也 至五十三日而死 年二十 父母憐之 同穴而窆

【詩】

夫因馬蹶忽舁屍 擗踊號咷日抱持
不食數旬惟啜水 竟捐軀命事堪悲

性善由來見四端 人能踐履最爲難
豐山一女知偕死 同穴千秋得所安

【註】

＊1 인(仁)·의(義)·예(禮)·지(智)의 본성에서 나타나는 네 가지 실마리. 곧 측은(惻隱)·
　　수오(羞惡)·사양(辭讓)·시비(是非).

오륜행실도

권4

형제

부(附) 종족(宗族)

급과 수 형제가 함께 죽다
伋壽同死 급수동사

춘추시대 위(衛)나라 공자(公子) 수(壽)는 선공(宣公)*¹의 아들인 동시에 태자 급(伋)의 배다른 동생이다. 그리고 공자 삭(朔)과는 한 어머니에게서 난 형이 된다.

이때 수의 어머니가 급을 죽이려고 삭과 함께 음모를 꾸며 선공에게 거짓말로 급의 없는 죄를 만들어 아뢰었다.

이에 선공은 미리 도적을 보내 놓고 급을 제(齊)나라에 사신으로 가게 하여, 급이 제나라에 도착하기 전 길 위에서 죽일 계획을 세웠다. 이 사실을 알게 된 수(壽)가 급에게 달아나라고 알렸다. 그러나 급이 그 말을 듣지 않고 말했다.

"아버지 명령을 어긴다면 어찌 자식이라고 할 수 있겠으며, 아버지 없는 나라가 어찌 있을 수 있겠느냐?"

급이 이렇게 말하고 길을 떠나려 하자, 수가 급에게 술을 먹여 취하게 하고는 자기 스스로 수레에 기를 꽂고 제나라 쪽으로 나아가니 도적이 수를 죽였다. 급이 그곳에 이르러 말했다.

"임금이 나를 죽이라고 명한 것인데 수에게 무슨 죄가 있다고 죽였느냐?"

이에 도적들은 급 또한 죽였다. 이것을 본 위나라 사람들이 슬퍼하여 이자 승주(二子乘舟)의 시를 지어 읊었다.

【詩】
강물에 둥실 뜬 배같이 건너가는 날
멀고 먼 제나라 길 깃대 훔쳐 갈 때
시끄러운 일 만나 영원(鴒原)*²의 정 급하니
한 번 가서 어찌 차마 두 시신 볼 수 있으랴.

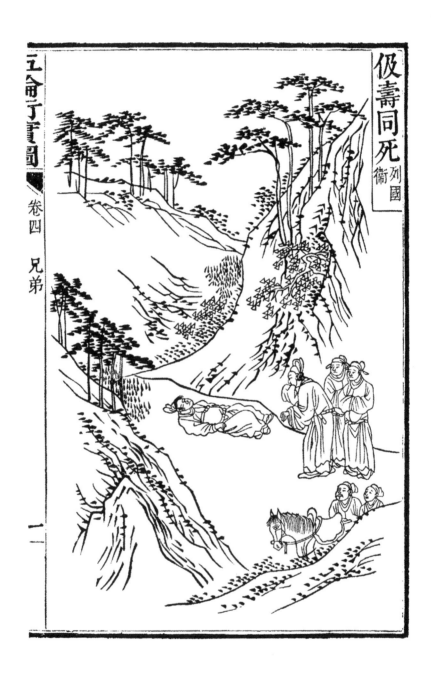

인륜 사이에 변을 만나면 힘으론 막기 어려운 것,
죽기를 다투니 슬픈 마음 비길 데 없네.
새 역사에 드리워 만대 길이 내려오니
세상에 틀림없는 형과 아우의 우애로구나.

【원문】

衛 公子壽者 宣公之子 太子伋之異母弟 公子朔之同母兄也 其母與朔謀 欲殺
伋 共讒於公 公令伋之齊 使賊先待於隘而殺之 壽知之以告伋使去之 伋不可
曰 棄父之命 惡用子矣 有無父之國則可也 及行 壽飮以酒 載其旌而先往 賊
殺之 伋至曰 君命殺我 壽有何罪 賊又殺之 國人傷之 作二子乘舟之詩

【詩】

泛泛河舟同濟日 迢迢齊路竊旌時
自逢嚚傲鴒原急 一去那堪見兩屍

人倫遭變力難禁 爭死悲懷兩不任
爲寫新編垂萬代 凜然天下弟兄心

【註】

＊1 춘추시대 위나라 임금. 환공(桓公)의 아우. 이름은 진(晉). 서모 이강(夷姜)과의 사이
에서 급(伋)을 낳음. 뒷날 급의 아내로 맞이하기 위해 제(齊)나라에서 선강(宣姜)을
데려왔는데, 그녀의 고운 얼굴에 반해 자신의 아내로 삼아 수(壽)와 삭(朔)을 낳음.
＊2 형제가 급하거나 어려운 일을 당할 때 서로 돕는 것을 말함. 《시경》〈소아(小雅)〉에
"할미새가 들판에서 바삐 날 듯 형제가 서로 급하게 구하네(脊令在原 兄弟急難)"라는
글귀에서 비롯되었다. 영(鴒)은 곧 척령으로 할미새를 말함.

복식이 아우에게 재산을 나누어 주다
卜式分畜 복식분축

복식(卜式)은 한나라 하남(河南) 사람으로 농사짓고 가축 기르는 것을 생업으로 삼아 살고 있었다.

복식에게는 어린 아우가 있었는데, 아우가 장성하자 재물을 아우에게 모두 남겨준 뒤 기르던 양 백여 마리만 가지고 혼자 집을 나왔다. 논밭과 집 등은 모두 아우에게 주고 산에 들어가 짐승을 기른 지 10여 년이 되자 복식이 치는 양이 어느덧 천여 마리나 되어 큰 재산을 모으게 되었으며, 집을 사고 논밭도 샀다.

그러나 그의 아우는 복식이 나누어 준 가산을 모두 써서 없애버렸다. 이것을 본 복식은 또다시 자신의 집과 논밭을 아우에게 나누어 주었다.

【詩】
물려받은 재산 모두 아우에게 주고
자신은 홀로 양 떼만 몰고 갔네.
나 혼자 집을 사서 무슨 즐거움으로 부를 누리리,
그 재산 모두 아우에게 주었네.

칼 빼들고 이익 다투느라 세상 시끄러운데
한 몸에서 나누지 않은 형제 어디 있겠는가.
아우 가산 잃자 다시 곡식 모두 실어다 주니
이 마음 효도와 우애로서 다시 임금에게 나타나리.

【원문】
卜式 河南人 以田畜爲事 有少弟 弟壯 式脫身出 獨取畜羊百餘口 田宅財物

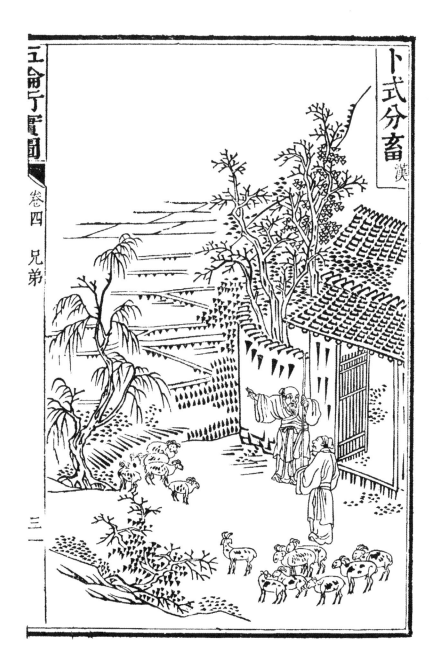

盡與弟 式入山 牧十餘秊 致千餘頭 買田宅而弟盡破其產 式輒復分與之

【詩】
世業遺財付友于 脫身甘伴牧豬奴
買宅何心吾獨富 千頭分向弟家輸

錐刀爭利世紛紛 誰念天親一體分
他日佐時輸粟盡 此心孝悌便移君

왕림이 아우를 구하다
王琳救弟 왕림구제

　　왕림(王琳)은 한(漢)나라 여남(汝南) 사람으로, 열 살 무렵에 부모를 여의고 이어 큰 난리를 만났다. 난리가 나자 백성들이 모두 달아나는데, 왕림 형제만은 부모 무덤을 지키면서 울기를 그치지 않았다.

　　어느 날 아우가 잠시 나갔다가 적에게 붙잡히니, 왕림이 스스로 자기 몸을 결박하여 적에게 나아가 아우보다 먼저 죽여달라고 청했다. 적들이 불쌍히 여겨 형제를 모두 놓아 보내주었다.

【詩】
사방에 난리 일어 시끄러운데
형제는 외로이 부모 무덤 지켜 울고 있네.
몸을 던져 아우보다 먼저 죽여달라 비니
이리 떼인들 어찌 불쌍히 여기지 않으리.

형제 서로 사랑하는 마음 천성에서 나오는 것,
그러나 급하고 어려운 일 당해서 누가 그런 것 알겠는가.
세상 사람들 여기에 감동하지 않는 이 없어
추하고 흉한 무리도 이들 살려 돌려보냈네.

【원문】
王琳　汝南人　年十餘歲喪父母　因遭大亂　百姓奔逃　惟琳兄弟　獨守塚廬　號泣
不絕　弟季　出遇赤眉　爲賊所捕　琳自縛詣賊　請先季死　賊矜而放遣之

【詩】
四方多難劇紛如　兄弟攀號獨守廬
爲季投身先乞死　豺狼安得不矜且

弟兄相愛卽天彝　急難誰知有此兒
要識世人無不感　請看兇醜遣歸時

허무가 스스로 욕먹을 짓을 하다
許武自穢 허무자예

허무(許武)는 한나라 양선(陽羨) 사람이다. 건무(建武)*¹ 시절에 회계태수(會稽太守) 제오륜(第五倫)*²이 그를 효렴(孝廉)*³에 추천해 벼슬에 오르게 했다. 그러나 허무는 두 아우 안(晏)과 보(普)가 아직 세상에 이름을 떨치지 않았으므로 이름을 나게 하고자 두 아우에게 말했다.

"예법에도 서로 나누는 의리가 있고, 집에도 저마다 따로 사는 도리가 있다. 그러니 우리도 이같이 하는 것이 옳겠다."

이리하여 모든 재산을 셋으로 나누어 자신은 이 가운데 가장 넓고 좋은 집, 기름진 논밭, 힘세고 일 잘하는 종들만을 먼저 가려서 차지하고, 두 아우에게는 쓰지 못할 것만 주었다. 이것을 보고 온 고을 사람들은 모두 허무의 재물 탐하는 마음을 더럽게 여기고, 두 아우의 양보하는 덕행을 칭찬했다. 이로 말미암아 두 아우는 모두 사람들의 추천을 받아 벼슬길에 오르게 되었다. 그러자 허무가 일가친척을 모아 놓고 울면서 말했다.

"내가 형으로서 못났음에도 분에 넘치게 이름과 벼슬을 얻었으나, 두 아우는 나이를 먹었는데도 영화로운 벼슬길을 얻지 못하고 있었소. 그래서 나는 재산 나누기를 주장하여 스스로 크게 꾸지람받기를 청했소. 그러나 이제 두 아우도 모두 벼슬에 올랐고 나는 전에 가졌던 재산의 세 배가 되었소."

허무는 이렇게 말한 뒤 두 아우에게 재산을 모두 나누어 주고 자기는 아무것도 가지지 않았다. 이에 고을 사람들이 비로소 그의 뜻을 알고 칭송했다.

【詩】
효렴을 천거하는 것 전부터 거짓 없거니
가산 나누는 데 일부러 재물 탐한단 말 들었네.
두 아우가 이름 나타낸 뒤에

許武自穢漢

卷四
兄弟

六一

비로소 세 배 되는 재산 모두 돌려주었네.

아우 이름 빛난 것은 형이 스스로 욕되었기 때문
아우들 벼슬하자 자기 재산 도로 주었네.
대수롭지 않은 우애도 세상에서 칭찬하는 터
세상에 숨은 이 같은 덕(德) 참으로 드문 일일세.

【원문】

許武 陽羨人 建武中 會稽太守 第五倫 擧爲孝廉 武以二弟晏普 未顯欲令成
名 乃謂之曰 禮有分異之義 家有別居之道 於是共割財産 以爲三分 武自取肥
田廣宅 奴婢强者 二弟所得 並皆劣少 鄕人皆鄙武貪而 稱弟能讓 由是晏等
俱得選擧 武乃會宗族泣曰 吾爲兄不肖 盜竊聲位 二弟年長 未霑榮祿 所以求
得分財 自取大譏 今理産 所增三倍於前 悉推與二弟 一無所留 於是郡中 翕
然稱之

【詩】

廉孝從前擧豈誣 臨財甘作一貪夫
心期二弟名成後 三倍貲財盡付渠

弟顯自從兄穢日 兄貪還釋弟榮時
尋常友愛還誇俗 隱德無嫌世所譏

【註】

＊1 후한 황제 광무제 때 연호.
＊2 후한 시대 벼슬이 회계태수가 되었고, 장제 황제 때는 사공(司空)에 오름.
＊3 효행 있고 마음이 결백한 사람. 한무제 때 군국(郡國)에서 해마다 효도하는 사람과 청
　 렴한 사람을 저마다 한 사람씩 추천하게 하여 관리로 특별임용하던 인사 등용제도.

정균이 형에게 간하다
鄭均諫兄 정균간형

정균(鄭均)은 한나라 임성(任城) 사람이다. 형이 현리(縣吏)로 있으면서 남이 주는 물건을 받는 행위가 지나친 것을 보고 정균이 여러 번 형에게 삼가도록 말했으나 형이 듣지 않았다.

정균은 집을 나가 몸소 품팔이를 했다. 1년이 지나니 돈과 비단이 적지 않았다. 정균이 이것을 가지고 돌아와 모두 형에게 주면서 말했다.

"재물은 없어지면 이렇게 다시 얻을 수가 있습니다. 하지만 한번 탐장(貪臟)*¹ 죄를 지으면 몸을 마칠 때까지 벗어날 수가 없습니다."

형은 이 말에 감동하여 마침내 청렴하고 결백한 사람이 되었다.

【詩】
재물 받아 청렴하지 못하면 몸에 누가 될까 두려워하니
형 사랑하는 정성 천성에서 나왔네.
아무리 말해도 끝끝내 듣지 않으니
남의 집 품팔이하며 많은 고생 겪었네.

돈 벌어 돌아와 형에게 주면서
돈 꾸러미 이것 가지고도 넉넉히 살 수 있소.
탐장 죄 짓지 말라는 한 마디에 그 형 마음 깨우치니
재물 탐하던 마음 변하여 깨끗한 사람 되었네.

【원문】
鄭均 任城人 兄爲縣吏 頗受禮遺 均 數諫止不聽 則脫身爲傭 歲餘 得錢帛歸
以與兄 曰物盡 可復得 爲吏坐臟終身捐棄 兄感其言 遂爲廉潔

【詩】
　取物傷廉恐累身　愛兄誠意出天眞
　已知切諫終無入　甘自爲傭受苦辛

　傭得錢歸遺我兄　包苴代此足營生
　坐贓一語開心病　貪汚終能變潔淸

【註】
＊1 관리가 옳지 못한 행위로 재물을 얻는 일.

조효가 삶겨 죽기를 자청하다
趙孝就烹 조효취팽

조효(趙孝)는 한나라 패국(沛國) 사람이다. 이때 천하는 흉년 들고 도적 무리가 사방에서 일어나 몹시 어지러웠으며 마침내 사람들끼리 서로 잡아먹는 지경에까지 이르게 되었다.

조효의 아우 예(禮)가 도적들에게 잡혔으니 도적들이 조효를 잡아서 삶아 먹으려는 참이었다. 이 소식을 듣고 조효가 자신의 몸을 스스로 꽁꽁 묶어 도적들 앞으로 나와 말했다.

"내 아우는 여러 날 굶어서 몸이 몹시 핼쑥하지만 나는 이렇게 살진 몸이오. 아우를 먹는 것은 나를 먹는 것만 못할 것이오."

도적이 조효 말에 크게 놀라 형제를 모두 놓아주면서 그들에게 말했다.

"너희 집으로 돌아가서 말린 밥을 가지고 오너라."

조효가 마을로 돌아와 이리저리 말린 밥을 구해 보았으나 얻을 수가 없었기에 다시 도적들에게 돌아가 말하고 삶아 먹히기를 스스로 청했다.

도적들은 모두 이상한 일이라 여겨 그들을 해치지 않았다.

뒷날 명제(明帝)*¹가 조효의 행실을 전해 듣고 그를 불러 간의대부(諫議大夫) 벼슬을 내렸다.

【詩】
불행한 세상 만나 속끓이며 살다보니
사람이 짐승되어 사람을 잡아먹네.
스스로 결박지어 살진 몸 아우 대신 내놓으니
도둑들 오히려 그 천륜에 감동했네.

마을이 불탔는데 어디 가서 밥을 구하랴,

빈 손으로 돌아와 삶아 먹히기 청하네.
범상치 않은 행동 도둑들 마음을 다시 돌리니
그 높은 이름 하늘까지 밝게 드날렸네.

【원문】
趙孝 沛國人 遭天下亂 人相食 孝弟禮 爲賊所得 將烹之 孝聞卽自縛詣賊 曰
禮 久餓羸瘦 不如孝肥飽 賊大驚 竝釋之且謂 曰可歸 更持米糒來 孝求不能
得 復往報賊願就烹 衆異之 遂不害 明帝聞其行 召拜諫議大夫

【詩】
遭時不幸暗傷神 人化爲豺又食人
自縛肥身甘代弟 野心猶感有天倫

野淸何處更求糒 垂橐歸來願就烹
異行能回羣盜腹 高名宜徹九天明

【註】
＊1 후한 시대 제2대 황제 효명제(孝明帝)를 이름.

목융이 스스로에게 매질하다
繆肜自撾 목융자과

목융(繆肜)은 한나라 여남(汝南) 사람이다. 일찍이 부모를 여의고 네 형제가 한집에서 살고 있었다. 그러나 저마다 장가를 드니 아내들이 재산을 나누어 따로 살기를 바라고 또 대수롭지 않은 일로 서로 자주 다투었다.

목융이 이것을 몹시 부끄럽게 여겨 탄식하고는 문을 닫아 걸고 자기 스스로 종아리를 때리며 말했다.

"이놈, 목융아! 네가 몸을 닦아 행실을 배우고 성현의 글과 행동을 익힌 것은 앞으로 온 겨레 풍속을 바로잡자고 한 것인데 어찌하여 네 집 하나도 올바로 정리하지 못한단 말이냐?"

아우와 여러 부인들이 이 소리를 듣고 모두 머리를 조아리며 사죄했다.

이렇게 하여 드디어 집안이 다시 전과 같이 화목하게 지냈다.

【詩】
일찍이 부모 여의어 여러 아우와 함께 사는데
장가들자 저마다 따로 살기 바라니 이는 나에게 죄가 있는 것
문 잠그고 스스로 매질하여 아우들 감동시키니
온 집안 화목하여 다시 전과 같이 지냈네.

동기간은 단 한 몸에서 난 것이라 스스로 나무라니
여러 제수(弟嫂)들 이 말 알아듣고 마음 돌렸네.
이것으로 보면 우애란 천성에서 나온 것,
다투고 헤어지는 건 새나 짐승만도 못한 일.

繆肜 汝南人 少孤 兄弟四人 皆同財産 及各娶妻 諸婦 遂求分異 又數有鬪爭
之言 肜深懷憤歎 乃掩戶自撾曰繆肜 汝脩身謹行 學聖人之法 將以齊整風俗
奈何不能正其家乎 弟及諸婦聞之 悉叩頭謝罪 遂更爲敦睦之行

【詩】
早孤諸季與同居 娶婦求分罪在予
掩戶自撾能感彼 一家敦睦得如初

同氣相分自責深 能令諸婦便回心
是知友愛由天性 喋血相殘獸與禽

이충이 아내를 내쫓다

李充逐婦 이충축부

이충(李充)은 한나라 진류(陳留) 사람이다. 집이 가난하여 여섯 형제가 네 것 내 것 없이 옷을 서로 바꾸어 입고 밥도 서로 나누어 먹고 지내는데 이충의 아내가 가만히 남편에게 말했다.

"집이 가난해서 더 이상 이렇게는 살 수 없습니다. 그러니 아우들을 모두 내보내서 따로 살도록 해주시오."

이충이 이 말을 듣고 거짓으로 허락하고는 말했다.

"그대가 따로 살기를 바란다면 마땅히 술과 안주를 장만해 놓고 마을 사람들과 집안사람들을 모두 불러 함께 이 일을 의논해서 결정짓도록 하겠소."

이충의 아내는 좋아라 하며 그 말에 따르기로 했다. 이충이 술을 장만하고 사람들을 청해 놓고는 여러 사람들에게 나아가 어머니 앞에 꿇어앉아 아뢰었다.

"제 아내가 못나서 모자간과 형제간을 이간하오니 그 죄 내쫓아야 마땅하겠습니다."

말을 마치자마자 그는 자기 아내를 크게 꾸짖어 문밖으로 나가라 호령하니, 아내는 울면서 쫓겨났다.

【詩】
모진 아내 날마다 가난을 원망하여
골육지친(骨肉之親)*[1]의 정은 조금도 생각지 않았네.
마을 사람 모아 놓고 꾸짖어 부인 내쫓으니
정을 버리고 사랑 온전케 함은 천륜일세.

옷 바꾸어 입고 음식 나누어 먹으니 그 우애 지극한데

한 이불에 자던 그때 형제 헤어지지 않으려 했네.
어떤 아내가 형제간 이간하는가
한마음 간절하여 도리어 아내 내쫓았네.

【원문】
李充陳留人家貧 兄弟六人 同衣遞食 妻 竊謂充 曰今貧居如此 難以久安 願
思分異 充僞酬之 曰如欲別居當醞酒具會 請呼鄕里內外 共議其事 婦從充 置
酒讌客 充坐中 前跪白母 曰此婦無狀 而敎充離間母子兄弟 罪合遺斥 便呵叱
其婦 逐令出門 婦銜涕而去

【詩】
悍妻當日怨家貧 不念鴒原骨肉親
會合鄕閭揮婦去 割情全愛篤天倫

同衣遞食意慇懃 長枕當年不擬分
何物婦人饒間舌 一心愈更切簁塤

【註】
＊1 부자, 형제 등의 피붙이를 이르는 말.

강굉이 아우들과 한 이불 속에서 자다
姜肱同被 강굉동피

강굉(姜肱)은 한나라 팽성(彭城) 사람이다. 그의 집안은 대대로 이름난 가문이었으며, 바로 아래 아우 해(海), 막내 강(江)과 함께 형제가 모두 효자로 소문이 높았다.

우애가 지극하여 언제나 한 이불 속에서 잠을 잤고 저마다 장가를 들어 아내를 맞았으나 이들 형제는 서로 그리워하여 따로 자지 못했다. 그러나 대를 이을 자식을 위하여 부득이 따로 제 방에 가서 잤다.

어느 날 강굉이 막내아우 강과 함께 들에 나갔다가 도적을 만났다. 도적이 이들을 죽이려 하자 형제가 서로 죽기를 다투는데 강굉이 도적에게 말했다.

"내 아우는 어려서 아버지 어머니께서 아주 사랑하시는 터요, 또 아직 장가도 들지 않았소. 바라건대 나를 죽이고 아우는 살려주시오."

이번에는 아우 강이 사정했다.

"형님은 나이도 많고 덕망이 있어서 집안의 귀한 보배이며 나라의 영민한 인재입니다. 비오니 제가 죽어 형의 목숨을 대신하겠습니다."

도적이 칼을 거두고 말했다.

"두 분은 어진 사람들이오. 우리가 못나고 어리석어 그대들을 범하려 했던 것이 부끄럽소."

이렇게 탄식하며 두 형제를 놓아주었다.

【詩】
형제 함께 살며 한 이불 속에서 자니
천륜에서 나온 우애 매우 깊었네.
갑자기 어려움 만나자 서로 죽기를 다투니
둘 다 풀려나고 마침내 도적 마음마저 감동시켰네.

아우는 공손하고 형은 우애하여 훈지(塤篪)*1 같으니
먹을 때나 잠잘 때나 잠시도 떠나지 못하네.
이보다 더 숨기가 힘든 지극한 정리는
서로 죽기를 다투어 어려움에 처하는 것.

【원문】

姜肱彭城人家世名族 與二弟仲海 季江 俱以孝行著聞 友愛天至 嘗共臥起 及
各娶妻 兄弟相戀 不能別寢 以係嗣當立 乃遞往就室 嘗與季江 適野 遇盜欲
殺之 兄弟爭死 肱曰 弟年幼 父母所憐愍 又未聘娶 願自殺身濟弟 季江 言兄
年德在前 家之珍寶 國之英俊 乞自受戮以代兄命 盜戢刃 曰二君 賢人吾等不
良 妄相侵犯 乃兩釋之

【詩】

二弟同居共一衾 天倫情至友于深
蒼皇遇難爭投死 兩釋終能感賊心

弟恭兄友若塤篪 居寢須臾不忍離
更有至情難掩處 共看爭死冒危時

【註】

*1 악기 이름. 옆으로 부는 피리로서 형제가 서로 화목한 것을 일러 훈지아주(塤篪雅奏)
또는 훈지상화(相和)라고 함.

왕람이 형과 독약 마시기를 다투다

王覽爭酖 왕람쟁짐

    왕람(王覽)은 진(晉)나라 사람이며 왕상(王祥)의 아우이다. 그는 형 왕상과 우애가 아주 두터웠다.

    어머니 주씨(朱氏)는 큰아들 왕상에게 아주 잔인하고 함부로 막 대했다. 왕람은 서너 살 때 형이 매맞는 것을 보고 울면서 형의 몸을 감싸안았다. 왕람은 어른으로 자라면서 어머니 잘못을 여러 번 간곡히 말씀드렸다. 아들 말이 어찌나 빈틈없이 간절한지 막된 주씨의 흉한 학대가 조금 누그러졌다.

    그러나 주씨는 여러 번 차마 하지 못할 일을 왕상에게 시켰고, 그럴 때마다 왕람은 형을 도왔다. 또 주씨는 왕상의 아내까지도 잔인하게 부렸다. 그럴 때면 왕람의 아내가 쫓아가서 함께 일을 해치우곤 하니 주씨도 이를 민망히 여겨 더 이상 왕상의 아내에게 난처한 일을 시키지 않았다.

    어느 날 주씨가 몰래 술에 독약을 타서 왕상에게 먹이려 했다. 왕람이 이것을 알고 쫓아가서 그 술을 자기가 마시려 하자 이를 본 왕상도 독약이 든 술이라 의심하여 왕람에게 주지 않으려고 다투었다. 이것을 본 주씨는 술잔을 빼앗아 땅에 엎질러 버렸다.

    이런 일이 있은 뒤로 주씨가 왕상에게 주는 음식마다 왕람이 먼저 맛을 보니, 주씨는 왕람을 죽게 할까 두려워 더 이상 그런 일을 하지 않게 되었다.

【詩】
사나운 어머니 형을 학대하니
매맞는 형 볼 때마다 제 몸을 아프게 하네.
왕람의 아내도 동서의 어려운 일 대신 하니
함께 괴로움당하는 그 정성 감동할 만하네.

王覽爭酖
晋

술 아닌 독약을 차마 어찌 마시리
형제가 서로 다투니 그 어머니 빼앗아 땅에 쏟았네.
이로부터 어머니가 주는 음식 왕람이 먼저 맛보니
어머니 은혜 상치 않고 온전해졌네.

【원문】

王覽 祥之弟 與祥 友愛甚篤 母朱氏 遇祥無道 覽季數歲 見祥被楚撻 輒涕
泣抱持 至於成童 每諫其母 其母少止凶虐朱 屢以非理使祥 覽輒與祥俱 又虐
使祥妻 覽妻亦趨而共之 朱患之乃止 朱密使酖祥 覽知之 徑起取酒 祥疑其有
毒 爭而不與 朱遽奪覆之 自後 朱賜祥饌 覽輒先嘗 朱懼覽致斃 遂止

【詩】

罵母時時虐視兄 看兄被撻痛兒情
身同室婦代兄嫂 共服勤勞庶感誠

酖非好酒何宜飮 兄弟爭持母取翻
從此母飧兒輒試 周旋母子竟全恩

유곤이 병든 형을 살려내다
庾袞守病 유곤수병

유곤(庾袞)은 진(晉)나라 영천(潁川) 사람이다. 함녕(咸寧)*¹ 시절에 역질(疫疾)*²이 크게 퍼져 두 형이 모두 죽고 다음 형 비(毗)마저 병이 들어 몹시 위독했다.

돌림병을 일으키는 몹쓸 기운이 아주 지독하므로 부모와 여러 아우들까지도 모두 꺼려 밖으로 몸을 피했다. 하지만 오로지 유곤만은 밖으로 나가지 않고 형 곁에 머물렀다. 부형들이 모두 유곤에게 밖으로 나가라고 권하자 유곤이 말했다.

"저는 본디 병을 두려워하지 않습니다."

이리하여 유곤은 형 곁에서 고생을 참고 견디며 잠도 자지 않고 밤낮으로 몸소 형을 간호했다. 그러는 동안에도 죽은 형의 관을 어루만지면서 슬피 울었다.

이렇게 여러 달이 지나 찬바람이 불고 병 기운이 수그러지자 집안 식구들이 모두 모여들었다. 비의 병도 차도가 있고 유곤 또한 아무 일이 없음을 보고 아버지가 말했다.

"참으로 이상한 일이다. 이 아이는 남이 지키지 못하는 병상을 지켰으니, 날씨가 추운 때에라야 소나무와 잣나무가 마르지 않는 것을 안다는 말은 이런 경우를 두고 한 말이로다. 제아무리 역질이라 하더라도 이렇듯 정성이 있는 사람에게는 옮아올 수 없음을 이제야 알겠구나."

【詩】
역질 걸려 우애의 극진함 비로소 알겠으니
병든 형 돌보면서 갖은 고생 다 겪었네.
이렇게 여러 달 지나고도 마침내 아무 탈 없으니

역질도 옮아갈 수 없는 사람을 알아보네.

두 형 모두 죽고 남은 형도 위태로워
역질 두려워 식구들 모두 피해 나가네.
남들이 지키지 못한 형 혼자서 지켰으니
송백(松栢)은 날씨 추운 때라야 구별이 되네.

【원문】

庾袞 潁川人 咸寧中 大疫 二兄俱亡 次兄毗 復危殆 癘氣方熾 父母諸弟 皆
出次于外 袞獨留不去 諸父兄 强之 乃曰 袞性不畏病 遂親自扶持 晝夜不眠
其間 復撫柩 哀臨不輟 如此十有餘旬 疫勢旣歇 家人乃反 毗病得差 袞亦無
恙 父老 咸曰異哉此子 守人所不能守 行人所不能行 歲寒然後 知松栢之後凋
始知疫癘之不能相染也

【詩】

當患須看友愛眞 撫亡扶病極勤辛
十旬晝夜終無恙 癘疫從知不染人

兩兄俱沒次兄危 出次人人謹避之
能守衆人難守處 待看松栢歲寒時

【註】
*1 진나라 무제 때 연호.
*2 마마. 지금 말로 천연두.

왕밀이 자식을 아우와 바꾸다
王密易弟 왕밀역제

왕밀(王密)은 진(晉)나라 상군(上郡) 땅 사람이다. 아우 준(儁)과 아들 원직(元直)을 데리고 양주(凉州)로 가는 길 위에서 식량이 다 떨어졌다. 왕밀이 아우와 아들을 길에 머물게 하고 마을로 들어가 먹을 것을 구해가지고 돌아와 보니 아우 준은 도적 떼에 잡혀가고 아들 원직은 다행히 도망쳐 나온 상태였다.

왕밀이 곧바로 원직을 데리고 도적을 찾아가서 머리를 조아려 애원하여 말했다.

"인정으로는 모두 제 아들을 사랑하는 것이 마땅한 일입니다. 하지만 이 아우는 태어나기도 전에 아버지가 돌아가셨기 때문에 이제 겨우 키워서 오늘에 이르렀습니다. 준을 원직과 바꾸어 데려가 주십시오."

도적들이 저희들끼리 말했다.

"제 자식을 아우와 바꾸려고 하니 그 의리는 참으로 크도다."

마침내 도적들은 준과 원직을 모두 왕밀에게 돌려주고 갔다.

뒷날 왕밀이 죽자 아우 준은 닷새 동안이나 물 한 모금 마시지 않았다. 비록 기년복(朞年服)*¹을 입었어도 준은 1년 상복을 입은 뒤 다시 심상(心喪)*²으로 6년을 입었다.

【詩】
양주 길 나섰다가 먹을 것 얻어 와보니
그 아우 도적에게 잡혀갔네.
아들과 아우를 바꾸려는 마음 간절하니
잔악한 도적들도 그 말에 슬픔 깨닫네.

王佑不置產圖

王密易弟

晋

죽은 아버지의 유복(遺腹)*³이니 기막힌 아우,
사랑하고 불쌍히 여기기 내 몸같이 했네.
진실로 내 자식 살리고 아우를 죽인다면
저승에 가서 어이 부모 뵈오리.

【원문】

王密 上郡人 嘗與弟儁 子元直 如涼州 路中糧匱 密 留儁 元直於途 乞丐民
間 比還儁 爲賊所掠 元直逃逸 密 乃將元直 追賊叩頭求哀 曰人情自當皆愛
其子 但此弟未生 家君見背 孤遺相長 以至于今 請以元直易儁 賊相謂 曰以
子易弟 義之大也 於是以儁元直授密而去 密後亡 儁勺水不入口者五日 雖服
喪期年 而心喪六載

【詩】

道出涼州乞丐歸 旋聞阿弟賊中圍
將兒換弟眞情切 盜賊無知亦解悲

亡親遺腹只斯人 相愛相憐若一身
苟保吾兒棄吾弟 九泉何以謁吾親

【註】
＊1 1년 동안 입는 상복.
＊2 상복 입는 기간이 끝나도 마음으로 슬퍼하여 상중에 있는 것같이 근신하는 일.
＊3 임신 중에 아버지가 죽은 자식.

채확이 물어서 행하다
蔡廓咨事 채확자사

　채확(蔡廓)은 남북조 시대 송나라 제양(齊陽) 땅 사람이다. 형 궤(軌)를 아버지처럼 섬겨 크고 작은 집안일은 반드시 형에게 물어 행했다. 또 관청에서 받는 녹봉도 모조리 형에게 바쳤다가 쓸 일이 생기면 형에게 받아서 쓰곤 했다.

　언젠가 채확이 임금을 모시고 팽성(彭城)에 간 일이 있었는데, 아내 치씨(郗氏)가 채확에게 편지를 보내 여름 옷감 한 벌만 보내달라고 하니, 채확은 이 편지에 답하여 말했다.

　"모름지기 여름옷은 마땅히 맡아서 대주는 이가 있으니 내가 따로 보낼 일이 없노라."

【詩】
　형 섬기기 아비같이 하여 조금도 어김 없으니
　무엇 하나 형에게 아뢰지 않고 맘대로 하는 일 있으리.
　봉급으로 받은 재물 모두 형에게 보내고
　제 맘대로 하는 일 없이 반드시 먼저 형에게 물었네.

　임금 따라 먼 곳 가서 오래도록 돌아오지 않으니
　아내가 여름 옷감 보내라고 편지 부쳐왔네.
　옷감은 맡아서 대주는 이 있거늘
　어찌 사사로운 뜻 가져 정신을 흐리리.

【원문】

蔡廓 濟陽人 奉兄軌如父 家事大小 皆諮而後行 公祿賞賜 一皆入軌 有所資
須 悉就典者請焉 從高祖在彭城 妻郗氏 書求夏服 廓答曰 知須夏服 計給事
自應相供 無容別寄

【詩】

奉兄如父敬無違 家有尊嚴孰敢私
祿賜盡應歸一室 事無專制必先咨

扈從君王苦未回 妻求夏服寄書來
計給只言存典者 稍無私意汙靈臺

극과 살이 죽음을 다투다
棘薩爭死 극살쟁사

손극(孫棘)은 남북조 시대 송나라 팽성(彭城) 사람이다. 어머니를 지극 정성으로 모시던 효자였는데, 어머니가 죽음을 앞두고 손극에게 어린 아들을 부탁했다.

대명(大明) 5년, 국가에서 군인을 뽑는 일이 있어 여기에 손살(孫薩)도 뽑혀가게 되었다. 그러나 손살이 나가는 기일을 어겨 사형을 받게 되었다. 이에 손극이 관청에 나가서 사죄했다.

"내가 한 집의 가장이 되어 아우를 제시간에 대지 못했으니 그 죄 백번 죽어 마땅합니다. 비옵건대 제가 아우를 대신하게 해주십시오."

그러나 아우 손살이 또한 스스로 벌받기를 청했다.

고을 태수 장대(張岱)는 이들 형제가 하는 말이 사실이 아닐 거라 의심하여 손극과 손살을 따로따로 가두고는 한 사람씩 불러 바라는 대로 해주겠다 말했는데, 이에 두 사람 모두 조금도 낯빛을 바꾸지 않고 기꺼운 마음으로 대신 죽기를 원했다.

손극의 아내 허씨(許氏)도 손극에게 속삭이듯 말했다.

"당신은 이 집 어른이 되어 어떻게 죄를 아우에게 돌린단 말입니까? 더구나 어머님께서 돌아가실 때 당신에게 도련님을 부탁하지 않았습니까? 그리고 아우는 아직 장가도 들지 못했는데, 당신에게는 자식이 이미 둘이나 있으니 이제 죽어도 무슨 한스러운 일이 있겠습니까?"

태수가 이 일을 조정에 올리니 임금이 몸소 조서(詔書)를 내려 특별히 사면한 뒤 좋은 비단을 내리고, 그들을 불러 벼슬을 시키라고 명령했다.

형과 아우 서로 죽기 다투니 어찌 이름 얻으려는 것일까
부인조차 남편 죽는 게 마땅하다 하였네.
임금도 이들 세 사람의 천륜 갸륵히 여겨
죄 용서하고 상주어 온 집안을 표창했네.

어머니의 부탁 지금도 형은 생각하고
형 공경하는 마음 아우도 잊지 않았네.
죽음 앞에 서로 다투어 나가려 하니
나라에서 그들 용서해 보낼 줄 어찌 알았으리.

【원문】

孫棘 彭城人 事母至孝 母臨亡 以小兒薩 屬棘 大明五年發 三五丁 薩應充行
坐違期不至 棘詣郡辭列 棘爲家長 令弟不行 罪應百死 乞以身代薩 薩又自引
太守張岱疑其不實 以棘薩各置一處 報云聽其 相代顏色 並悅甘心赴死 棘妻
許 又寄語屬棘 曰君當門戶 豈可委罪小郎 且大家臨亡 以小郎屬君 竟未娶妻
君已有二兒 死復何恨 岱 表上 詔特原罪 州加辟命並賜帛

【詩】

弟兄爭死豈要名 乃婦猶知棘死輕
帝感三人倫懿篤 宥全門戶又襃旌

兄念慈親鞠子哀 弟思天顯克恭哉
當前斧鉞爭趨赴 豈料金鷄放赦回

양씨 형제가 의리로 양보하다
楊氏義讓 양씨의양

양파(楊播)는 남북조 시대 위(魏)나라 홍농(弘農) 사람이다. 아우 춘(春)·진(津)과 함께 모두 우애가 더할 수 없고 서로 의리로 양보할 줄 알았으며, 형 아우가 서로 섬기는 것이 부자지간과 같았다.

아침이면 두 아우가 대청으로 형을 찾아뵙고 종일토록 이야기하니 잠시도 안에 들어가는 일이 없었다. 맛있는 음식이 있으면 세 형제 가운데 하나만 자리에 없어도 손도 대지 않고 기다렸다. 대청 사이에 포장을 쳐놓고 혹 피곤하여 쉴 일이 있으면 잠시 그쪽으로 가서 쉬었다가 다시 모여 앉아 웃으며 이야기를 나누고 즐겼다.

춘의 나이 늙은 뒤 혹 밖에서 술이 취해 돌아오면 진이 형을 부축하여 방에까지 모셔다 드렸다. 그리고 창밖에서 자는 체하고 기다리다 형이 술이 깨기를 기다려 문안드렸다.

춘과 진의 나이가 예순을 넘기고 벼슬이 재상 지위에 올랐지만 진이 아침 저녁으로 형에게 문안드릴 때면 아들과 조카들은 뜰에 가득히 벌여 서 있었다. 춘이 앉으라고 하지 않으면 진은 감히 앉지 않았다.

춘이 외출했다가 해가 저물어도 돌아오지 않을 때면 진은 항상 밥을 먹지 않고 기다리다가 춘이 돌아온 뒤에야 함께 밥을 먹었다. 밥을 먹는데도 몸소 수저를 들어 형에게 바치고, 음식은 반드시 먼저 맛본 뒤 형을 먹게 했다. 그리고 언제나 형이 "먹어라" 한 뒤라야 수저를 들었다.

춘이 서울에서 산 적이 있었다. 진은 철음식이 있을 때마다 반드시 사람을 시켜 형에게 보냈고, 혹 아직 보내지 않은 음식이면 먼저 먹는 일이 없었다.

춘은 아우가 보낸 음식을 대할 때마다 아우를 생각하고 눈물을 흘렸다. 이 양씨 집에는 한 집안에 남녀 백 명이 함께 살면서도 시마(緦麻)*1를 입을 친척까지도 모두 한솥에 밥을 지어 먹었으나 시끄러운 말이 없었다.

【詩】

양씨 집 의리로 양보하고 천륜을 지켜서
형과 아우 섬김 부자지간 같으니
새 음식은 모두 같이 나누고 서로 웃음으로 지내고
따뜻하고 화락한 기운 온 집안에 가득하네.

예순 넘어 형제 모두 정승에 올랐건만
평생을 의로 섬겨 왔는데 어찌 늙었다고 그만두리.
아침저녁 문안드리는 그 마음 게을리하지 않고
취한 형 부축해 돌아오고 형의 수저 집어 올리네.

【원문】

楊播 弘農人 與弟春 津 並敦義讓 昆季相事 有如父子 兄弟 朝則聚於廳堂
終日相對 未曾入內 有一美味 不集不食 廳堂間 往往幃幔隔障 爲寢息之所時
就休偃 還共談笑 春 年老 曾他處醉歸 津 扶持還室 仍假寢閣前 承候安否
春 津年過六十 並登台鼎 而津 尙朝暮參問 子姪羅列階下 春不命坐 津 不敢
坐 春 每近出 或日斜不至 津 不先飯 春還然後共食 食則津 親授匙筯 味皆
先嘗 春 命食然後食 春在京宅 每有時味輒因使次付之 若或未寄 不先入口
春每得所寄 輒對之泣下 一家之內 男女百口 緦服同爨 庭無間言

【詩】

楊家義讓篤天倫 昆季儼如父子親
一味共分相對笑 藹然和氣滿堂春

六秩聯登位鼎司 平生義敬老何衰
朝朝參問情無倦 扶醉兄歸弟授匙

【註】
＊1 석 달 동안 입는 상복. 그다지 가깝지 않은 친척을 이름.

달지가 아우의 빚을 갚다
達之贖弟 달지속제

　오달지(吳達之)는 남북조 시대 남제(南齊)나라 의흥(義興) 사람이다. 육촌 아우 경백(敬伯) 부부는 흉년을 만나 먹고살 수가 없어 강북(江北) 땅으로 팔려갔다.

　이것을 보고 오달지는 자신의 밭 10묘(畝)를 팔아 그 빚을 갚아주고 재물도 같이하고 사는 곳도 같이하게 했다. 그 고을에서 오달지에게 주부(主簿) 벼슬을 시키니 오달지는 굳이 그 자리를 사양하여 형에게 양보했다.

　또한 대대로 내려오는 밭을 집안 아우에게 주었으나 집안 아우 또한 사양하여 받지 않으니 결국 그 밭은 농사짓는 사람이 없어 묵게 되었다.

【詩】
형제간에 남에게 팔려가는 것 어찌 보랴,
밭 팔아 빚 갚아주고 데려다가 한집에서 살았네.
벼슬자리 형에게 양보하고 밭은 아우에게 양보하니
천륜 밖의 물건들은 티끌처럼 여김일세.

논밭 팔아 아우 빚 갚아 데려오고
한집에서 같이 살며 먹고 입는 것 모두 함께했네.
이 세상에는 밭 가지고 서로 싸우는 자 많은데
이 이야기 들으니 문득 얼굴에서 땀이 흐르네.

【원문】
吳達之 義興人 從祖弟敬伯夫妻 荒年被略賣江北 達之 有田十畝 貨以贖之
同財共宅 郡命爲主簿 固以讓兄 又讓世舊田與族弟 弟亦不受 田遂閑廢

【詩】
那堪骨肉沒興僾　破產還收與共財
職讓於兄田讓弟　天倫外物視塵挨

賣業慇懃贖弟還　同財共宅任飢寒
世間無限爭田者　聞却高風定汗顏

광진이 재산 문서를 돌려주다
光進反籍 광진반적

이광진(李光進)은 당(唐)나라 계전(鷄田) 사람이다. 부모를 지극한 효성으로 섬겼다. 어머니 돌아가시자 3년 동안 상중에 있는데 자신의 방에 들어가 자는 일이 없었다.

그의 아우 광안(光顏)이 광진보다 먼저 장가를 들었으므로 어머니는 집안일을 모두 광안에게 맡겼다. 광진이 장가들었을 때 어머니는 이미 돌아가신 뒤였다. 그러나 광안의 아내는 지금까지 자기가 관리해 오던 재산 문서와 열쇠 꾸러미를 모두 광진의 아내에게 주었다. 이에 광진이 돌려주라 하고는 말했다.

"일찍이 제수는 어머니를 모셨고, 또 어머니께서 직접 모든 집안일을 맡겼으니 이것을 우리가 바꿀 수는 없소."

이 말을 듣고 며느리들은 서로 붙들고 울었으며, 곧바로 어머니가 살아 계실 때와 똑같이 했다.

【詩】
며느리, 시어미 앞에 절하고 나서부터
집안일 맡아서 보살핀 지 오래되었네.
오늘날 어머니 돌아가셨다 하여 이 뜻 어찌 고칠까,
울면서 집안 재산 돌려주고 전과 같이 지냈네.

오랜 세월 동안 천륜이란 없어지지 않는 것
이것을 어기는 건 하찮은 이익 때문
형제끼리 편안히 사는 법 배우려거든
이 집 문서 돌려보낸 일 본받게 하오.

李光進 鷄田人 事親有至性 母歿 居喪三年 不歸寢 弟光顏 先娶而 母委以家
事 及光進娶 母已亡 弟婦 籍貲貯納管鑰 於姒 光進命反之曰 婦逮事 姑且嘗
命主家事 不可改 因相持泣 乃如初

【詩】

當年新婦拜姑前 主饋辛勤久且專
今日母亡那忍改 泣還家籍故依然

萬古天倫終不泯 乖離只在利錙銖
欲知兄弟相安處 須看斯門反籍圖

덕규가 옥에서 죽다
德珪死獄 덕규사옥

정덕규(鄭德珪)는 송(宋)나라 포강(浦江) 사람이다. 아우 정덕장(鄭德璋)과 함께 부모에 대한 효도와 형제간 우애가 그 이상 더할 나위 없었다. 낮이면 책상을 맞대고 앉아 웃으며 이야기하고 밤이면 한 이불 속에서 잤다.

정덕장은 본디 성질이 강직하여 원수들의 무함으로 죽을 죄를 받아 양주(揚州)로 잡혀가게 되었다. 이에 정덕규가 아우를 불쌍히 여겨 그에게 거짓으로 말했다.

"저놈이 나를 해하고자 하는데 어찌 가만히 앉아 당하고만 있겠느냐. 내가 가서 저놈들의 거짓말한 죄상을 폭로하리라. 그렇게 되면 죽지 않을 것이다."

이렇게 말하고 곧 길을 떠났다. 덕장이 뒤를 쫓아와 길 위에서 만나자 이들 형제는 서로 붙들고 울며 먼저 죽기를 다투었다.

정덕규는 가만히 꾀를 내어 밤이 깊은 뒤에 다시 길을 떠나 샛길로 걸음을 재촉했으니 덕장이 잠에서 깨어 뒤쫓아 광릉 땅에 이르렀으나 형 덕규는 이미 옥에 갇혀 죽은 뒤였다.

덕장이 이 말을 듣고 통곡하며 서너 차례나 기절했다. 덕장이 형의 시신을 지고 돌아와 장사 지내고 여막에서 두 해를 보내면서 늘 한결같이 슬피 우니 까막까치들이 날아와서는 떠나가지 않았다.

【詩】
한 이불 덮고 책상 맞대어 서로 떠나지 않더니
강직하여 뜻밖에 무함받아 죄에 걸렸네.
내 목숨 가볍게 여겨 형제 다투어 옥에 나갈 때
길 위에서 서로 만나 붙들고 울었네.

德珪死獄 宋

밤중에 가만히 먼저 가서 옥중에서 죽으니
광릉까지 따라와 통곡하나 어이 끝이 있으리.
2년 동안 여막 살고 통곡해 울 때
까막까치 날아와 원통한 슬픔 위로해 주었네.

【원문】

鄭德珪 浦江人 與弟德璋 孝友天至 晝則聯几案 夜則同衾被 德璋 素剛直 爲
仇家陷以死罪 當會逮揚州 德珪 哀弟之 見誣 乃陽謂曰彼欲害吾也 何預爾事
我往則奸狀白 爾去得不死乎 卽治行 德璋追至道中 兄弟相持頓足哭爭欲就死
德珪 默計 沮其行 夜將半 從間道逸去 德璋 復追至廣陵 德珪已死於獄 德璋
聞之 慟絶者數四 負骨歸葬 廬墓再朞 每一悲號 烏鵲皆翔集不去

【詩】

同衾聯几每相須 不意剛剛陷罪誣
視死如歸爭就獄 牽留道上泣相扶

夜半潛歸死獄中 廣陵追至慟何窮
再朞廬墓哀號處 烏鵲飛翔慰怨衷

두연이 형을 대접하다
杜衍待兄 두연대형

두연(杜衍)은 송나라 산음(山陰) 땅 사람이다. 전 어머니에게 두 아들이 있었으나 이들은 부모에게 효성스럽지도 못하고 형제간 우애도 없었다. 이에 두연의 어머니는 하양(河陽) 땅 전씨(錢氏)에게 다시 시집을 갔다.

할머니가 돌아가셨을 때 두연 나이 겨우 열다섯 살이었다. 두 형이 두연을 모질게 대해 심지어 칼을 빼어 두연 머리를 쳐 뇌를 상하게 하니 피가 두어 되나 쏟아졌다.

이것을 본 그의 고모가 숨겨주고 치료해 주어 두연은 겨우 살아났다. 더이상 집에서 살 수가 없어 두연은 하양 땅으로 개가한 어머니를 찾아갔으나 의붓아버지는 그를 받아주지 않았다.

그러나 두연은 그런 가운데에도 힘써 글을 배워 남의 집에 고용되어 삯 글씨를 써주면서 겨우 목숨을 이어 나갔다. 두연은 글공부를 열심히 해 먼 훗날 높은 벼슬자리에 올랐는데 그때 그의 형들이 아직 살아 있었으니, 두연은 이들을 더할 수 없는 예로써 대접했다.

두 형과 고모, 그리고 의붓아버지의 자손들까지 두연의 덕으로 벼슬한 자가 여러 사람이었고, 또 두연은 이들을 모두 혼인시켜 주었다.

【詩】
형의 마음 막되어 어머니 개가하니
칼을 빼어 골육지친을 상하게 하네.
여러 되 피를 흘리고도 미워하거나 원망하지 않아
어리석음과 사나움 끝내 감화시켰네.

하늘이 착한 이에 복을 주는 이치는 분명하니

삯 글씨 써주면서 마침내 벼슬하여 귀한 몸 되네.
그들 자손들에게만 그의 음덕 끼친 게 아니니
온 집안 혼인시켜 일가(一家) 이루게 했네.

【원문】

杜衍 山陰人 前母 有二子 不孝悌 其母改適河陽錢氏 祖母卒 衍年十五六 二
兄遇之無狀 至引劍斫之傷腦 出血數升 其姑匿之 僅以得免 乃詣河陽 歸其母
繼父 不容 來孟洛間 貧傭書 以自資 及貴 其長兄猶存 待遇甚有恩禮 二兄及
錢氏 姑子孫 受衍蔭補官者 數人 仍皆爲之婚嫁

【詩】

兄心無狀母歸人 引劍殘傷骨肉親
出血數升無疾怨 烝烝終化兩頑嚚

天心福善理昭明 豈爲傭書致顯榮
不獨子孫多受蔭 一門婚嫁亦能成

장존이 비단을 펴놓다
張存布錦 장존포금

장존(張存)은 송나라 기주(冀州) 사람이다. 그는 성품이 효성스럽고 우애가 더없었다. 일찍이 촉군(蜀郡)의 원님으로 있을 때 기이한 그림이 있는 깁과 무늬진 비단을 얻어가지고 돌아왔는데 그는 이 비단을 모두 마루 위에 펴놓고는 형제들을 불러 마음대로 골라 갖게 했다.

그는 늘 말하곤 했다.

"형제는 손발과 같고 아내는 남의 집 사람일 따름이다. 그러니 어찌 남의 집 사람을 먼저하고 자신의 손발을 나중으로 하겠는가?"

그는 또 집안 친척들을 거두어 혼인시키고 집을 마련해 주어 집안에 의지할 곳 없는 사람이 한 사람도 없게 했다.

집 안에 있을 때는 거동이 매우 엄정하여 자손들이 의관(衣冠)을 바르게 하지 않으면 만나주지 않았다.

【詩】

하늘에서 성품 받아 우애 더욱 독실하여
처음부터 아내보다 형제를 더 많이 생각했네
서로 생각하는 것 형제보다 더 중한 것 없거니
마루 위에 비단 펴놓고 맘대로 가져가게 했네.

손발이 어찌 남의 집 사람과 같으리,
어찌 제 아내를 먼저하여 천륜을 소홀히 하랴.
외로운 친척 거두어 모두 혼인시키니
그 누가 장존처럼 친척 소중히 여겼으리.

張存布錦
宋

張存 冀州人 性孝友 嘗爲蜀郡 得奇繪文錦以歸 悉布於堂上 恣兄弟擇取 常
曰兄弟 手足也妻妾外舍人耳 奈何先外人而後手足乎 收卹宗屬 嫁聘窮嫠 不
使一人失所 家居矜莊 子孫非正衣冠不見

【詩】

稟性於天篤友于 從來不復念妻孥
相懷只見連枝重 堂上文繪盡向輪

手足何如外舍人 肯先家室後天倫
收卹孤嫠婚嫁畢 誰能似子篤親親

언소가 재산을 나누다
彦霄析籍 언소석적

　　조언소(趙彦霄)는 송나라 사람이다. 그와 그의 형 언운(彦雲) 두 형제는
12년 동안이나 한집에서 한솥밥을 먹고 지냈다. 형 언운이 여자를 좋아하고
노름을 즐기니 하는 일마다 망해서 가산을 반이 넘도록 써 버려 아우 언소가
여러 번 잘못을 지적했으나 듣지 않으므로 형제는 재산을 나누어 따로 살게
되었다.

　　그런지 5년이 지나자 형은 남은 재산을 다 써 버리고 빚을 산더미같이 지
고 말았다. 그해 섣달그믐에 아우 언소가 술과 안주를 차려 놓고 형과 형수
를 청하여 말했다.

　　"저는 처음부터 형님과 헤어져 살 생각은 없었습니다. 다만 형님 쓰임새
가 하도 절제가 없어 마침내는 우리집 전재산을 탕진하고 식구들이 굶주리
게 될 것이 두려워 가산을 반씩 나누자고 한 것입니다. 이제 다행히 반은 남
았으니 이것만으로도 충분히 먹고살 수가 있고, 또 명절에 제사를 지내는 데
에도 족할 것입니다. 그러니 이제부터 형님께서 다시 집안의 중심이 되어 재
산을 모두 관리해 주십시오."

　　조언소는 재산을 나누기로 한 문서들을 불태우고 열쇠들도 모두 형 언운
에게 맡겼다. 또한 그동안 벌어 모은 돈으로 형 빚을 모조리 갚아주었다.

　　형은 처음에는 부끄러운 빛을 보이며 따르지 않다가 마지못해 이것을 받
았다. 이듬해 언소가 과거에 장원급제하니 온 고을 사람들이 크게 공경하고
따랐다.

【詩】
　일찍이 한솥밥 먹은 지 12년인데
　집안 재산 나날이 없어져 점점 쓸쓸해지니

난데없이 세간 나누자 하여 그 형 이상히 여겼지만
그 마음 다음 해 되자 문서 태우는 것 보았네.

형이 가산 탕진하자 아우는 따로 살자 하더니
5년 동안 재산 벌어 저축한 것 적지 않네.
섣달그믐 술상 차려 하는 말
이제부터 형님 도로 집안일 맡아주시오.

【원문】

趙彦霄 兄弟二人 同㸑十二年 兄彦雲 惟聲色博奕是娛 生業壞已逾半 彦霄
諫不入 遂求析籍 及五年 而兄之生計蕩然矣 公私逋負 尙千餘緡彦霄 因除夕
置酒 邀兄嫂而告之曰 向者 初無分㸑意 以兄用度不節 恐皆蕩盡 俱有飢寒之
憂 今幸留一半 亦足以給伏臘 兄 自今復歸中堂以主家務 卽取分書付之火 管
鑰之屬 悉以付焉 又以已儲錢 償其所逋負 兄初有慚色不從 不得已而受之 次
年彦霄 一擧登第 鄕人大敬服之

【詩】

同㸑曾經一紀餘 可憐家業漸蕭疎
無端析籍兄應恠 丹懇他年見火書

兄蕩家資弟析居 五年贏得有遺儲
慇懃更酌元宵酒 從此阿兄復主廬

도경이 목 내밀어 죽기를 자청하다
道卿引頸 도경인경

곽도경(郭道卿)은 원(元)나라 보전(莆田) 사람이다. 그의 고조할아버지 의중(義重)의 효행이 지극하니 인근 마을에 칭찬이 높아서 효자를 기리는 사당을 세웠다.

원나라 첫무렵에 도적이 일어나 많은 백성들이 모두 달아나 숨었으나 곽도경은 아우 좌경(佐卿)과 함께 홀로 사당을 지켜 차마 떠나가지 못했다. 그러다 곽좌경이 도적에게 잡혀 죽게 되니 곽도경이 도적에게 곧 나가서 울며 말했다.

"나는 다른 자식이 있지만 내 아우는 몸도 약할 뿐 아니라 자식도 어립니다. 바라건대 아우 대신 나를 죽여주시오."

곽좌경이 또한 울면서 말했다.

"아닙니다, 우리집에서는 온 식구가 다 형님을 의지하고 있습니다. 바라건대 나를 죽이시오."

곽도경은 굳이 자기 목을 늘여 칼로 벨 것을 간청했다.

이에 도적들이 서로 돌아보다가 말했다.

"너희들은 효자 집 형제로구나. 형제가 서로 이렇게 사랑하니 우린들 차마 어찌 해칠 수가 있느냐."

도적들은 곽도경 형제를 모두 풀어주었다.

【詩】
백성들 도적 두려워 피해 도망가는데
혼자서 사당 지키는 이 오로지 도경 형제뿐일세.
효행이란 본디 하늘이 내리는 것
아무리 흉악한 자인들 어찌 이런 자손 죽이리.

형제 서로 죽기를 다투니 그 마음 갸륵한데
목을 늘여 죽이라 할 때 도적도 간담 서늘했네.
둘 다 놓아 보낸 것 더없는 효성에 감동함이니
꽃다운 이름 세상에 전해 길이 없어지지 않네.

【원문】

郭道卿 莆田人 四世祖 義重以孝行著 鄕里爲立孝子祠 元初盜起 居民多走匿
道卿 與弟佐卿 獨守祠不忍去 俱被執 盜將殺佐卿 道卿 泣告曰吾有兒已長
弟弱 子幼 請代弟死 佐卿亦泣曰 吾家事 賴兄以理 請殺我 道卿 固引頸請刃
盜相顧曰 汝孝門 兄弟若此 吾何忍害 兩釋之

【詩】

居民畏盜競逃奔 獨守先祠只弟昆
孝行固知天所與 肯敎兇豎害元孫

弟兄爭死意堪悲 賊膽還寒引頸時
兩釋只緣誠孝感 芳名傳世永無期

곽전이 재산을 나누다
郭全分財 곽전분재

곽전(郭全)은 원나라 요양(遼陽) 땅 사람이다. 그는 의붓어머니 당고씨(唐古氏)를 더없는 효성으로 섬겼다. 의붓어머니는 아들 넷을 낳았는데 모두 어려 곽전이 몸소 밭을 갈아 살림을 꾸려 나갔다.

아우들이 나이가 들어 장가들자 저마다 재산을 나누어 따로 살겠다고 서둘렀다. 곽전은 이들을 말리려 했으나 듣지 않았다. 곽전은 집이나 논밭, 살림살이 가운데에서 낡고 못쓰게 된 것을 자기 스스로 차지하고 좋은 것은 모두 아우들에게 나누어 준 뒤 의붓어머니 당고씨를 모시고 살면서 당고씨의 옷과 음식을 거르는 일이 없었다.

【詩】
겨우 먹고 입으며 살아온 살림,
하루아침에 나누고 보니 그 고생 말할 수 없네.
메마른 밭, 깨진 그릇, 자신이 차지하고
그래도 의붓어머니에게 옷과 음식 거른 적 없네.

설포(薛包)*¹의 효성 세상에서 칭찬했지만
어찌 곽전은 두 가지 모두 온전히 할 줄 알았으리.
역사에 그 이름 없어지지 않고 전해 오니
그 효행 그림으로 새로 그려 더욱 빛나게 하리.

【원문】
郭全 遼陽人 事繼母唐古氏 甚孝 繼母 生四子 皆幼 全躬耕以養 既長娶婦
各求分財異居 全不能止 凡田廬器物 自取荒檞朽敗者 奉唐古氏以居 甘旨

無乏

【詩】
喫著艱辛共備嘗 一朝分異可堪傷
薄田破器吾當取 甘旨無違奉後孃

薛包孝義世稱賢 豈料君身更兩全
靑史昭垂名不泯 又從圖畫上新編

【註】
＊1 중국 설포의 효성은 우리나라에도 알려져 조선 시대 고전소설《설포선행록(薛包善行
　　錄)》으로 널리 배포되었음. 여기서 설포는 후한 시대 여남 땅 사람으로 의붓어머니 등
　　씨와 이복동생 설희의 간악한 음모와 수난을 이겨내고 끝내는 이들 모자가 개과천선해
　　한집안이 영화를 누리는 것으로 그려짐.

사달의 의리에 친척과 나무가 감동하다
思達義感 사달의감

　오사달(吳思達)은 원나라 때 울주(蔚州) 사람이다. 형제가 여섯인데 아버지 명에 따라 따로 살고 있었다. 오사달이 개평주부(開平主簿)로 있을 때 아버지가 죽으니 그는 집으로 돌아와 아버지 장례를 정성껏 치르고는 집안 사람들을 불러 모아 놓고 울면서 어머니께 아뢰었다.

　"우리 형제들이 따로 산 지가 이제 10여 년이 되었습니다. 그런데 아우들 가운데에는 재산을 다 써버리고 고생하며 사는 자도 있습니다. 한 어머니의 똑같은 자식인데 어찌 이렇듯 형제간에 고생과 즐거움이 고르지 않습니까?"

　이렇게 말하고 사달은 자신의 재산을 털어 아우들이 진 빚을 모두 갚아주었다. 그리고 그날부터 이들은 다시 한집에 모여서 살기로 했다.

　그런지 몇 해 안 되어 집 뒤에 서 있던 느릅나무와 버드나무가 연리지(連理枝)가 되었다. 사람들은 이것이 사달의 우애에 감동되어 일어난 일이라며 칭찬했다.

【詩】
일찍이 아버지 명령으로 형제 따로 살더니
10여 년 되자 고생하고 근심 있는 아우들 있네.
어머니께 이 사연 울면서 아뢰니
형제간에 화락한 기운 집안에 가득 찼네.

한 몸에서 나누인 여섯 형제들
슬픔과 즐거움, 주림과 배부름이 어찌 이리 다른가.
재산 팔아 빚 갚아주고 다시 한데 모이니
느릅나무 버드나무 저희끼리 연리(連理)했네.

吳思達 蔚州人 兄弟六人 嘗以父命析居 思達 爲開平主簿 父卒 還家治葬畢
會宗族 泣告其母曰 吾兄弟別處 十餘年矣 今多破産 以一母所生 忍使兄弟苦
樂不均耶 卽以家財代償其逋 更復共居 不數年 宅後楡柳爲之連理 人以爲友
義所感焉

【詩】

曾承嚴命各分居 憂樂參差十載餘
泣告慈親辭感激 弟兄和氣塞窮閭

一體而分六箇身 悲歡饒瘠豈宜偏
捐財償債還相聚 楡柳終看理亦連

부(附) 종족(宗族)

군량이 아내를 내쫓다
君良斥妻 군량척처

유군량(劉君良)은 당(唐)나라 요양(饒陽) 사람이다. 4대를 내려오며 한집에 살면서 촌수가 먼 일가 형제까지도 모두 친형제처럼 지냈다. 집안에 있는 곡식 한 말과 비단 한 자도 아무도 마음대로 가지려 하지 않았다.

수나라 양제*¹ 대업(大業) 시절에 흉년이 크게 들자 아내는 유군량에게 따로 살기를 권하고는, 남몰래 뜰 앞에 있는 나무 위에 올라가 새끼 까마귀를 바꾸어 놓아 까마귀가 서로 싸우고 울부짖게 만들었다. 이에 집안사람들이 괴상히 여기니 유군량의 아내가 남편에게 말했다.

"천하가 어지러우면 날짐승도 서로 받아들이지 않는데 더구나 사람이야 오죽하리요."

유군량도 그럴듯하게 여겨 곧바로 형제가 모두 헤어져 따로 살게 했다. 그런 지 한 달 남짓하여 유군량은 아내 꾀에 속은 것을 알고는 아내를 내쫓으며 말했다.

"네가 어찌 우리 집안을 그르치느냐?"

그러고는 모든 형제들을 불러 눈물을 흘리면서 아내 때문에 죄지은 것을 말하고 다시 전처럼 한집에서 화목하게 살았다.

당나라 태종*² 정관(貞觀) 6년에 그 집에 정문을 내려 유군량 집안의 돈독함을 표창했다.

【詩】
대대로 한 산업에 종사하고 한집에서 살며
4대를 계속해도 조금도 소홀함이 없었는데.

君良斥妻　唐

한 부인의 간사한 꾀 어찌 우리 이간하랴
마침내는 일가 형제들 다시 처음처럼 지냈네.

한 말 곡식인들 그 누가 제 맘대로 하리,
한집안 식구 추위와 굶주림도 함께 나누는데.
물욕에 어둡고 제 처자만 사랑하는 무리
이 형제 보면 제 어찌 부끄러워 않으리.

【원문】

劉君良 饒陽人 四世同居 族兄弟猶同產也 門內斗粟尺帛無所私 隋大業中荒
饉 妻勸其異居 乃易置庭樹烏鶵 令鬪且鳴 家人怪之 妻曰天下亂 禽鳥不相容
況人耶 君良卽與兄弟別處 月餘 密知其計 因斥去妻 曰爾破吾家 召兄弟 流
涕以告 更復同居 貞觀六年 表異其門閭

【詩】

世同產業更同居 四代相傳不少疎
一婦邪謀寧間我 終教兄弟復如初

斗粟其誰敢自私 要同門內給寒飢
滔滔好貨私妻子 視此如何不怞怩

【註】

*1 수(隋)나라 제2대 황제. 성은 양(揚), 이름은 광(廣). 재위 604~18년.
*2 당(唐)나라 제2대 황제. 성은 이(李), 이름은 세민(世民). 재위 626~49년.

공예가 참을 인 자 백여 개를 쓰다
公藝書忍 공예서인

　장공예(張公藝)는 당나라 수장(壽張) 땅 사람이다. 9대를 내려오면서 한 집에서 살았으니, 북제(北齊)·수(隋)·당나라에서 모두 그의 집에 정문을 내려 표창했다.

　당나라 고종*¹이 태산(泰山)에 올라가 봉선(封禪)*²하고 돌아오는 길에 그 집에 들러 장공예를 불러서 한집안끼리 화목하게 지낼 수 있는 방법을 물었다.

　장공예는 종이와 붓을 청하고는, 곧바로 참을 인(忍) 자 백여 개를 써서 올렸다. 그 뜻은 대개 어른이 재물을 고르지 않게 나누거나, 항렬이 낮은 이와 어린이들이 혹 예절에 어긋나거나 갖추지 않아 이것으로 서로 꾸짖다 보면 마침내 틈이 생기게 마련이니, 이때 모든 것을 참아 나가면 온 집안이 저절로 화목해진다는 것이었다.

【詩】
세상 사람들 형제간에 나뉘어 같이 살지 않는데
홀로 장공예만이 9대를 같이 살았네.
임금이 화목하게 사는 방법 묻자
대답하지 않고 다만 참을 인 자 써서 올렸네.

예법이 지나치게 엄하면 어린이들은 이를 싫어하며
어른들 의식 고르지 않게 되네.
참고 말하지 않으면 아무 일 없이
온 집안 화락하고 스스로 가깝게 지내네.

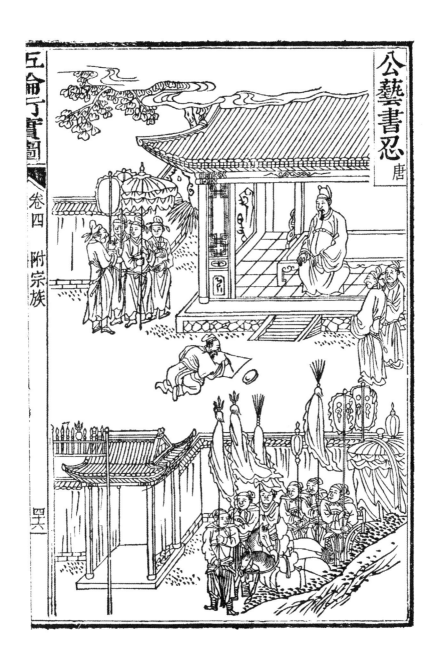

【원문】

張公藝 壽張人 九世同居 北齊 隋 唐 皆旌表其門 高宗 封泰山 幸其宅 召見
公藝 問其所以能睦族之道 公藝請紙筆以對乃書忍字百餘以進 其意以爲宗族
所以不協 由尊長 衣食或有不均 卑幼 禮節或有不備 更相責望 遂爲乖爭 苟
能相與忍之 則家道雍睦矣

【詩】

世人分割不同廬 獨有張公九世居
帝問由來能睦道 但將忍字百來書

禮嚴卑幼缺應頻 尊長衣飧或未均
忍不出言相責望 怡怡家道自相親

【註】

＊1 당나라 제3대 황제. 재위 649～683년.
＊2 천자가 행하는 제사. 봉(封)은 사방의 흙을 높이 쌓아서 제단(祭壇)을 만들고 하느님
에게 제사를 지내는 일. 선(禪)은 땅을 정하여 산천(山川)에 제사 지내는 일.

진씨 집안사람들이 한데 모여 밥을 먹다
陳氏群食 진씨군식

　진긍(陳兢)은 송(宋)나라 사람이다. 강주(江州) 땅에 살아 13대를 내려오면서 한집에서 지내니 식구가 모두 칠백 명이 되었으며, 종도 두지 않았고 첩도 얻지 않았다.

　어른이나 아이나 할 것 없이 서로 화목하여 다투지 않고 지냈다. 밥 먹을 때면 반드시 온 식구들이 한자리에 모이는데 넓은 마루에 어른은 어른대로, 어린이는 어린이대로 따로 자리를 정하여 앉았다.

　기르는 개가 백여 마리나 되었는데, 개들도 밥그릇 하나를 크게 만들어 함께 먹게 했다. 개 가운데 한 마리가 아직 오지 않으면 모든 개들이 먹지 않았다.

【詩】
칠백 명 식구도 차마 헤어질 수 없어
먼 일가 아저씨와 조카까지 모두 모여 함께 사네.
13대가 한집에서 밥지어 먹을 적에
식사 때면 길게 앉아 큰 무리 이루네.

화목한 가풍 세상에 드문 일
어른도 어린이도 화목하니 한 마루에 모였네.
이런 가풍 알지 못하는 때 감화된 것 알려거든
한 밥그릇에서 같이 먹는 백 마리 개와 같이 하오.

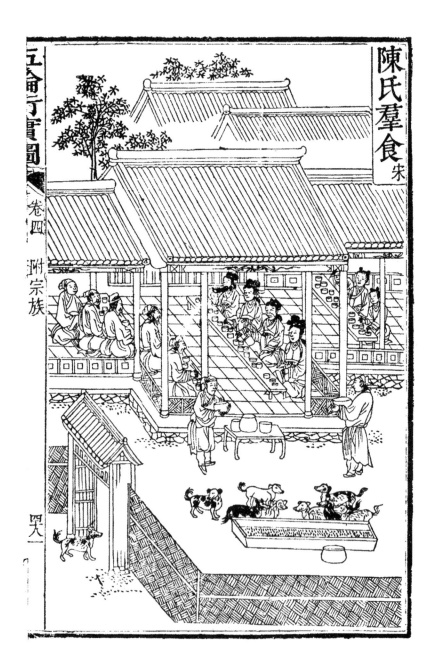

陳兢 居江州 十三世同居 長幼七百口 不畜僕妾 上下嬋睦 人無間言 每食必
羣坐廣堂 未成人者 別爲一席 有犬百餘 亦置一槽共食 一犬不至 羣犬皆不食

【詩】

七百餘人未忍分 高曾叔姪曁仍雲
十三嗣世同炊爨 每食長筵列作羣

敦睦家風世所崇 詵詵長幼一堂中
欲知感化冥冥理 看取槽中百犬同

중엄의 의리 있는 전장
仲淹義莊 중엄의장

범중엄(范仲淹)[1]은 송나라 오현(吳縣) 사람이다. 재물을 아끼지 않고 남주기를 좋아했는데, 특히 일가친척들에게 넉넉하게 주었다. 벼슬이 높아지자 고소(姑蘇) 땅에 좋은 밭 수천 묘(畝)를 사서 의장(義莊)[2]으로 삼으니 여러 종족 가운데 가난한 사람을 구제하기 위한 것이었다.

그는 문중에서 나이 많고 어진 사람 하나를 뽑아 재산을 맡아 관리하도록 했다. 한 사람에게 날마다 쌀 한 되와 해마다 비단 한 필을 내주게 하고, 또 종족들 가운데 혼사가 있거나 초상이 나면 그 비용을 모두 여기에서 부담하게 했다.

그는 정승 벼슬에 오르자 분황(焚黃)[3]하려고 고소 땅으로 돌아왔다. 창고에 있는 물건을 조사해 보니 비단 삼천 필이 남아 있으므로 관리를 시켜 친척과 인근 마을에 사는 자신의 친구들을 조사하여 기록하게 하고는, 큰 사람 작은 사람을 가리지 않고 스스로 나누어 주고는 말했다.

"내 종족이나 이웃 마을에 사는 사람들은 내가 어렸을 때부터 자라고 공부해서 벼슬하는 것을 보고 나를 위하여 기쁨으로 도와준 사람들이다. 그러니 내가 어찌 그 은혜를 갚지 않을 수 있겠느냐?"

【詩】
　　수천 묘의 좋은 밭 무엇하러 샀으리
　　모두 종족들에게 빠짐없이 나누어 주기 위함일세.
　　한 필 비단, 한 되 곡식도 딴 데 쓰지 않고
　　혼사와 초상에 부담하니 그래도 남네.

　　창고 속 비단 삼천 필 찾아내다가

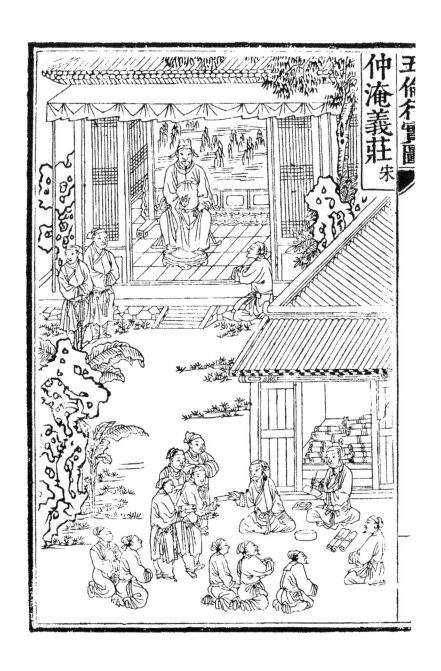

하루아침에 아는 사람들에게 모두 나누어 주었네.
마을 사람 나를 도와주고 기뻐하던 은혜 보답했으니
범중엄 일찍부터 자기 집 일 생각지 않았네.

【원문】

范仲淹 吳縣人 輕財好施 尤厚於族人 旣貴 於姑蘇近郭 買良田數千畝 爲義
莊 以養羣從之貧者 擇族人長而賢者一人主出納 人日食米一升 歲衣縑一匹
嫁娶喪葬 皆有贍給 自政府出歸姑蘇焚黃 搜外庫 惟有絹三千匹 令掌吏 錄親
戚及閭里知舊 自大及小 散之皆盡 曰宗族鄉黨見我生長 幼學壯仕 爲我助喜
我何以報之哉

【詩】

千畝良田豈自圖 盡施宗族遍親疎
匹衣升食無他費 婚葬相扶亦有餘

庫中搜得三千絹 一日親知盡散之
聊報鄉閭助吾喜 相公曾不念家私

【註】

＊1 북송 시대 이름난 신하. 자는 희문(希文). 시호는 문정(文正). 인종 때 참지정사(參知
政事)가 되어 정치개혁을 꾀해 열두 개 종목 들어 상소했으나 반대파 때문에 실패함.
＊2 중국 송나라 이후 동족 공동의 의전(義田)을 두어 그 소작료로써 동족 부양과 교육,
조상 제사 등을 부담하기 위한 것. 북송 때 범중엄이 동족을 위해 토지를 내놓아 고소
땅에 범씨의장(范氏義莊)을 세운 것이 시작이며, 양자강 유역 남쪽에 널리 퍼졌음.
＊3 부모 묘 앞에서 행하는 예. 높은 벼슬에 오르면 누런 종이로 만든 제서(制書)를 가묘
(家廟)에 제사 지내고 이것을 묘 앞에 가서 태워버림. 송나라 때부터 시작된 풍속.

육씨들이 의로써 모여 살다
陸氏義居 육씨의거

육구소(陸九韶)는 송나라 금계(金溪) 땅 사람이다. 대대로 한집에서 살며 식구들 가운데 가장 나이가 많은 사람 하나를 뽑아서 가장으로 삼아 집안일은 모두 그의 명령에 따라 행하게 했다.

그리고 해마다 자제(子弟)들을 뽑아서 집안일을 나누어 맡겼으니 농사를 맡은 자, 세금이나 그 밖의 재물의 출납을 맡은 자, 또 음식을 만들고 손님 대접하는 일을 맡은 자 등이 있었다.

육구소는 경계하는 말로 글을 지어 온 식구에게 주었다. 날마다 새벽에 일어나면 가장은 모든 자제들을 데리고 사당에 참배했다. 그러고 나면 북을 치고 육구소가 지은 경계하는 글을 읽어, 자제들로 하여금 앞에 벌여서서 듣게 했다.

이들 자제 가운데 혹 누군가 잘못을 저질렀을 때는 가장이 모든 자제들을 모아놓고 꾸짖고 가르쳐서 다시 그런 일이 없도록 했다. 만일 그렇게 해도 그 잘못을 고치지 않는 때는 매를 때렸다. 그래도 끝끝내 고치지 않아 다시 용서할 수 없는 자는 관청에 고발하여 먼 곳으로 내쫓게 했다.

【詩】
집을 나누어 따로 사는 건 본디 야박한 풍속,
모여서 산 육씨 집안 세상에 전할 만하네.
구별을 나누어 책임 맡기고 가장 명령으로 움직이니
재물 출납과 손님 대접 모두 예에 맞게 되네.

가르치는 말 또한 정중하고 친절하니
새벽에 일어나 북치고 사당에 참배하게 하네.

陸氏義居 朱

진실로 가르침이 있으면 누구나 되는 일,
그 누가 제 몸을 잘못으로 빠뜨리는가.

【원문】

陸九韶 金溪人 其家 累世義居 一人最長者爲家長 一家之事 聽命焉 歲選子
弟 分任家事 凡田疇租稅 出納庖饗 賓客之事 各有主者 九韶以訓戒之辭爲韻
語 晨興 家長率衆子弟 謁先祠畢 擊皷誦其辭 使列聽之 子弟有過 家長會衆
子弟 責以訓之 不改則撻之 終不改 度不可容 則言之官府 屛之遠方焉

【詩】

割戶分門薄俗然 義居陸氏事堪傳
區分職任由家長 出納承迎禮罔愆

韻語丁寧是訓辭 晨興擊皷謁先祠
固知有敎元無類 誰敢將身踏匪彛

문사가 10대를 한집에서 살다
文嗣十世 문사십세

정문사(鄭文嗣)는 원(元)나라 무주(婺州) 사람이다. 그의 집안은 10대째 한집에서 살아 무릇 240여 년이 되었다. 식구들은 모두 돈 한 푼 비단 한 자 무엇 하나 제 맘대로 하는 일이 없었다.

정문사가 죽자 사촌 아우 대화(大和)가 그 뒤를 이어 집안일을 도맡게 되니 그는 사촌 형 문사보다 더욱 엄하게 집안일을 다스리면서도 한편으로는 은혜가 있었다. 그래서 온 집안이 엄숙하기가 마치 관청과 같았다. 집안 식구 가운데 조금이라도 잘못이 있는 사람은 비록 머리털이 반쯤 센 사람이라도 매를 때렸다.

명절이면 정대화가 마루 위 윗자리에 앉고, 자제들은 모두 의관을 차리고 항렬을 따져 왼쪽 아래에 벌여 선 뒤 차례대로 앞으로 나아가 정대화에게 절하고 꿇어앉아 잔을 올려 장수를 빌었다. 이것이 끝나면 사람들은 엄숙한 얼굴로 손을 아래로 맞잡고 오른쪽부터 나갔다.

이 모습을 본 사람들은 모두 감탄하고 우러러보았다. 이때 여궐(餘闕) *¹이 '동절 지방에서 제일가는 집(東浙第一家)'이라는 글자를 써주어 이들을 표창한 일도 있었다.

정대화는 행동이 정당하여 부처를 숭배하지 않았고 노자(老子) 학문도 숭상하지 않았다. 오로지 《주자가례(朱子家禮)》*²에 따라 관례와 혼인·초상·장례의 예식을 치렀다.

그러므로 자연스레 그의 자손들도 여기에 감화되어 효성스러웠고 모든 일에 공손하며 부지런했다. 부인들은 오로지 여자로서의 할 일에 열중하고 바깥일에는 조금도 끼어들지 않았다.

그 집에서는 말 두 필을 먹였다. 한 마리가 밖에 나가고 없으면 남아 있던 한 마리는 그 말이 돌아올 때까지 먹지 않고 기다렸다.

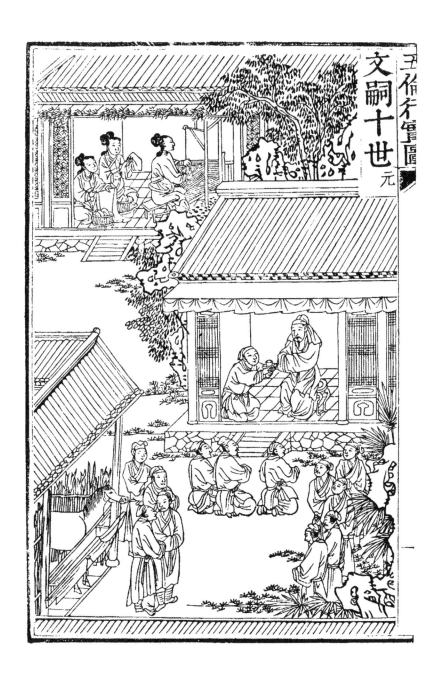

이것을 본 사람들은 이 집 식구들의 효성과 의리에 감동되어 가축까지도
이렇게 되었다고 했다.

【詩】
화락하고 엄숙하게 집안을 다스려서
10대를 같이 살아 200년이 되었네.
명절날 잔을 올려 장수를 비는 것 예법에 맞으니
옆에서 보는 사람들 모두 다 어질다 칭찬하네.

가법이 엄하고 은혜롭기 동절 땅에서 제일,
부처나 노자 숭상치 않고 오로지 유교 풍도 좇았네.
여러 자손들 모두 효도하여 가장의 감화받았으니
비록 짐승이나 미물들 역시 여기에 감동했네.

【원문】
鄭文嗣 婺州人 其家十世同居 凡二百四十餘年 一錢尺帛不敢私 文嗣沒 從弟
大和 繼主家事 盆嚴而有恩 家中凜如公府 子弟稍有過頒白者猶鞭之 每歲時
大和坐堂上 羣從子 皆盛衣冠鴈行立左序下 以次進拜跪奉觴上壽畢 皆肅容拱
手 自右趨出 見者嗟慕 余闕 爲書東浙第一家以褒之 大和方正 不奉浮屠老子
教 冠婚喪葬必稽朱子家禮而行 子孫從化皆孝謹 諸婦惟事女工 不使預家政
家畜兩馬 一出卽一爲之不食 人以爲孝義所感

【詩】
怡怡肅肅政連縣 十世同居二百年
伏臘壽觴遵禮教 傍觀嘖嘖嗟羣賢

家法嚴恩冠浙東 不遵釋老尙儒風
諸孫孝謹皆從化 畜物雖微亦感通

【註】

＊1 원나라 끝무렵의 관리. 성은 당올씨(唐兀氏). 벼슬은 도원수, 회남행성참지정사, 감찰
　어사 등을 지냈음. 뜻을 경학(經學)에 두고 오경(五經)에 모두 주석을 달았음. 전례
　(篆隸)에도 뛰어났고, 저서로 《청양집(靑陽集)》이 있음.

＊2 송나라 주희(朱熹)가 가정에서 지켜야 할 예의범절에 대해 지은 책.

장윤이 한솥밥을 먹다
張閏同爨 장윤동찬

장윤(張閏)은 원나라 연장(延長) 사람이다. 8대가 한집에 살아 식구가 백여 명이 되었지만 아무런 잡음이 없었다. 부인들은 날마다 한집에 모여 함께 길쌈을 하고, 일이 끝나면 이것을 거두어 창고에 넣어두고 아무도 제 마음대로 쓰지 않았다.

혹시 어린아이가 울면 여러 어머니들이 보는 대로 안아다가 젖을 먹이고 달랬다. 또 어느 부인이 친정에 다니러 갈 때 어린 자식을 집에 두고 가면 여러 어머니들이 누구 아이인지 묻지 않고 같이 젖을 먹였다. 아이 또한 누가 제 어머니인지 알지 않아도 되었다.

장윤의 형 현(顯)이 죽어 집안일을 조카 취(聚)에게 맡기려 하자 취가 사양하고 말했다.

"작은아버지께서는 아버지 항렬이십니다. 그러니 주인 되실 분은 마땅히 작은아버지여야 합니다."

장윤이 말했다.

"조카는 우리집 종손이다. 마땅히 조카가 주인이어야 한다."

이렇게 서로 양보하다가 마침내 조카 장취가 맡아 다스리게 되었다.

그 뒤 원나라 지원(至元) 시절에 그의 집에 정문을 내려 표창했다.

【詩】
8대를 같이 살고 헤어지지 않을 적에
부인들 함께 길쌈하여 하나도 사사로이 쓰지 않네.
어린이 울면 보는 자들 다투어 젖을 먹일 때
어머니이거나 아니거나 따지지 않네.

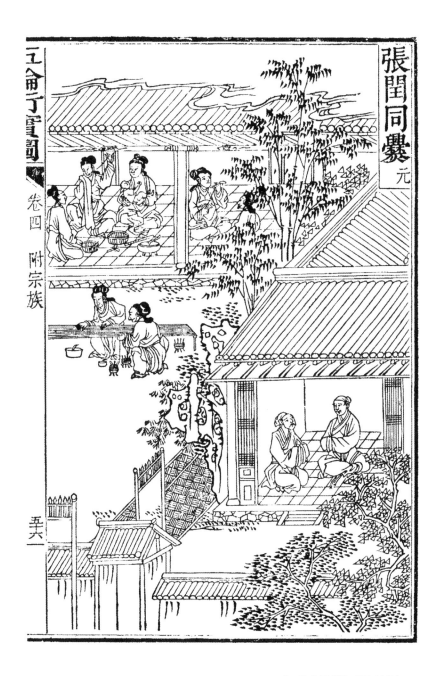

형이 죽자 이 몸 따라가지 못하거니
집안일 모두 조카에게 맡기려 하네.
한집안 숙부와 조카가 서로 사양하니
그 높은 의리 실로 다음 세대 본보기 되었네.

【원문】

張聞 延長人 八世不異爨 家人百餘口 無間言 日使諸女諸婦各聚一室爲女紅
工畢斂貯一庫 室無私藏 幼兒啼泣 諸母見者卽抱哺 一婦歸寧 留其子 衆婦共
乳 不問孰爲己兒 兒亦不知孰爲己母也 兄顯卒 卽以家事付姪聚 聚辭曰叔父
行也 叔宜主之 聞曰姪 宗子也 姪宜主之 相讓旣久 卒以付聚 至元間旌表其
門

【詩】

八世同炊不析居 女工勤聚不私儲
兒啼見者爭相乳 不問阿孃大小姐

已矣兄亡可得追 盡將家事付宗兒
一門叔姪相推讓 高義堪爲後世師

오륜행실도

권5

붕우 (朋友)
부(附) 사생(師生)

누호가 여공을 봉양하다
樓護養呂 누호양여

　누호(樓護)는 한(漢)나라 제군(齊郡) 사람이다. 그에게는 여공(呂公)이라는 벗이 있었다. 이 여공은 올데갈데없는 외로운 사람이었다.

　이에 누호는 여공을 자기 집으로 오게 하여 자신은 여공과 함께 밥을 먹고, 누호 부인은 여공 부인과 함께 밥을 먹었다. 이렇게 여러 해를 지내다 보니 누호의 처자들이 차츰 여공 부부를 싫어하게 되었다.

　어느 날 누호가 눈물을 흘리면서 자신의 처자식을 꾸짖어 말했다.

　"여공은 나의 옛 친구이다. 늙고 궁한 데다가 오갈 데가 없어 이제 내게 의지하고 있는 것이니 나는 마땅히 의리로 대접하리라."

　누호는 여공이 죽을 때까지 그를 친동기간처럼 거두었다.

【詩】
옛 친구 내게 의탁하고 갈 곳 없으니
마땅히 의리로 대접할 일이라 거절할 수 없네.
자신은 여공을 권하고 아내는 여공 아내를 권하니
한 소반 찬 없는 밥도 절로 맛이 돋네.

사람들 정이란 오래 머물면 싫어지고 싫증나게 마련인데
누호는 눈물 흘리며 처자를 꾸짖네.
정성껏 대접함을 몸이 마칠 때까지 하니
그 우정 전과 같아 조금도 외롭지 않으리.

【원문】
樓護 齊郡人 有故人呂公 無所歸 護身與呂公 妻與呂嫗 同食 後護妻子 頗厭

呂公 護流涕責妻子 曰呂公故舊 窮老託身於我 義所當奉 遂養呂公以終身

【詩】
故人投我爲無歸 義所當爲不敢辭
身勸呂公妻勸嫗 一盤饞糲當甘肥

久寓人情生厭斁 樓公垂涕責妻孥
慇懃奉養終身世 舊誼從前誓不孤

범식과 장소는 죽음을 함께한 친구이다
范張死友 범장사우

범식(范式)은 한나라 금향(金鄉) 사람으로 자는 거경(巨卿)이다. 어려서 부터 태학(太學)[*1]에서 함께 공부한 여남(汝南) 사람 장소(張劭)와 사귀었다. 장소의 자는 원백(元伯)으로, 두 사람이 공부를 마치고 고향으로 돌아가게 되자 범식이 원백에게 말했다.

"2년 뒤 그대의 어머니께 문안을 드리겠소."

이렇게 그날을 같이 약속했다. 그날이 가까워지자 원백이 어머니께 음식을 장만해 주십사 청하니 어머니가 말했다.

"헤어진 지가 2년이나 되었고, 또 천 리 먼 곳에서 맺은 약속을 어찌 서로 믿을 수 있겠느냐?"

원백이 대답했다.

"거경은 반드시 약속을 지킬 사람입니다. 결코 어그러짐이나 틀림없는 친구입니다."

그러자 어머니가 말했다.

"만약 그렇다면 마땅히 술을 담가야겠다."

그날이 되자 과연 거경이 천 리 길을 달려오니 날짜를 어기지 않았다. 친구와의 약속을 지킨 것이다.

그 뒤에 원백이 병들어 위독하자 탄식하여 말했다.

"내가 친구 거경을 보지 못하고 죽는 것이 한이로구나."

이런 유언을 남긴 채 원백이 숨을 거두었다. 이와 거의 같은 시각에 범식의 꿈에 갑자기 원백이 보이는데, 그가 범식을 불러 말했다.

"거경아! 나는 목숨이 다하여 아무 날에 죽고 아무 때에 장사 지낼 것이다. 네가 나를 잊지 않았거든 어찌 장삿날에라도 오지 않겠느냐?"

범식이 꿈에서 깨어 곧장 달려가니 초상이 끝나고 발인(發靷)[*2]을 해서 장

범장사우（范張死友）
漢

지까지 갔는데 상여가 도중에서 움직이지를 않았다.

그의 어머니가 관을 어루만지며 말했다.

"원백아! 네가 기다리는 게 있어서 이러는 게냐?"

이렇게 말하고 잠시 상여를 멈추게 하니, 이때 소거(素車)*3에 흰 말을 타고 통곡하며 오는 이가 보였다.

어머니가 그제야 깨닫고 말하기를 "틀림없이 거경이리라" 했다.

거경이 도착하여 상여를 어루만지며 말했다.

"가거라, 원백아! 죽고 사는 길이 다르니 이것으로 우리는 영원히 헤어지는구나."

이렇게 말하면서 범식이 잡아당기니 곧바로 상여가 앞으로 나아갔다. 범식은 머물러 있으면서 손수 무덤을 만들고 묘 앞에 나무를 심고 떠났다.

【詩】

천 리에 서로 기약함이 2년 전인데
마루 위에는 친구의 어머니 기다리고 계시네.
함께 올리는 술잔에 봄빛이 떠 있으니
내 자식 말 헛되지 않은 것 비로소 알겠네.

흰 말 타고 달려오는 게 반드시 거경
꿈속에서 서로 느낌 역시 틀리지 않았네.
통곡하고 영결하자 앞으로 관이 나아가니
그 믿음과 정성 마땅히 지하의 영(靈)에 통함일세.

【원문】

范式 金鄕人 字巨卿 少遊太學 與汝南張劭爲友 劭字元伯 二人並告歸鄕里
式謂元伯 曰後二年 當過拜尊親 乃共尅期日 期將至 元伯請設饌以候之 母曰
二年之別 千里結言 何相信之審耶 對曰巨卿 信士 決不乖違 母曰若然 當醞
酒 至其日 巨卿果至 後元伯疾篤 歎曰恨不見吾死友范巨卿 尋卒 式忽夢見元
伯 呼曰巨卿 吾以某日死 某時葬 子未我忘 豈能相及 式 便馳往赴之 喪已發
引 旣至壙 而柩不肯進 其母撫之 曰元伯豈有望耶 遂停柩移時 乃見有素車白

馬號哭而來 母曰 是必巨卿也 巨卿旣至 叩喪言曰行矣元伯 死生異路 永從此
辭 式因引柩 於是乃前 式遂留止冢次 爲脩墳樹而去

【詩】
千里相期二載餘 眼靑堂上見華裾
壽觴共進浮春色 始喜吾兒語不虛

白馬馳來是巨卿 夢中相感亦丁寧
攀號永訣柩還進 誠信應通地下靈

【註】
＊1 고대부터 송나라 때까지 수도에 있던 최고 교육기관.
＊2 상여가 묘지를 향해 집에서 떠남.
＊3 흰 포장을 치거나 장식을 하지 않은 수레.

장예가 외로운 아이를 돌보다

張裔恤孤 장예휼고

장예(張裔)는 삼국시대 촉(蜀)나라 촉군(蜀郡) 사람이다. 선주(先主)*¹가 그를 파군태수(巴郡太守)를 삼은 일이 있었다.

장예는 젊어서 양공(楊恭)과 사귀어 매우 친하게 지냈는데, 양공이 일찍 죽으니 그의 아이가 겨우 두어 살밖에 안 되었다. 이에 장예는 집을 나누어 양공 식구들을 데려다가 살게 하고, 양공의 어머니를 자신의 어머니처럼 정성껏 섬겼다.

뒷날 양공의 아들이 자라자 장가를 들이고 집과 논밭을 사주어 그로 하여금 한 집안을 세우게 했다.

【詩】
젊어서 사귄 친구 그 극진한 정의 잊지 못해
삶과 죽음은 비록 다르나 의리만은 어찌 잊으리.
어머니 섬기고 아들 키우는 것 모두 자기 일처럼 하고
마침내 장가들여 논밭까지 사주어 살게 했네.

친구의 길은 귀하여 변할 수 없는 것
장예의 그 신의 누가 따를 수 있으리.
세상에서는 친구 해쳐 못할 일 없이 하건만
장예의 이런 일 보면 저절로 땀 흐르리.

【원문】
張裔 蜀郡人 先主以爲巴郡太守 少與楊恭友善 恭蚤死 遺孤未數歲 裔迎留與分屋而居 事恭母如母 恭之子息長大爲之娶妻婦 買田宅産業 使立門戶

少結金蘭著意長 死生雖異義何忘
撫孤將母皆如已 竟置田莊使主張

友道由來貴不渝 張公信義孰能儔
世間覆雨飜雲者 見此寧無愧汗流

【註】

＊1 유비(劉備)를 말함. 삼국시대 촉(蜀)나라 시조. 자는 현덕(玄德). 후한 영제 황제 때
　　황건적을 쳐서 공을 세움. 뒤에 제갈량을 얻어 성도(成都)에 도읍하여 한(漢)나라 후
　　계자로서 위(魏)·오(吳)와 대립함.

도종이 시체를 찾아내다
道琮尋屍 도종심시

나도종(羅道琮)은 당(唐)나라 포주(蒲州) 땅 사람이다. 세상의 그릇된 것을 분하게 여겨 탄식하고 절의를 숭배했다.

당태종 정관(貞觀)*1 끝무렵에 상소를 올린 것이 황제 뜻을 거슬러 영남(嶺南)으로 귀양가게 되었는데, 이때 같은 일로 귀양가던 사람이 형주(荊州)와 양주(襄州) 사이에서 병으로 죽었다. 그는 죽을 때 울면서 말했다.

"사람은 누구나 죽게 마련이지만 나 홀로 타향에서 죽어 뼈를 버려야 하나."

나도종이 말했다.

"내가 만일 살아서 돌아가게 되면 그대 혼자 여기 있게 하지 않으리라."

이렇게 말하고 나도종은 시신을 임시로 길가에 묻고 귀양지로 갔다. 1년 남짓 지나 나도종이 풀려나 돌아오게 되었는데 마침 장마가 지니 물이 넘쳐 그 친구를 묻어둔 곳을 잃어버렸다. 나도종이 들판에서 울며 그 시신 묻은 곳을 찾고 있는데 물결이 갑자기 끓는 듯하여 그가 말했다.

"만일 시신이 여기 있거든 물이여 다시 끓어라."

이렇게 말하고 빌었더니 물이 또다시 솟아올랐다. 이에 그곳에서 시신을 찾아 몸소 짊어지고 고향으로 돌아왔다.

【詩】
하늘 끝 먼 곳에 함께 귀양가며 같이 고생하는데
친구의 뼈 들에 버리고 가려니 저절로 눈물나네.
임종 때 정중히 한 약속이 있거니
앞으로 차마 어찌 혼자 살아 돌아갈소냐.

道琮尋屍
唐

때마침 장맛비 내려 지형 분간 못하는데
길가에 묻은 시체 찾을 길 없네.
한 가닥 붉은 마음 하늘도 감동하여
물결 끓어 알려주니 어찌 사람이 할 수 있는 일이랴.

【원문】

羅道琮 蒲州人 慷慨尙節義 貞觀末 上書忤旨 徙嶺表有同斥者 死荊襄間 臨
終泣 曰人生有死 獨委骨異壤耶 道琮曰吾若還 終不使君獨留此 瘞路左去 歲
餘 遇赦歸 方霖潦積水 失其殯處 道琮慟諸野 波中忽若溢沸者 道琮曰 若屍
在可再沸 祝已水復湧 乃得屍負之還鄕

【詩】

天涯同謫共辛酸 委骨殊方涕自濟
珍重臨終盟約在 將身何忍獨生還

鷄書似與潦相期 草葬江邊失所之
一片丹誠天感應 波中溢沸豈人爲

【註】
＊1 당나라 제2대 황제 태종 때의 연호.

오보안과 곽중상이 서로 보답하다
吳郭相報 오곽상보

오보안(吳保安)은 당나라 위주(魏州) 사람이다. 곽중상(郭仲翔)과 한마을에 살고 있었는데, 중상이 요주도독(姚州都督) 이몽(李蒙)의 판관으로 있을 때 오보안의 궁함을 불쌍히 여겨 힘써 추천하여 장서기(掌書記)로 삼았다.

그런 뒤 곽중상이 오랑캐에게 잡혔는데, 그들은 비단 천 필을 요구하면서 곽중상과 바꾸자고 했다. 오보안은 곽중상을 비단과 바꾸기로 했다. 그러나 지금 오보안의 형편으로는 어떻게 할 수가 없었다. 그래서 힘써 돈을 벌어 10년 만에 비단 칠백 필을 장만했다.

그즈음 그는 식구들을 수주(邃州)에 두고 혼자서 장사를 했는데, 식구들이 오보안이 있는 곳을 찾아 요주(姚州)에 이르렀을 때는 지쳐서 더는 앞으로 나아가지 못했다. 요주도독 양안거(楊安居)가 그 일을 알고 기이하게 여겨 비단을 얻어주고 오보안을 데려다 놓고 말했다.

"그대는 집을 버리고 친구의 재앙을 이렇듯 급하게 여기는가? 내가 그대를 도와 모자라는 비단 삼백 필을 마련해 주리라."

오보안이 크게 기뻐하면서 곧장 오랑캐한테 가서 비단을 주고 곽중상을 데리고 돌아갔다. 그런 뒤에 곽중상이 어머니 상(喪)을 당하여 3년상을 치르고 나서는 탄식하여 말했다.

"내가 오공(吳公) 덕택으로 살아났는데 이제 부모도 다 돌아가셨으니 내 뜻대로 행하리라."

이때 오보안은 팽산승(彭山丞)에 있다가 객지에서 죽고, 그 아내 또한 죽어서 고향으로 초상 치르러 돌아오지 못하고 있었다. 이에 곽중상이 상복을 입고, 그 시신을 거두어 지고 돌아와서 장사를 지내주고는, 여막을 짓고 살면서 3년 동안 지킨 다음 돌아갔다.

그뿐만 아니라 오보안의 아들을 데려다가 장가들여 주고, 또 자신의 벼슬

자리를 양보하여 오보안의 아들에게 넘겨주었다.

【詩】

오랑캐에게 잡힌 몸 구하려 하나 집이 가난해
힘써 천 필 비단 마련하여 친구 구해 냈네.
시체 지고 돌아와 장사 지내고 상복을 입고 무덤 지켰으니
나를 다시 살려준 그 은혜 감격하여 마침내 갚았네.

세상 사람 남 해치기에는 어두운데
이처럼 신의 지키는 사람 오래도록 보기 드무네.
감격한 그 은정 기필코 보답하니
두 사람의 높은 의리 진실로 아름답네.

【원문】

吳保安 魏州人 與郭仲翔居同里 仲翔 爲姚州都督李蒙判官 哀其窮 力薦之
表爲掌書記 後仲翔被執於蠻 必求千縑乃肯贖 保安 營贖仲翔 苦無資 乃力居
貨十年 得縑七百 妻子 客遂州間關 求保安所在 困姚州不能進 都督楊安居知
狀異其 故貲以行求保安 得之引與語 曰子棄家 急朋友之患至是乎 吾請貸爲
貲 助子之乏 保安大喜 卽委縑于蠻 得仲翔以歸 後仲翔居母喪 及服除 喟曰
吾賴吳公生 今親歿 可行其志 時保安以彭山丞客死 妻亦歿 喪不克歸 仲翔爲
服縗絰 囊其骨徒跣負之 歸葬 廬墓三年乃去 迎保安子 爲娶妻 而讓以官

【詩】

投蠻乞救恨家貧 力索千縑贖一身
負葬服縗還守墓 感恩終報再生人

滔滔盡是飜雲手 千古稀逢信義中
感激恩情期必報 兩人高操激嬌風

이면이 금을 돌려주다
李勉還金 이면환금

　이면(李勉)은 당나라 경조(京兆) 땅 사람이다. 젊을 때 집이 가난해 양송(梁宋) 땅에 가서 여러 선비들과 한 여관에 묵고 있었는데 같이 있던 선비 하나가 병들어 죽게 되었다. 그는 이면에게 백금(白金) 덩어리를 주면서 말했다.

　"다른 사람들은 이것을 모르오. 그대는 이것으로 나를 장사 지내주고 남는 것은 그대가 가지시오."

　이면은 그의 부탁을 받아들여 시신을 거두어 장사 지내주고 남은 것은 아무도 모르게 관 밑에 묻어 감추었다. 그러고 나서 얼마 뒤 그 집안사람들이 이면을 찾아와 인사하자 이면은 그들과 함께 무덤을 열고 금을 내어주었다.

【詩】
객지에 같이 있으면서 그 고생 말이 아닌데
친구 임종에 부탁한 말 차마 어길 수 없네.
죽으면서 한 부탁 서로 저버리지 않으니
그 높은 의리 오랜 세월 누가 그와 같으리.

친구 장사 지내고 남은 것 마땅히 자기 물건인데
만일 자기가 가져간다면 이는 본심 저버리는 것.
가만히 금덩이 관 밑에 숨겼으니
깨끗한 그 마음 저 하늘이 굽어보네.

【원문】
李勉　京兆人　少貧客梁宋　與諸生共逆旅　諸生疾且死　出白金　曰左右無知者

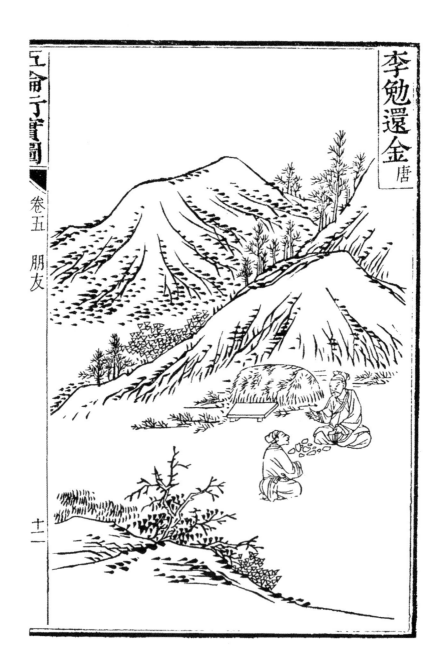

幸君以此爲我葬 餘則君自取之 勉許諾 旣葬 密置餘金棺下 後其家謁勉 共啓
墓 出金付之

【詩】
逆旅同棲幾苦辛 臨終訣語忍堪聞
死生付托無相負 高義千秋孰似君

葬君餘是爲吾物 若取而歸是負心
密取餘金棺下置 此心皎皎彼蒼臨

서회가 친구를 저버리지 않다
徐晦不負 서회불부

서회(徐晦)는 당나라 사람이다. 젊어서부터 양빙(楊憑)과 사이좋게 사귀었다. 양빙이 죄를 지어 벼슬이 임하위(臨賀尉)로 떨어졌다. 이것을 보고 친척이나 벗들은 그의 죄에 연루될 것을 걱정하여 아무도 그를 찾지 않았다.

오로지 서회 한 사람만이 그를 남전(藍田)으로 찾아 술자리를 마련하여 위로하고 전송했다. 이때 재상 권덕여(權德興)가 서회를 보고 말했다.

"그대는 임하위를 떠나보내는 정성이 이렇듯 후하니 연루되는 바가 없겠는가?"

그러자 서회가 말했다.

"나는 포의(布衣)*¹로 가난하게 살 때부터 임하위를 사귀었는데 이제 어찌 그를 버리겠소. 뒷날에 공(公)이 혹시 간사한 무리들에게 모함을 당하여 죄짓는 날이 있으면 또한 그렇게 아니하겠소?"

권덕여가 이 말을 듣고 감탄하여 그 곧은 마음씨를 조정에 나아가 칭찬하니, 마침내 이이간(李夷簡)*²이 서회를 추천하여 감찰어사(監察御史)*³에 임명되었다. 서회가 이이간을 찾아가서 감사한 마음을 전하고 추천한 까닭을 물으니 이이간이 말했다.

"그대는 양임하위도 저버리지 않았는데 어찌 나라를 저버리겠소."

【詩】
옛날 포의 적부터 사귀어 온 벗이니
먼 길 귀향 떠나는데 어찌 가서 전송치 않으리.
내 몸에 손해가 있은들 어찌 그까짓 것 생각하리
남전까지 가 작별할 적에 차마 헤어지지 못했네.

徐晦不負
唐

정승이 추천한 것 모두 까닭이 있으니
벼슬에 올라 마침내 어사가 되었네.
친구도 저버리지 않는데 어찌 나라를 저버리리
그 높은 이름 하루아침에 조정에 드날렸네.

【원문】

徐晦 少爲楊憑所善 憑得罪貶臨賀尉 姻友憚累 無往候者 獨晦至藍田慰餞 宰
相權德興 謂曰君送臨賀 誠厚 無乃爲累乎 晦曰 方布衣時 臨賀知我 今忍遽
棄耶 有如公異時爲奸邪譖斥 又可爾乎 德興歎其直 稱之朝 李夷簡遽表爲監
察御史 晦過謝 問所以擧之由 夷簡曰君不負楊臨賀 肯負國乎

【詩】

自許相知舊布衣 那堪遠謫送將歸
一身有累何曾計 送至藍田不忍離

相公推薦應非苟 稱職終爲御史官
不負相知寧負國 高名一日上朝端

【註】

*1 벼슬이 없는 사람. 포의(布衣)는 서민의 옷이며, 서민은 노인이 되기 전에는 비단옷을
   입지 못했다는 뜻에서 온 말.
*2 당나라 때 관리로, 헌종 황제 때 벼슬이 산남검남절도사(山南劍南節度使), 동평장사
   (同平章事)에 이름. 서회를 추천했을 때는 이런 높은 자리에 있었을 것으로 보임.
*3 모든 관리들의 감찰을 맡아보던 벼슬.

사도가 돈 자루를 풀다
査道傾橐 사도경탁

    사도(査道)는 송(宋)나라 때 휴령(休寧) 사람이다. 처음에 그는 몹시 가난하여 과거를 보러 가려고 해도 떠날 수가 없었다. 이것을 본 그의 친족들이 돈 3만 냥을 모아 주어 과거길을 떠날 수 있었다.

    길을 나선 사도는 아버지의 벗 여옹(呂翁)이 사는 활대(滑臺)라는 지방을 지나게 되었다. 때마침 그 집에서는 여옹이 죽었는데도 집이 가난하여 장례를 치르지 못하고 있었다. 여옹의 아들은 하는 수 없이 자기 딸을 팔아 장례 비용으로 쓰려고 했다.

    사도가 이 광경을 보고 돈 자루를 풀어 있는 돈을 모두 주어 장례에 쓰게 하고 그 딸도 시집보내게 했다.

【詩】
의리가 재물보다 중한 것은 가장 분명한 일
가난하여 과거 볼 길 없으나 어찌할 수 없네.
친척들 이 사정 알고 돈 모아 주었더니
아버지 친구 위해 모두 다 털어주었네.

원진(元振)*1은 지금 죽고 없으니 어찌할까,
딸 팔아 초상 치를 뿐 달리 방법 없으니.
자루에 있는 돈 모두 내주어 장례 지내게 하고
딸까지 시집보내니 한 집을 구제했네.

【원문】
査道 休寧人 初赴擧 貧不能上道 親族裒錢三萬遺之 道出滑臺 過父友呂翁家

翁喪貧窶無以葬 其母兄將鬻女 以襄事道 傾橐中錢悉與之 又嫁其女

【詩】
義重財輕見最明 貧難赴選亦無營
却將親戚衰錢橐 都爲先人執友傾

元振今亡可奈何 惟謀鬻女不謀他
橐錢傾與供襄事 又助其婚濟一家

【註】
＊1 당나라 때 관리. 이름은 곽진(郭震). 현종 황제 때 벼슬이 삭방대총관(朔方大總管)에
  이르고, 대국공(代國公)에 책봉되었다. 매우 의리가 있어 남의 어려움을 잘 구제한 사
  람으로 유명함.

한억과 이약곡이 번갈아 종노릇하다
韓李更僕 한이경복

한억(韓億)은 송나라 때 옹구(雍丘) 사람이요, 이약곡(李若谷)은 서주(徐州) 사람으로, 과거에 급제하지 못하여 모두 가난하고 생활이 어렵기 짝이 없었다. 그들은 과거를 보려고 함께 서울 갈 때도 서로 번갈아 가며 종노릇을 해주어야 했다.

이약곡이 먼저 급제하여 장사현(長社縣)의 주부(主簿)*1가 되었다. 근무지로 부임해 갈 때 이약곡은 아내가 탄 나귀 고삐를 잡고 한억은 이약곡의 짐 상자 하나를 지고 갔다.

부임지까지 삼십 리 길 남았을 때 이약곡이 한억에게 말했다.

"고을 아전들이 마중 나올까 두렵네."

그러고는 상자 속에 있는 돈 육백 냥을 나누어 그 반을 한억에게 주었다. 그때 둘이 서로 붙들고 크게 울다가 헤어졌다.

나중에 한억도 과거에 급제하여 벼슬길에 나아갔다. 이들은 모두 정승에 올랐으며, 서로 집안끼리 혼인하여 우정이 끊이지 않았다.

【詩】
두 친구 함께 서울 가서 과거 볼 적에
서로 바꾸어 종노릇하는 것 뭐가 싫으리오.
예부터 가난할수록 더욱 친밀하게 사귀는 법,
그러나 뒷날 영화롭게 되어도 그 우정 변치 않았네.

스스로 아내 말고삐를 잡아 부임지로 갈 적에
한억은 뒤에서 짐 상자 지고 갔네.
돈 나누고 길 위에서 서로 붙들고 울더니

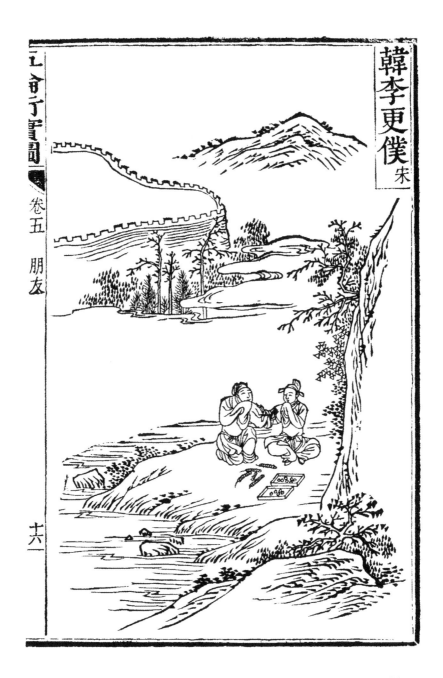

이로부터 서로 혼인 맺어 의리 끊지 않았네.

【원문】

韓億 雍丘人 李若谷 徐州人 未第時皆貧 同試京師 每出謁 更爲僕 李先登第
授長社縣主簿赴官 自控妻驢 億爲負一箱 將至縣三十里 李謂韓 曰恐縣吏來
箱中只有錢六百 以其半遺 韓 相持大哭別去 後擧 韓亦登第 仕皆至參政 爲
婚姻不絶

【詩】

二子同時擧上都 何嫌出謁迭爲奴
由來貧賤交尤密 榮辱升沉兩不渝

自控妻驢赴縣時 韓生猶復負箱隨
分錢道上相持哭 從此連姻義莫虧

【註】

*1 주부는 기록이나 문서를 맡은 낮은 벼슬.

순인이 배에 실은 보리를 넘겨주다
純仁麥舟 순인맥주

　범순인(范純仁)은 송나라 범중엄(范仲淹)[*1]의 아들이다. 범중엄이 수양 (睢陽)에 있을 때, 범순인을 시켜 고소(姑蘇) 땅에 가서 보리 오백 석을 배 에 싣고 오도록 했다. 이때는 순인이 아직 젊었을 때였다.

　그가 배에 보리를 가득 싣고 오는 길에 단양(丹陽)에 들러 석만경(石曼 卿)[*2]을 찾아, 어째서 여기 오래 머물러 있는지를 물었다. 석만경이 말했다.

　"내가 여기 온 지 두 달 만에 초상을 세 번이나 치렀으나 빈소만 해두었 소. 장사를 치르고 돌아가려 했지만 같이 의논할 사람도 없고 재물도 없어 이러고 있소."

　순인이 이에 보리 실은 배를 주고 혼자 말을 타고 집으로 돌아왔다. 아버 지를 뵙고 옆에 서 있는데, 한참 있다가 아버지 범중엄이 말했다.

　"이번 길에 동오(東吳)에 있는 옛 친구를 만나보고 왔느냐?"

　범순인은 석만경이 세 번이나 상사를 당하여 아직 장사를 치르지 못해 단 양에 머물러 있으면서, 이제는 곽원진(郭元振) 같은 사람이 없으니 어디가 이 일을 하소연하느냐고 탄식하고 있다고 말했다.

　범중엄이 아들의 말을 듣고 물었다.

　"그렇다면 너는 어찌 배에 실은 보리를 주지 않았느냐?" 그러자 범순인이 답했다.

　"이미 주었습니다."

【詩】
그 누가 소범(小范)에게 고소 땅에 가라고 했는가,
그 아버지 대범(大范)이 피땀 흘려 모은 재산일세.
싣고 오다가 석만경 만나 모두 내주니

純仁麥舟
宋

王倫行實圖

배에 실은 보리 오백 석을 티끌처럼 여겼네.
돌아와 아버지 뵙고 기뻐하여 서 있으려니
보리는 묻지 않고 친구 소식 먼저 묻네.
만일 그 보리 장례에 쓰라고 주지 않았던들
그 행동 하마터면 아버지 마음 저버릴 뻔했네.

【원문】

范純仁 仲淹子 仲淹在睢陽 純仁到姑蘇搬麥五百斛 純仁時尚少 既還 舟次丹陽 見石曼卿 問寄此久何也 曼卿曰兩月矣 三喪在淺土 欲葬而北歸 無可與謀者 純仁以所載麥舟付之 單騎到家 拜起侍立 良久 仲淹曰東吳見故舊乎 曰曼卿爲三喪未擧 方留滯丹陽 時無郭元振無可告者 仲淹曰何不以麥舟與之 純仁曰付之矣

【詩】

誰敎小范往姑蘇　大范親提汗血駒
搬到義聲轓老子　麥舟五百視錙銖

歸來侍立喜津津　不問歸裝問故人
倘不麥舟付襄事　玆行終是負嚴親

【註】

＊1 이 책 종족편 중엄의장(仲淹義莊)을 참조.
＊2 송나라 관리. 이름은 연년(延年), 만경(曼卿)은 자. 진종 황제 때 벼슬이 삼반봉직(三班奉職)이 되고, 또 대리사승(大理寺丞)에 올랐음. 술을 좋아하여 세상에서 주선(酒仙)이라고 부름. 시문(詩文)에도 뛰어남. 이 이야기는 그가 벼슬살이하기 전의 일임.

후가가 의원을 구하다
侯可求醫 후가구의

후가(侯可)는 송나라 때 화주(華州) 사람으로, 화원주부(華原主簿)가 되었다. 그는 젊었을 때 전안(田顏)과 벗으로 지냈다. 전안의 병세가 위중해지자 의원을 찾아 천 리 길을 떠났는데 돌아오기 전에 전안이 죽었다. 죽었어도 눈을 감지 못하니 이것을 본 사람들이 말했다.

"후가를 기다리느라 그러는 것이로군."

염습(殮襲)을 하려고 할 때 후가가 돌아와 눈을 쓸어내리니 그제야 전안이 눈을 감았다. 전안에게는 아들이 없어 장사 치를 채비를 할 사람이 없었다. 후가는 자신의 옷을 파는 등 온갖 방법으로 힘써 후하게 장례를 치렀다.

이때는 몹시 추운 겨울이었다. 후가는 홑옷을 입고 겨울을 나는데, 어떤 사람이 후가에게 백금을 주었다. 후가는 전안의 누이가 처녀로 있는 것을 알고 그 금을 주어 혼수에 쓰게 했다.

어느 날 그가 먼 길을 갔다가 오랜만에 집에 돌아오니 집사람이 살림의 군색함을 말했다. 때마침 그의 친구 곽행(郭行)이 문을 두드리고 말했다.

"지금 우리 아버지가 병환이 있어 의원을 청해야 하는데 돈을 많이 달라고 하네. 내 집을 팔아도 모자라오."

후가가 이를 불쌍히 여겨 행장을 풀어 돈 자루 속에 남은 것을 세어보았다. 대충 그 액수가 될 것 같아서 모두 곽행에게 주었다. 이런 일이 있은 뒤 관중(關中) 사람들은 모두 후가의 어진 행동을 칭찬했다.

【詩】
천 리 먼 길에 의원을 겨우 구할 적에
이때는 친구 생사 알 길이 없네.
눈 뜨고 감지 않는 것 그 영혼 있음이니

侯可求醫

王伯不算圖

宋

옷 팔아 그 돈을 장례 비용으로 쓰게 했네.

곽행에게 돈 자루 털어 급한 일 구해 주고
전안의 누이에게 돈 주어 가난함을 돌보았네.
저버리지 않는 한마음 죽을 때까지 변치 않으니
화원(華原) 땅 높은 의리 하늘보다 더 높네.

【원문】

侯可華州人 爲華原主簿 少與田顔 爲友 顔病重 千里爲求醫 未歸而顔死 目
不瞑 人曰其待侯君乎 且斂而可至 拊之乃瞑 顔 無子不克葬 可 辛勤百營 鬻
衣相役 卒葬之 方天寒單衣以居 有饋白金者 顧顔之妹處室 擧以佐其奩具 一
日自遠歸家以窶告 適友人郭行 扣門曰吾父病 醫邀錢百千 賣吾廬 而不售 可
惻然 計槖中裝 略當其數 盡與之 關中稱爲賢

【詩】

辛勤千里遠求醫 生死那知隔此時
張目瞑時靈不昧 鬻衣空相送終儀

郭生罄槖還資急 顔妹遺金更顧窮
不負一心生死際 華原高義薄層空

부(附) 사생(師生)

운창이 스스로를 탄핵하다
云敞自劾 운창자핵

　　운창(云敞)은 한(漢)나라 평릉(平陵) 사람이다. 같은 고을에 사는 오장(吳章)을 스승 삼아 공부했는데, 오장은 평제(平帝)*¹ 때 박사 벼슬에 있었다.

　　이때는 왕망(王莽)*²이 정권을 잡고 있었다. 오장은 왕망의 노여움을 사서 요참(腰斬)*³의 극형을 받았다.

　　그 무렵 오장의 제자가 천여 명이나 되었다. 왕망이 이들을 악당이라고 하여 모두 금고(禁錮)*⁴시켜 벼슬을 못하게 하니 그 제자들이 모두 다른 스승에게 배웠다고 했다.

　　운창은 이때 대사도(大司徒) 벼슬에 있었다. 그는 스스로를 꾸짖으며 오장의 제자라 하고 나서, 스승 시신을 거두어 돌아와 염습하고 장례를 지냈다. 이것을 보고 서울 사람들이 그의 의리를 칭찬했다. 거기장군(車騎將軍) 왕순(王舜)이 그의 절의를 높이 여겨 중랑간대부(中郞諫大夫)로 추천했다.

【詩】
오장이 왕망의 노염 사서 요참형(刑)을 당하니
금고(禁錮)가 두려워 그 제자들 딴 데서 배웠노라네.
그러나 운창이 홀로 스스로를 꾸짖으니
시신 거두고 장사 지내어 은혜에 답했네.

좋은 것을 가르쳐 사람 만드는 길 스승에게 있으니
군사부(君師父) 한가지로 섬기는 것 의리에 마땅해.

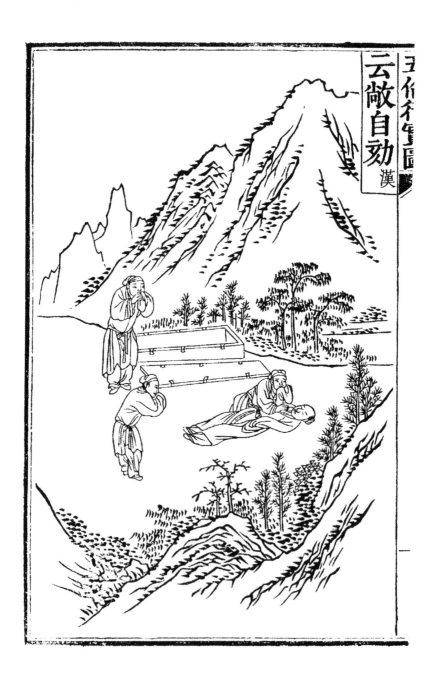

云敬自劝 漢

운창의 이 행동 명교(名敎)＊5 붙들어 일으키니
이 의리 모름지기 뒷날 자손들에게 가르치리.

【원문】

云敞 平陵人 師事同縣吳章 平帝時章爲博士 王莽秉政 章忤莽坐腰斬 當是時
章弟子千餘人 莽以爲惡黨 皆當禁錮不得仕宦 乃盡更名他師 敞 時爲大司徒
掾 自劾吳章弟子 收抱章屍 歸棺斂葬之 京師稱焉 車騎將軍王舜 高其節義
薦爲中郞諫大夫

【詩】

吳章忤莽坐腰刑 畏禁門人盡更名
獨有先生能自劾 斂藏骸骨答恩情

式穀成人誨在師 事三如一分當宜
先生一擧扶名敎 此義須令學子知

【註】
＊1 전한(前漢) 제13대 황제 효평제(孝平帝).
＊2 전한 끝무렵 신(新)나라 임금. 한나라 애제(哀帝)를 물리치고 평제(平帝)를 독살하여
　　스스로 가제(假帝)라 부르고 국호를 신(新)이라 했음. 후한의 광무제에게 멸망함.
＊3 나라의 중죄인에 대해 허리를 베어 죽이는 형벌.
＊4 벼슬길을 막아 쓰지 않던 일.
＊5 인류의 명분을 밝히는 가르침. 도덕의 가르침.

환영이 초상에 달려가다
桓榮奔喪 환영분상

환영(桓榮)은 한나라 패군(沛郡) 사람이다. 젊었을 때 서울에 가서 구강(九江) 주보(朱普)에게서 《구양상서(歐陽尙書)》*¹를 배운 일이 있었다.

그러나 집이 몹시 가난하여 스스로 살아 나갈 길이 없어 하는 수 없이 객지에서 품 팔아 자신의 힘으로 15년을 힘써 게으르지 않게 공부하여 남의 집 뜰 한 번 기웃거리지 않았다.

이때 마침 주보가 죽었다. 환영은 곧 달려가 초상을 치르고 구강의 흙을 져다가 무덤을 만들었다. 그리고 나서도 그곳에 머물며 글을 가르치니 그 무리가 수백 명이나 되었다.

【詩】
군사부(君師父)를 한결같이 섬기는 것 이치에 옳거니
세상 어지러운데 이런 의리 지킬 것인가.
오로지 환영이 스승 섬길 줄 알아
달려가 초상 치르고 흙을 져서 무덤 이루어 그 은혜 보답했네.

타향에 품팔이하며 경전 배울 적에
15년을 정성으로 힘써 공부했네.
마침내 성현의 글 배운 그 힘 얻으니
어찌 선생님 가르침 한 글자인들 잊을 수 있으리.

【한문】
桓榮沛郡人 少學長安習歐陽尙書 事博士九江朱普 貧窶無資常客傭以自給 精力不倦 十五年不窺家園 會普卒 榮奔喪九江 負土成墳 因留教授 徒衆數百人

【詩】
生三事一理斯存 世乏隆儒孰扣昏
桓氏也能知此義 奔喪負土報前恩

食貧都下習書經 十五年來力致精
尊寵竟蒙稽古力 何曾一字忘先生

【註】
＊1 한나라 때 구양생(歐陽生)이 전한 상서(尚書). 구양생은 한나라 구양학설 창시자로 벼
   슬은 박사를 지냄. 복생(伏生)에게 《상서》를 배웠다. 구양생이 《상서》를 연구한 뒤부
   터 그 8세손 구양관까지 대대로 전해져 내려와 '구양상서학파'라고 불림.

견초가 시체를 거두어 염습하다
牽招斂殯 견초염빈

　　견초(牽招)는 삼국시대 위(魏)나라 관진(觀津) 사람이다. 나이 열 살 즈음에 악은(樂隱)에게 글을 배웠다. 그런 지 얼마 뒤에 악은이 거기장군(車騎將軍) 하묘(何苗)의 전속 부관(副官)이 되어 벼슬길에 나아갔다. 그래도 견초는 그를 따라다니며 배워 학업을 마쳤다.

　　이때 서울에 난리가 나 하묘와 악은이 모두 죽었다. 이에 견초가 악은의 제자인 사로(史路) 등과 함께 칼날이 숲처럼 서 있는 난리 속에서도 스승의 시체를 찾아 염습(殮襲)을 마치고 발인하여 장지로 가는 길이었다.

　　도중에서 도적을 만나자 사로 등은 모두 흩어져 달아났다. 도적들이 관을 깨뜨리고 못을 뽑으려 했다. 견초가 눈물을 흘리며 관을 붙들고 말렸다. 그러자 도적들도 이내 그를 놓아주고 다른 곳으로 가버렸다. 이로부터 견초 이름이 세상에 빛나기 시작했다.

【詩】
스승 따라 공부할 적에는 그의 나이 어린 시절
난리 속에 스승 죽자 참으로 슬퍼했네.
칼날 무릅쓰고 시신 거두어 고향으로 돌아올 적에
창황 중에도 끝내 그 스승 저버리지 않았네.

길에서 도적 만나 칼날 어지러운데
제자들 먼저 달아나니 혼자서 어찌하리.
한 치의 붉은 정성 마침내 도적 감동시키니
관 쪼개려던 흉한 화 면할 수 있었네.

【원문】

牽招 觀津人 年十餘歲 詣同縣樂隱 受學 後隱爲車騎將軍何苗長史 招隨卒業
値京都亂 苗隱見害 招與隱門生史路等 觸蹈鋒刃 共殯斂隱屍 送喪還歸 道遇
寇抄 路等皆悉散走 賊欲斫棺取釘 招垂淚請免 賊義之 乃釋而去 由此著名

【詩】

當年從學在髫稚 遇亂師亡最可悲
冒刃斂屍還舊里 蒼皇終不負吾師

道逢頑寇亂干戈 史路先奔獨奈何
一寸丹誠終感賊 斫棺凶禍不能加

양시가 눈 위에 서다
楊時立雪 양시입설

양시(楊時)는 송(宋)나라 남검(南劍) 사람이다. 정명도(程明道)[*1] 선생에게 도학(道學)을 배우고 집으로 돌아온 뒤 스승의 부음(訃音)을 듣고는 자기 방에 위패를 만들어 놓고 슬피 울었다. 그리고 함께 공부하던 명도 선생의 제자들에게 일일이 그 소식을 전했다.

그 뒤의 일이었다. 유작(游酢)과 함께 이천(伊川)[*2] 선생을 뵈었으나 이천 선생은 눈을 감고 앉아 있었으며 두 사람이 그를 모시고 서 있었다. 이윽고 이천 선생이 눈을 뜨고 말했다.

"그대들 어진 사람들아, 아직도 여기 있었느냐? 오늘은 밤도 늦었으니 나가서 쉬도록 해라."

이에 두 사람이 말을 듣고 밖으로 나서니 어느 사이엔지 눈이 한 자나 쌓여 있었다.

【詩】
도학 배우고 돌아오니 도는 이미 갔는데
산도 집도 무너져서 한스러움 참을 길 없네.
문 앞에서 슬피 울어 하늘이 무너진 듯하니
제자들에게 부음 돌려 함께 울었네.

스승의 아우 또한 내 스승이거니
유작과 함께 나가 섬기려 했네.
때마침 선생님은 눈 감고 앉아 계셨는데
눈이 무릎까지 왔건만 조금도 괴로운 줄 모르네.

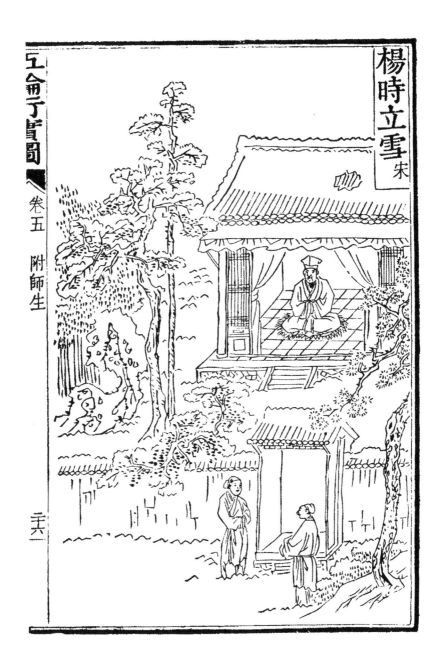

楊時 南劍人 得明道之傳而歸 及聞其卒 設位哭寢門 以書訃告同學者 後與游
酢 同見伊川 伊川瞑目而坐 二子侍立 旣覺 謂曰賢輩尙在此乎 今旣晚 且休
矣 及出門外 雪深一尺矣

【詩】

學道歸來道已東 山頹梁毀恨難窮
寢門慟擗知天喪 爲訃諸生共哭從

吾師之弟亦吾師 却與游君共事之
偶値先生瞑目坐 雪深一膝不知疲

【註】

*1 북송의 대유학자. 이름은 정호(程顥). 자는 백순(伯淳). 시호는 순공(純公). 명도 선
  생이라 불렸으며, 아우 이천(伊川)과 같이 주염계(周濂溪)에게 배웠다. 명도·이천 두
  사람을 세상에서 이정(二程)이라고도 부름.

*2 북송의 대유학자. 이름은 정이(程頤), 자는 정숙(正叔), 시호는 정공(正公). 이천백
  (伊川伯)으로 봉해져서 이천 선생이라 부름. 처음으로 이기(理氣) 철학을 제창했으며
  유교 도덕에 철학적 기초를 세웠음.

원정이 마주앉아 토론하다
元定對榻 원정대탑

원정(元定)은 송나라 건양(建陽) 사람이다. 그 아버지 발(發)은 여러 가지 글을 읽어 《정씨어록(程氏語錄)》*¹·《소씨경세서(邵氏經世書)》*²·《장씨정몽(張氏正蒙)》*³ 등을 원정에게 가르치면서 말했다.

"이 책들은 공자와 맹자의 정통 기맥(氣脈)이니라."

원정은 아버지의 이런 가르침을 받아 그 책들의 이치를 깊이 터득하기 위해 애썼다. 나이가 들자 원정은 더욱 정밀하게 그 이치를 분석하고 연구했으며, 서산(西山) 꼭대기에 올라 굶주림을 참고 나물을 먹으며 독실히 글을 읽었다.

그러던 중 주자(朱子)*⁴의 높은 이름을 듣고 곧바로 주자를 찾아가 글을 배우려 했다. 이에 주자가 그의 학문을 시험해 보고는 놀라서 말했다.

"이 사람은 나의 늙은 친구가 될지언정 내 제자의 반열에 설 수는 없는 사람이다."

둘이서 드디어 책상을 마주하고 모든 경서의 깊은 뜻을 강론하니 밤중까지 이르곤 했다.

그즈음 주자는 그에게 글을 배우러 찾아온 사람들을 반드시 원정으로 하여금 먼저 묻거나 따져서 바로잡도록 했다.

【詩】
채원정 집에서부터 글공부 시작했으나
자기 몸 낮추고 스승 찾아 도(道) 이루기 기약했네.
서산 마루턱에서 애쓰며 정통 기맥을 얻으니
주자도 처음 보고 그 학문에 놀랐네.

元定對榻 朱

힘써 배우고 자세히 생각함은 본디 성품에서 나온 것
젊은이 이치 탐구하여 참 근원 얻었네.
주자가 그 학문 보고 벗 삼기도 어렵다 하니
스승의 길 이렇게 높은 것 무엇이 부끄러우리.

【원문】

蔡元定 建陽人 父發 博覽羣書 以程氏語錄 邵氏經世書 張氏正蒙 授元定 曰
此孔孟正脉也 元定深通其義 旣長 辨析 益精 登西山絶頂 忍飢食薺讀書 聞
朱子名往師之 朱子叩其學 大驚曰此吾老友也 不當在弟子列 遂與對榻 講論
諸經奧義 每至夜分 四方來學者 必俾先從元定 質正焉

【詩】

蔡公問學自家庭 虛己尋師要道成
勤苦西山通正脉 紫陽初見亦應驚

力學精思素性存 靑年探討見眞源
晦庵叩學難爲友 師道何慚一世尊

【註】

＊1 이천(伊川)이 경서(經書)를 풀이한 말을 실은 책.
＊2 송나라 소옹(邵雍)이 지은 책. 그의 시호는 강절(康節).
＊3 송나라 장재(張載)가 지은 글로서 공자와 맹자 사상을 최고로 삼음.
＊4 송나라의 대유학자 '주희(朱熹)'를 높여 이르는 말. 자는 원회(元晦). 호는 회암(晦菴). 주희는 도학(道學)과 이학(理學)을 합친 이른바 송학(宋學)을 집대성했으며, 그의 학문을 주자학이라 함.

鑄字事實
주자사실

태종 계미년에 주자소(鑄字所)를 두어 《시경(詩經)》·《서경(書經)》·《좌전(左傳)》 글자를 자본(字本)으로 삼아 10만 자를 동활자(銅活字)로 만들었다.

또 세종 갑인년에 《효순사실(孝順事實)》·《위선음즐(爲善陰騭)》의 글자를 본보기로 삼아 역시 동활자 20만 자를 만들어 《소학(小學)》과 《삼강행실》을 펴냈다.

다음 영조 임진년에 우리 성상(聖上)께서 동궁(東宮)으로 계실 때 갑인년에 만든 글자를 본보기로 동활자 15만 자를 만들어 외각(外閣)*¹에 간수하고, 원년(元年)이 되던 정유년에 또 갑인자(甲寅字)를 본떠서 동활자 15만 자를 만들어 내각(內閣)*²에 간직해 두었다.

그러다가 갑인년에 와서 이것들을 모두 창경궁 옛 홍문관으로 옮기고 이곳을 주자소라 이름지었다. 또 《자전(字典)》 글자를 본떠서 대자(大字)·소자(小字) 32만여 자를 목활자로 만들었는데, 이것에 생생자(生生字)라는 이름을 내려주셨다.

다시 그 이듬해 을묘년에 《정리의궤(整理儀軌)》를 인쇄하게 되자 생생자를 글자본으로 삼아 동활자를 만들었는데, 이것을 정리자(整理字)라고 했다.

그 뒤 정사년에 《소학》《오륜행실》《향례합편(鄕禮合編)》을 만들 때 《소학》《향례합편》은 정유년에 만든 정유자(丁酉字)를 쓰게 하고, 《오륜행실》은 정리자를 쓰게 하여 모두 주자소에서 인쇄해 반포하도록 명했다.

책 한 권을 인쇄할 때마다 반드시 그 활자를 만든 사실을 그 책 첫머리에 실어서 널리 반포, 영구히 전한다는 뜻을 기록하도록 했다. 그러므로 이 책에서는 그 뜻이 더욱 간절하게 되었다.

대개 글자본과 책 이름, 인쇄한 장소가 두 성조(聖朝)의 아름다움과 꼭 들어맞는 듯싶은 것을 여기에 기록할 뿐이다.

【註】

*1·*2 외각은 조선 후기 '교서관'을 달리 이르던 말임. 정조 6년(1782)에 교서관을 규장각으로 옮기고, 규장각 내 '이문원(摛文院)'과 '봉모당(奉謨堂)'을 내각(內閣)이라고 부른 것에 상대하여 교서관을 외각이라 일컬음.

오륜행실도를 찾아서

인간의 도리로 사람들을 깨우쳐 생활풍속을 아름답게

《오륜행실도(五倫行實圖)》는 조선 정조 21년(1797) 이병모(李秉模), 윤시동(尹蓍東) 등이 왕명에 따라 《삼강행실도(三綱行實圖)》와 《이륜행실도(二倫行實圖)》를 종합하여 편찬한 책입니다. 고활자본 5권 4책으로 간행되었으며, 책 앞부분에 정조의 어제윤음(御製綸音)과 그즈음 감수자인 좌승지 이만수(李晩秀)의 머리글이 실려 있습니다.

거슬러 올라가 보면, 세종 16년(1434) 집현전 부제학 설순(偰循)이 왕명을 받아 《삼강행실도》를 간행했습니다. 이 책에는 삼강(三綱), 즉 군위신강(君爲臣綱)·부위자강(父爲子綱)·부위부강(夫爲婦綱)을 실천한 우리나라와 중국의 효자 110명, 충신 112명, 열녀 94명의 이야기가 실려 있습니다. 백성을 깨우칠 본보기가 되는 이들의 행적을 한문으로 기록한 뒤 그것을 시로 노래하고 그 옆에 그림을 그려 넣었습니다.

중종 13년(1518)에는 장유(長幼)와 붕우(朋友)의 도리를 '이륜(二倫)'이라 일컫고, 강혼(姜渾)이 머리글을 쓰고 김안국(金安國)이 도맡아 《이륜행실도》를 발간했습니다. 이 책에는 형제도(兄弟圖) 25명, 종족도(宗族圖) 7명, 붕우도(朋友圖) 11명, 사생도(師生圖) 5명, 모두 48명의 어진 사람에 대한 실화가 수록되어 있으나 이들 모두 중국 사람으로 우리나라 사람은 실려 있지 않습니다.

그로부터 200여 년이 지난 뒤 정조는 국가의 풍습을 잘 가르치고 정치의 기강을 바로잡고자 효자, 충신, 열녀, 형제의 우애, 붕우의 신의 등 오륜(五倫) 모범이 되는 사례를 모아 백성에게 귀감이 될 책을 만들 것을 명했습니다. 이에 《삼강행실도》와 《이륜행실도》를 바탕으로 두 저서에서 좋은 것은 그대로 쓰되, 새로운 일화들을 덧붙여 효자 33편, 충신 35편, 열녀 35편, 우애 깊은 형제 24편, 화목한 종족 7편, 도리를 다한 스승과 제자 5편, 신의 깊은 붕우 11편 등 모두 150편의 이야기를 모아 《오륜행실도》를 펴냈습니다.

《오륜행실도》는 크게 머리글과 본편으로 나뉩니다. 머리글은 권1의 앞부분에 실린 간행 관련 기록들로서, 간행 무렵 정조가 내린 윤음(3장)을 비롯하여 '오륜행실도 머리글'(3장), '삼강행실도 머리글'(2장), '삼강행실도 발문'(2장), '이륜행실도 머리글'(2장), '책을 교열·감수한 사람들'(2장) 등이 차례로 실려 있습니다.

정조대왕(1752~1800, 재위 1776~1880)

《오륜행실도》의 머리글 말고도 《삼강행실도》의 머리글과 발문(跋文), 《이륜행실도》의 머리글이 더 실린 것은 《오륜행실도》가 이들 두 책을 원본으로 합책, 간행한 사실과 관련이 있습니다. 이어서 간행에 참여한 신하들의 이름이 죽 나와 있는데, 교열에 이병모, 윤시동 등 2인, 감수에 이만수, 심상규(沈象奎), 김근순(金近淳), 신현(申絢), 오태증(吳泰曾), 김이영(金履永), 조석중(曹錫中), 홍석주(洪奭周) 등 8인입니다.

5권으로 나뉜 본편은 오륜의 순서에 맞춰 권(卷)을 나누었습니다. 저마다 권 앞머리에는 목록이 실려 있으며, 권1~권3은 《삼강행실도》와, 권4~권5는 《이륜행실도》와 목록 내용이 거의 일치합니다. 오직 《이륜행실도》에서는 수록된 전기문을 권(卷)으로 나누지 않고 '형제·종족·붕우·사생'에 나란히 나누어 실은 반면, 《오륜행실도》에서는 '형제'와 '붕우'를 별권으로 하고 '종족'과 '사생'은 각각의 부록이 되도록 만들었습니다. 권5 끝에는 주자사실(鑄字事實)이 발문으로 붙어 있는데 《오륜행실도》를 주자소(鑄字所)에서 '정리자(整理字)'로 인쇄, 배포하도록 한 사실을 밝혔습니다.

권마다 수록된 전기는 '전도후설(前圖後說)'의 형식으로 이루어졌습니다. 전기는 먼저 도판이 있고 도판을 설명하는 한문 원문과 언해문이 뒤이어 나옵니다. 도판은 전기의 내용을 한 장면에 요약한 것으로 오른쪽 윗부분에 해당 전기의 제목을 사자성어로 실어 놓았습니다. 도판 다음에 이어지는 한문 원문은 먼저 실화를 싣고 이에 대한 시(詩)나 찬(贊)을 덧붙였는데, 시는 7언율시, 찬은 4언고시의 형식이고, 1행 20자인 실화에 비해 한 자 낮춰 실어 1행 19자입니다. 언해문은 한문 원문에서 실화 부분만 한글로 풀어 쓴 것으로 시·찬과 마찬가지로 실화에 비해 한 자 낮춰 실어 1행 19자로 되어 있습니다.

효를 행함에 있어 왕과 백성이 다르지 않다

이만수가 정조의 명을 받아 쓴 머리글 '오륜행실도 머리글'에는 《오륜행실도》의 간행 시기와 목적 등이 다음처럼 밝혀져 있습니다.

정조 21년 정사년 정월 초하루에, 노인을 쉬게 하고 농부를 위로하는 뜻으로 팔방에 고명(誥命)을 반포하시고, 향음주례(鄕飮酒禮)·향약조례(鄕約條例)·사관혼의(士冠昏儀)를 정리하여 한 권의 책으로 만드시었다. 또한 전교를 내리시어 "우리나라의 의식(儀式)과 문물이 갖추어진 것은 영릉(英陵 : 세종의 능호)의 성대한 때부디인데, 성스럽고 신령한 자손들이 서로 계승하여 정치와 교화가 밝아졌다. '삼강', '이륜'이라는 책이 선후로 간행되어 학관(學官 : 교육을 맡은 벼슬아치)에 널리 반포돼 있으므로 백성을 교화하고 풍속을 이룩하는 근본이 되었다. 이제 향례를 강론하고 시행하려면 마땅히 이 두 책으로 바탕을 삼아야 하겠다" 하시고, 책명을 '오륜행실'로 하도록 명하신 다음, 신(臣) 만수가 이 사업에 간여함을 듣고 머리글을 쓰게 하시었다.

머리글에 따르면 정조는 정조 21년(1797) 정월에 《오륜행실도》의 간행을

규장각 정조가 즉위한 직후 1776년 3월 11일 창경궁 금원에 설치. 역대 국왕의 시문·서화·보감 등을 보관했으며, 도서관 역할도 겸했다.

명했습니다. 머리글에서는 또한 간행 목적이 궁극적으로 향례(鄕禮)의 실천에 있음을 밝히고 있습니다. 향례의 실천을 위해서는 먼저 유교의 기본 윤리에 대한 이해가 꼭 필요합니다. 《오륜행실도》는 바로 이에 부응하기 위하여 《삼강행실도》, 《이륜행실도》처럼 기존에 널리 보급된 윤리서를 저본(底本: 개정·번역을 하기 전 본디의 책)으로 하여 간행된 것입니다. 《오륜행실도》가 백성을 대상으로 기획되었다는 것은 도판을 먼저 싣고 그다음에 행적을 붙임으로써, 백성들이 그림을 통해 흥미를 가지게 되고 그런 뒤에 설명을 읽도록 한 체제상의 특징에서도 볼 수 있습니다.

《오륜행실도》의 초간본은 관례에 따라 주요 관청과 문신을 비롯, 서울 오부(五部), 팔도 감영, 사부(四都) 유수부(留守府), 330주현(州縣) 관리와 향교에 저마다 한 질씩 배포되었습니다. 이처럼 초간본을 많이 배포한 탓에 《오륜행실도》는 초간 이후 거듭 간행한 경우를 찾아보기 어렵습니다. 현전하는 중간본(重刊本)으로는 철종 10년(1859) 교서관에서 중간된 것이 유일한

데 이것도 《삼강행실도》나 《이륜행실도》의 중간본과는 달리 거의 초간본을 본떠 다시 새긴 것입니다. 중간본을 이같이 원형을 본떠 다시 새겨 간행한 것은 초간본의 판목이 화재로 불타버렸기 때문입니다.

따라서 중간본은 내용상 초간본과 거의 차이가 없습니다. 머리글 부분에 중간본 머리글(五倫行實圖重刊序)이 더 들어가고, 중간본에 관여한 신하가 교열·감수자 부분에 추가되었습니다. 분책도 5권 4책에서 5권 5책으로 바뀌었습니다.

철종 10년(1859) 중간된 《오륜행실도》 목판본에는 정조의 어제윤음이 추가되습니다. 여기에 '정조의 어머니 혜경궁 홍씨의 회갑을 맞아 백성들에게 효를 강조하기 위해 오륜행실도를 제작한다'는 간행 동기를 밝히고 있습니다. 효를 행함에 있어서는 왕과 백성이 다르지 않다는 정조의 굳은 신조가 어진 정치를 넘어선 왕도정치의 엄숙함을 느끼게 합니다.

효자 충신 열녀 바람직한 인간상

《오륜행실도》의 내용을 살펴보면 권1에서 권3까지 효자·충신·열녀의 행적이 수록되어 있는데, 이것은 앞서 발간된 《삼강행실도》에서 뽑아 실은 것입니다. 대부분이 중국 사람의 행적이며 우리나라 사람의 이야기는 효자 4명, 충신 7명, 열녀 6명 등 17편입니다.

권1의 효자도(孝子圖)에는 민손단의(閔損單衣)를 포함한 역대 명현 33인의 효행이 실려 있습니다. 이 효자의 군상들은 "천하로써 부모를 봉양한다"는 순(舜)임금의 효도 아니요, 입신양명하여 부모를 빛내주는 효경(孝經)의 효도 아니요, 계술부공(繼述父功)하는 무왕(武王) 주공(周公)의 효도 아닙니다. 오로지 자기 한 몸을 바쳐서 부모의 뜻을 받들고 몸이 닳도록 죽은 뒤까지 봉양해야 하는 소박한 효자상(孝子像)을 발견할 뿐입니다. 여기서 우리는 부모의 절대적인 권위와 아들의 지극한 정성만이 존재하는 33인상을 볼 수 있습니다.

권2의 충신도(忠臣圖)에는 용방간사(龍逄諫死)를 포함한 35인의 충신행적이 수록되어 있습니다. 충신도에는 고려시대 충신 정몽주(鄭夢周)와 길재(吉再)의 항목도 실려 있습니다. 죽음으로써 최후를 장식한 충신 모습은 한 임금에게 충성하고, 한 성(城)을 지켜내는 데에서 이루어졌으니, 모두가 그

《오륜행실도》(1797) 초간본 속표지와 머리글 5권(卷) 4책(册). 도판(圖版), 활자본. 32.3×19.3. 서울대학교 규장각도서.

형태와 시대는 다르다 하더라도 나라가 어려울 때 비로소 얻어진 것입니다. 다시 말하면 국가 존망의 위기가 닥쳤을 때 어김없이 충신이 나타남을 이 35인의 충신들은 말하고 있는 것입니다. 이를 일러, 의열지사(義烈之士)로서의 충신이라 할 수 있습니다.

충신상에서는 효자상에서처럼 신비주의적인 점은 좀처럼 보이지 않습니다. 오직 사실적인 행적에 따라 그가 죽은 뒤 나중의 보상과 칭송이 뒤따르고 있을 따름입니다.

충신이란 결국 태평시절이건 전란시절이건 충성을 다해 나라의 은혜를 갚는 정신이 문제이지, 그가 죽느냐 사느냐는 그 뒤 문제일지 모릅니다. 그러한 의미에서 35인 가운데에는 간쟁형 충신이 용봉 한 명에 지나지 않고, 그밖에는 모두 주군을 위해 목숨을 아끼지 않은 것을 보면 왕의 절대권에 대한 무조건 복종만이 강요된 충신이었음이 틀림없습니다. 그 충절은 두 임금을 섬기지 않는다는 신하의 절개에서 나온 행동입니다. 이는 두 지아비를 섬기지 않겠다는 열녀형이 바로 그것이며, 부모만을 위해서 존재했던 효자형과도 서로 통하는 길이라 할 수 있습니다.

권3인 열녀도(烈女圖)에는 백희체화(伯姬逮火) 등 35인의 역대 열녀행적이 소개됩니다. 죽음으로써 한 낭군을 섬김은 죽음으로써 한 임금을 섬기는 인간형과 다름이 없습니다. 충신은 남성적이기 때문에, 임금의 생사보다도 앞서서 스스로 죽는 경우가 많습니다. 그러나 열녀는 여성적이므로 남편의 죽음에 이어 스스로 목숨을 끊는 경우가 많습니다. 그들 죽음의 모습은 확실히 음양이 다릅니다.

열녀의 죽음은 어쩌면 다시 결혼할 수 없는 절대적 도덕률에 대한 인생의 포기가 아닐까요, 충신들의 적극적 죽음의 의열(義烈)이나, 열녀들의 소극적 죽음의 정렬만을 요구하는 그 무렵 도덕적 인간상 또한 뚜렷이 알 수 있습니다.

권4의 형제도(兄弟圖)에는 급수동사(汲壽同死) 등 우애가 돈독한 형제 24편, 종족도(宗族圖)에는 군량척처(君良斥妻) 등 화목한 종족 7편을 실었습니다. 형제 간의 우애는 서로를 위해 죽음을 무릅쓰기도 하고, 재물을 탐하지 않고 서로 더 주려고 합니다. 형제를 위해 잘못을 고치도록 하거나 형제들의 불화에 스스로를 매질하기도 합니다. 병석에 누운 형을 끝까지 지키고, 아들보다 아우를 더 사랑하기도 합니다. 형제 우애의 근본은 모름지기 죽음과 재물을 서로 같이함에 있다 하겠습니다.

권5에는 누호양여(樓護養呂) 등 신의가 두터운 붕우 11인과, 스승과 문하생의 도리를 다한 사생(師生) 5편을 실었습니다. 붕우 11명은 서로 재물을 아끼지 않는 우정을 간직한 사람들임을 알 수 있습니다. 가난한 친구와 기꺼이 함께 살고, 죽은 친구의 어머니와 자식들을 내 가족처럼 거둡니다. 서로 재물을 갚고 금을 돌려주며 자신의 재산을 기꺼이 몽땅 내줍니다. 벗 사이는 형제처럼 생명을 서로 가름하는 일보다도 재물을 아끼지 않는 데 중점을 둔 듯합니다. 또한 스승과 제자의 관계를 살펴보면 제자는 스승을 아버지처럼 섬기며, 스승에 대한 존경의 뜻을 칭찬받고, 죄인이 된 스승을 저버리지 않습니다. 스승과 제자 사이의 정의는 부모와도 같으나 효도처럼 강요된 것은 아님을 짐작할 수 있습니다.

《오륜행실도》 도판과 한문 설명

조선미술 연구 귀중한 자료

《오륜행실도》의 가장 큰 특징은 기사마다 빠짐없이 그림이 하나씩 실려 있다는 점입니다. 《오륜행실도》의 발행 취지가 백성의 가르침에 있었음을 엿볼수 있는 대목입니다. 인물의 행적을 밝힌 글, 그것을 기린 찬(贊)과 시(詩)를 제시하기에 앞서 읽는 이의 흥미를 끌기 위해 기사 앞머리에 그림을 넣었습니다. 모두 150점의 판화를 실었으며 이는 조선 후기 판화를 대표하는 작품들이라 할 만합니다. 인물·풍속·산수·건물 등 다양한 소재 안에서 다채로운 기법을 구사하고 있으며, 그즈음 유행했던 김홍도 화풍이 반영되어 있습니다. 새김 기술 또한 매우 정교합니다.

《삼강행실도》 도판에서 한 단계 발전한 화면 구성도 눈에 띕니다. 《삼강행실도》는 서로 다른 시간에 벌어진 두세 개의 장면을 한 화면에 넣어 시간과장소를 복합적으로 담아냈으나, 《오륜행실도》는 한 장면만을 두드러지게 하여 보다 명료하고 실감나게 인물의 행적을 표현했습니다. 아울러 전통적 부감법(俯瞰法)의 시점을 사용하고 긴장감이 강한 사선구도를 기본으로 삼았습니다. 또한 《삼강행실도》에 비해 주변 풍경화나 나무의 종류가 다양해졌으며 각선(刻線)의 흐름도 유려해져, 가늘고 굵은 선을 대상에 따라 적절히 그려서 화면의 구성이 보다 풍성해졌습니다. 전통 회화사 연구분야에서 《오류행실도》의 도판에 많은 관심을 갖는 것도 이 때문입니다.

인물 표현법, 수지법(樹枝法 : 나무의 뿌리·줄기·잎 등을 표현하는 방식), 준법(皴法 : 산이나 돌에 주름을 그려 입체감을 나타내는 화법) 등을 보면 그 무렵 도화서(圖畵署)를 중심으로 유행했던 단원(檀園) 김홍도(金弘道 : 1745~1806?)의 화풍이 뚜렷합니다. 따라서 이런 유형의 작업에는 여러 명의 화원과 각수(刻手)가 참여했던 전례로 보아 김홍도의 주도로 그의 화풍을 보인 김득신(金得臣), 이인문(李寅文), 장한종(張漢宗) 등의 화원들이 참여했을 가능성이 매우 높습니다.

조선 말기에는 판화를 소재로 한 민화가 많이 그려졌고, 글과 판화를 베낀 책이 호암미술관에 소장되어 있습니다. 이들 판화 가운데 〈효아포시(孝娥抱屍)〉·〈누백포호(婁伯捕虎)〉·〈정부청풍(貞婦淸風)〉·〈명수구관(明秀具棺)〉·〈중암의장(仲淹義莊)〉 등은 작품성이 뛰어납니다.

조선시대 행실도류 종합결정판

《삼강행실도》 간행 이래 행실도 관련 문헌은 유교윤리 핵심 교화서로서 국가사업으로 간행되어 왔습니다. 행실도류는 중간과 개간을 거듭하면서 때로는 시대 요청에 따라 새롭게 편찬, 간행되기도 했습니다. 행실도류만큼 조선시대 전반을 통해 끊임없이 간행된 문헌은 찾기 어렵습니다. 조선의 통치 이념인 유교 윤리를 드러내는 데에 핵심 교과서 역할을 맡고 있었으므로 언제나 국가적 사업의 대상이 되었던 것입니다.

그 가운데서도 《오류행실도》는 행실도 관련 문헌의 종합결정판이라 할 수 있습니다. 《삼강행실도》, 《이륜행실도》 등 기존의 행실도를 합책·윤색하여 펴냈을 뿐 아니라, 발행된 뒤에는 조선시대 행실도류를 대표하는 교화서로 확고히 자리잡았기 때문입니다. 《오류행실도》는 이미 존재하던 행실도와 명확한 비교 기반을 갖추고 있어, 다른 어느 문헌보다도 역사적으로 비교 연구하는 데 꼭 알맞습니다.

《오류행실도》 초간본은 현재 국립중앙도서관·규장각도서 등에 남아 있습니다. 중간본은 1859년(철종 10)에 목판으로 간행되었는데, 김병학의 머리글이 있으며, 현재 국립중앙도서관과 동국대학교 도서관 등에 소장되어 있

《오륜행실도》 언해 설명　도판, 한문 설명에 이어 언해 설명이 붙여졌다.

습니다.

　각 이본(異本)에는 장서기(藏書記)·내사기(內賜記)와 소장기관의 도장 및 교열자 명단 등이 수록되어 있습니다. 또한 삽화본과 한글풀이가 실려 있어, 간본의 변천은 조선시대 판화의 변천과 함께 국어사 발달과정 또한 알 수 있으므로 서지학적 가치가 매우 높습니다.

　따라서 《오륜행실도》는 조선시대 가치관과 윤리관을 이해하기 위한 귀중한 자료로서, 또한 국어사의 연구 및 전통 회화사의 연구를 위해서도 많은 관심을 끌고 있는 책입니다. 국어사 분야에서도 《오륜행실도》를 통해 18세기 언어뿐 아니라 해당 언어가 변화해 온 과정까지도 자세히 되짚어 볼 수 있습니다. 또한 의역에서 직역 위주로 번역 태도가 달라지면서 한글풀이 내용에 어떠한 변화가 더불어 일어났는지, 문체상 변화도 상세히 비교, 검토할 수 있습니다. 그 밖에 《오륜행실도》는 한글풀이 말고도 목록을 비롯하여 도판과 한문 원문 등 텍스트를 구성하는 요소 전반에 많은 부분을 바로잡아 고친 것입니다. 그것이 어떠한 역사적 의의를 갖는지는 앞으로 미술사, 윤리사, 사회사 등 여러 분야에서 끊임없는 연구를 이어가야 할 것입니다.

《오륜행실도》의 가치관과 오늘날 그 의미

세종은 오로지 모든 인간을 효자·충신·열녀라는 윤리적 인간으로 가르치고 이끌려는 깊은 뜻에서 《삼강행실도》를 펴냈습니다. 조선왕조가 불교의 폐단에서 벗어나 유교를 국기(國基)의 근본으로 삼은 뒤 이 책이 나온 것은 마땅한 일이라 하겠습니다. 뿐만 아니라 그 뒤 겨우 100년도 못 되어 《이륜행실도》가 나온 일도 유교적 관점에서는 결코 우연이 아닙니다.

이 두 책이 세상에 나옴으로써, 유교적 인간상은 이미 충신·효자·열녀라는 절대적 도덕률에 의하여 틀이 잡힌 셈입니다. 이러한 도덕률이 한 가정을 유지하고 한 사회를 이루며 한 국가의 기강을 확립하는 원동력이 될 때, 나름의 가치를 지닙니다. 그러므로 이 두 책이 합하여 《오륜행실도》가 이루어지고 또 철종 때에도 그 재판이 나오는 등, 세종 이후 무려 400년이 넘는 기나긴 세월 동안 백성의 교화에 깊은 영향을 끼쳐 온 것입니다. 전국 방방곡곡에서 찾아볼 수 있는 수많은 효자문(孝子門)과 열녀각(烈女閣)만 보더라도 그 영향력이 얼마나 깊고 넓었는지를 새삼 깨달을 수 있습니다.

이처럼 우리 생활 속에 깊이 뿌리박고 있는 이른바 삼강오륜 사상은, 그 본디 의의를 따질 겨를도 없이 오직 하나의 강요된 도덕률로서 한국인의 개인행동은 물론 가정과 사회를 규제해 왔습니다. 그러나 그로써 일어난 폐단에 대해서도 인정하지 않을 수 없습니다.

삼강 사상은 충신·효자·열녀만을 일방적으로 요구하는 종적 윤리(縱的倫理)요, 오륜 사상은 부자·군신·부부·장유·붕우 서로 간의 횡적 윤리(橫的倫理)입니다. 이 두 사상이 삼강오륜이라는 말로 만들어지자, 부자·군신·부부의 윤리는 삼강 사상이 지닌 대로 종적 윤리의 성격을 그대로 받아들였습니다. 더 나아가 형제·종족·붕우·사생 간의 도덕적 규범 규제에도 그러한 종적 인간관계의 성격이 비치고 있습니다. 형이 아우를 자식 대하듯 하고, 아우가 형을 또 제자가 스승을 모실 때도 부모를 대하듯 해야 한다는 가족 지향적 성격이 두드러지는 것입니다. 일가친척 사이에서는 더 말할 것도 없습니다. 그리하여 오륜 사상은 그 본디의 횡적이고 호혜적인 윤리관은 어느새 사라진 채 삼강적인 종속 윤리로서 오로지 봉건적 또는 전근대적, 가정 지향적 윤리로서 오늘날 비판의 대상이 되고 만 것입니다.

현대 시민 윤리는 평등적 인간관계를 바탕으로 하고 있으며, 가족 윤리에 앞서서 시민 윤리 즉 사회적 인간관계를 더 중시하고 있습니다. 오로지 수직적인 섬김과 복종만이 미덕이던 옛 윤리는 이제 더는 설 자리가 없는 것입니다. 말하자면 전통적 유교 윤리에서 근대적 시민 윤리로의 전환이 이루어졌음을 뜻합니다.

이 시점에서 두 가지 태도가 나타납니다. 하나는 전통사상을 쓸모없는 고리타분한 옛것으로 보고 말살하여 그 위에 새 사조를 받아들이려는 태도입니다. 또 하나는 전통사상의 장점을 취하고 단점을 버려 우리의 주체성을 가다듬고, 그를 새로운 사조로 손질하는 태도입니다. 이 가운데 더 바람직한 태도는 말할 것도 없이 두 번째 것입니다.

오륜이란 사람으로서 지켜야 할 다섯 가지 도리입니다. 오륜의 질서 안에서 나라와 부모는 나와 수직적 관계를 이루며, 배우자와 형제 및 친구는 나와 수평적 관계가 됩니다. 오륜의 세계에서 개인은 그 무엇의 위에도 군림하지 않습니다. 결국 오륜의 질서는 개인의 희생과 정성, 타인에 대한 배려를 바탕으로 하며, 이것은 지나친 개인주의로 살기 팍팍한 이 시대 많은 사람들이 바라는 바이기도 합니다. 그렇기 때문에 《오륜행실도》에 나타난 가치관을 옛 것으로 단정할 수만은 없습니다.

모든 인간관계에서 상대에게 기꺼이 바치는 정성과 애정이 그릇된 것으로 비판받을 이유는 절대로 없습니다. 그런 의미에서 효자가 부모에게, 신하가 군왕에게, 아내가 남편에게, 형이 아우에게 또 아우가 형에게, 제자가 스승에게 바치는 존경과 애정이 어찌 사라져야 한단 말입니까. 어찌하여 삼강오륜 사상을 이른바 근대화의 저해 요인이라고까지 비난하고 배격한단 말입니까. 그 사상 자체는 아무런 문제가 없습니다. 오로지 지난날에는 그것이 너무 일방적이고 종속적이며 비평등적으로 이어 내려져 왔을 뿐입니다.

그러므로 이들 인간관계를 평등적인 상호 관계로 다듬어 나가는 일이 오늘날 한국인들에게 주어진 과제라 할 것입니다. 그러한 관계를 바탕으로 부모는 온정으로 자녀를 보살피고 자녀는 부모를 공경하고 효도하며, 남편과 아내는 서로 사랑과 믿음을 바쳐야 합니다. 스승도 제자를 자식처럼 따뜻이 대해 준다면 저절로 제자도 스승을 존경하고 사랑할 것입니다. 만약 삼강오륜을 그저 쓸모없는 옛것이라 내치기만 한다면 이 사회는 인륜을 저버린 무자비하고 난폭한 사회가 되고 말 것입니다. 《오륜행실도》는 현대인이 힘써 지양해야 할 전통적 윤리 규범의 전형과 교육헌장이 고스란히 담긴 고전입니다.

우리 배달겨레는 역사적으로 모진 수난의 세월을 헤쳐 오면서도 공자 맹자를 비롯 중국 몽골 일본에게 바른 한민족으로 존경을 받았습니다. 이제 우리는, 도덕적으로 뛰어난 조선 선비들이 애써 지켜 온 삶의 미덕을 《오륜행실도》를 통해 되찾기를 바랍니다.

참고문헌

고영근(1991) 「《삼강행실도》의 번역연대」『김영배선생 회갑기념논총』

김영배(1991) 『《이륜행실도》의 원간본과 중간본의 비교』『동방학지』 71.

김원룡(1960) 「정리자판《오륜행실도》, 圖書 1의 8, 9, 10」

――(1965) 「《삼강행실도》 刊本攷」『동아문화』 4.

――(1982) 「《삼강행실도》에 대하여」《삼강행실도》 세종대왕기념사업회

김항수(1998) 「《삼강행실도》 편찬의 추이」『진단학보』 85.

김훈식(1998) 「《삼강행실도》 보급의 사회적 고찰」『진단학보』 85.

남광우(1979) 「《오륜행실도》 연구」『백사전광용박사 회갑기념논문집』

남기탁(1981) 「《이륜행실도》의 국어학적 연구」『강원대학교논문집』 15.

박문성(1991) 「《오륜행실도》류의 통사·의미론적 고찰」『용문언어』 5. 대전
대학교

송일기·이태호(2002) 「조선시대 '행실도' 판본 및 판화에 관한 연구」『서지
학연구』 21. 서지학회

송철의 외(2006) 《역주 오륜행실도》 서울대학교출판부

안병희(1978) 「이륜행실도 警民篇 언해 해제」『영인본 이륜행실도 警民篇
언해』 단국대학교 동양학연구소

여찬영(2004) 「《오륜행실도》의 원문에 대한 연구 : 《이륜행실도》와 비교하
여」『한국말글학』 21. 한국말글학회

여찬영(2004) 「언해서 《이륜행실도》와 《오륜행실도》 연구 : 원문비평적·효
용비평적 관점에서」『배달말』 35. 배달말학회

유소희(1995) 「《오륜행실도》 연구」 동국대학교 대학원 석사학위논문

이민수 옮김(1972) 《오륜행실도》 을유문화사

지재희(2001) 《한글오륜행실도 : 나보다 남을 더 사랑한 사람들》 자유문고

고산고정일(高山高正一)

서울에서 태어나다. 성균관대학교국어국문학과졸업. 동대학원비교문화학과졸업. 소설
「청계천」으로 「자유문학」 등단. 1956년~ 동서문화사 창업 발행인. 1977~87년 동인
문학상운영위집행위원장. 1996년 「한국세계대백과사전 총31권」 편찬주간. 지은책 대
하소설 「불굴혼 박정희」 「매혹된 혼 최승희」 「얼어붙은 장진호·불과 얼음」 「이중섭」
「한국출판100년을 찾아서」 「愛國作法·崔南善 野間淸治」 「망석중이들 잠꼬대」 옮김책
이순신 「난중일기」 이황 「자성록/언행록/성학십도」 이이 「성학집요/격몽요결」 박지원
「열하일기」 이익 「성호사설」 한국출판학술상상수상 자유문학상수상. 한국출판문화상수상.

五倫行實圖
오륜행실도

단원 김홍도 그림
고산고정일 옮김

1판 1쇄 발행/2015. 2. 28
발행인 고정일
발행처 동서문화사
창업 1956. 12. 12. 등록 16-3799
서울 강남구 도산대로 163(신사동 1층)
☎ 546-0331~6 (FAX) 545-0331
www.dongsuhbook.com

＊

사업자등록번호 211-87-75330
ISBN 978-89-497-0907-9 03190